VERDUN
1916

Des mêmes auteurs

Antoine Prost

Jean Zay. Le ministre assassiné (1904-1944), avec Pascal Ory, Paris, Tallandier/Canopé, 2015

Si nous vivions en 1913, Paris, Radio France/Grasset, 2014

Du changement dans l'école. Les réformes de l'éducation de 1936 à nos jours, Paris, Seuil, 2013

Regards historiques sur l'éducation en France, Paris, Belin, 2007

Autour du Front populaire. Aspects du mouvement social au XXe siècle, Paris, Seuil, 2006

La Grande Guerre expliquée à mon petit-fils, Paris, Seuil, 2005

Penser la Grande Guerre : un essai d'historiographie, avec Jay Winter, Paris, Seuil, 2004

Histoire générale de l'enseignement et de l'éducation en France, t. IV, *L'école et la famille dans une société en mutation (depuis 1930)*, Paris, Perrin, « Tempus », 2004

La Résistance, une histoire sociale, Paris, Éditions de l'Atelier, 1997

Douze leçons sur l'histoire, Paris, Seuil, « Points histoire », 1996

Gerd Krumeich

Le feu aux poudres. Qui a déclenché la guerre en 1914 ?, Paris, Belin, 2014

Deutschland im Ersten Weltkrieg, avec Gerhard Hirschfeld, Frankurt, Fischer, 2014

Jeanne d'Arc en vérité, Paris, Tallandier, 2012

La Grande Guerre. Une histoire franco-allemande, avec Jean-Jacques Becker, Paris, Tallandier, 2008 ; « Texto », 2012

Cicatrices. La Grande Guerre aujourd'hui, avec Stéphane Audoin-Rouzeau, Paris, Tallandier, 2008

Jeanne d'Arc à travers l'histoire, Paris, Albin Michel, 1993

Aufrüstung und Innenpolitik in Frankreich vor dem Ersten Weltkrieg, Wiesbaden, Steiner, 1980

ANTOINE PROST
et GERD KRUMEICH

VERDUN
1916

Une histoire franco-allemande de la bataille

TALLANDIER

2 rue Rotrou – 75006 paris
www.tallandier.com

À la mémoire de deux grands historiens
de la bataille de Verdun,
Gérard Canini et German Werth.

Introduction générale

La bataille de Verdun est bien connue et son histoire a été maintes fois écrite. Paul Jankowski vient notamment de la reprendre avec une documentation d'archives tant françaises qu'allemandes sans précédent. Alors, pourquoi ce livre ?

À cette question, deux réponses. D'abord, le moment est venu de sortir des approches nationales. Nous adoptons un point de vue résolument franco-allemand, et nous nous adressons à la fois aux lecteurs français et allemands. Une édition en allemand paraît d'ailleurs en même temps que la présente édition en français. Il nous semble digne d'intérêt de comprendre comment cette bataille fut importante, bien que de façon différente, pour les deux pays, même si, pour des raisons qu'on verra, les sources allemandes sont moins riches que les sources françaises. Cette volonté obligeait à tenir compte des particularités culturelles et mémorielles de chacun et c'est pourquoi nous avons écrit ce livre ensemble. Ce n'est pas un duo où des solistes se répondent, mais une composition commune, à quatre mains.

En second lieu, nous cherchons à expliquer plus qu'à décrire. Le récit de la bataille n'est plus à faire ; tous les faits sont connus et chacun sait le calvaire vécu par les soldats dans les trous d'obus, la boue, la soif, l'angoisse et la mort. Pourtant, bien des questions continuent de se poser, et nous sommes partis de celles-ci pour construire ce livre. Les réponses, on le verra, ne sont pas simples, mais c'est en les posant que les historiens peuvent donner à la bataille de Verdun la profondeur historique qui en fait l'importance.

*
* *

Résumée en quelques phrases et quelques dates, l'histoire de cette bataille semble simple. Le 21 février 1916, après une préparation d'artillerie massive, les Allemands attaquent les lignes françaises au nord de Verdun, sur la rive droite de la Meuse ; ils progressent de 8 km et occupent le fort de Douaumont le 25. La défense française se réorganise alors sous le commandement du général Pétain ; des renforts lui permettent de colmater provisoirement les brèches.

Les 6-7 mars, les Allemands attaquent en tenailles, d'une part sur la rive gauche de la Meuse, d'autre part à l'est de Douaumont, en direction du fort de Vaux. Les combats font alors rage pendant un peu plus d'un mois. Le 11 avril, le front français, qui a reculé, s'établit sur une ligne d'une vingtaine de kilomètres, d'Avocourt (à l'ouest) jusqu'à Damloup (à l'est), en passant par la cote 304[1] (conservée) et le Mort-Homme (perdu) sur la rive gauche, le village de Fleury et le fort de Vaux sur la rive droite. La IIe armée, qui tient le front de Verdun, est alors forte de 24 divisions d'infanterie (DI). À sa tête, Pétain, qui prend le commandement du Groupe d'armées du Centre (GAC) le 1er mai, est remplacé par Nivelle, jugé plus agressif. Pendant le mois qui suit, attaques et contre-attaques se succèdent des deux côtés, sans grand changement. Les 7-8 mai, à l'ouest, les Allemands tentent de prendre la cote 304, et les Français, le fort de Douaumont le 24 mai ; puis les Allemands, sachant que les Alliés préparent ailleurs une grande offensive, lancent une attaque qu'ils espèrent décisive. Dans un premier temps, ils prennent le fort de Vaux le 8 juin, puis le village de Fleury et l'ouvrage de Thiaumont ; dans un second temps, le 23 juin, ils progressent jusqu'aux abords immédiats du fort de Souville. Ils ne sont plus qu'à 4 km de la ville. L'offensive alliée sur la Somme le 1er juillet diminue leur pression mais ils attaquent une dernière fois le 11 juillet, sur un front plus étroit. La bataille se termine alors pour les Allemands, avec le remplacement du commandant en chef, Falkenhayn, par Hindenburg et Ludendorff. Pour les Allemands, la bataille de Verdun est terminée.

Pour les Français, elle se poursuit jusqu'à la reconquête du terrain perdu. Il y a là comme une seconde bataille de Verdun, française celle-ci, aussi minutieusement préparée que la bataille allemande de février, et aussi efficace. Dans une première phase, le fort de Douaumont est repris le 24 octobre, et le fort de Vaux réoccupé le 4 novembre. Une ultime offensive, lancée le 15 décembre, repousse les Allemands sur un front voisin de ce qu'il était avant la bataille sur la rive droite. Mais les Français ne cherchent pas à reprendre, sur la rive gauche, le Mort-Homme et la cote 304 qui restent aux mains des Allemands. Auréolé de ce succès, Nivelle succède à Joffre au Grand Quartier général (GQG). On retire du front de Verdun des divisions et des batteries entières. Fin de partie.

Ce bref résumé met en évidence un point capital : les batailles sont des faits historiques socialement construits. Leur délimitation dans le temps et dans l'espace résulte de choix que l'on peut interroger. Dans le temps, les deux adversaires ne se sont pas entretués à Verdun seulement en 1916. La ville a joué un rôle charnière dans la bataille de la Marne ; les combats se poursuivent en 1917, notamment pour reprendre 304 et le Mort-Homme, puis c'est en septembre 1918 la grande offensive américaine en direction de l'Argonne. Dans l'espace, les Éparges au sud-est et Vauquois à l'ouest ne sont qu'à une vingtaine de kilomètres de Verdun, et les combats y ont fait rage pendant l'année 1915. Les Éparges faisaient en outre partie de la Région fortifiée de Verdun (RFV) dont le front ne s'arrêtait vers le sud qu'à quelques kilomètres de Saint-Mihiel. Pétain commandait l'ensemble de ce front.

Ces choix géographiques et chronologiques font ressortir le contraste entre les significations que Français et Allemands donnent à la bataille. Vue du côté allemand, cette bataille est

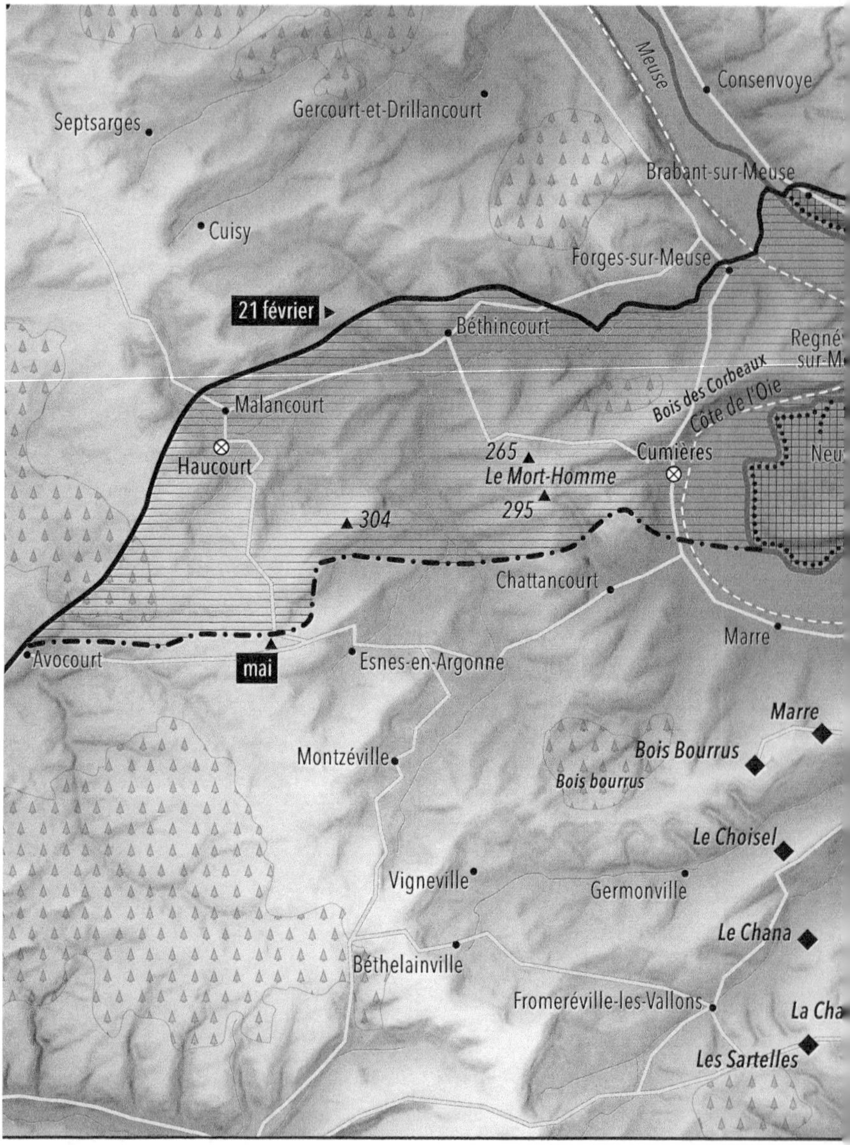

Évolution des lignes de front

- Le 21 février 1916
- Fronts succesifs, après les offensives allemandes
- Le 15 décembre 1916

Terrain conquis par les allemands

- Le 26 février
- Le 8 juin
- Le 14 juillet

Le champ de bataille

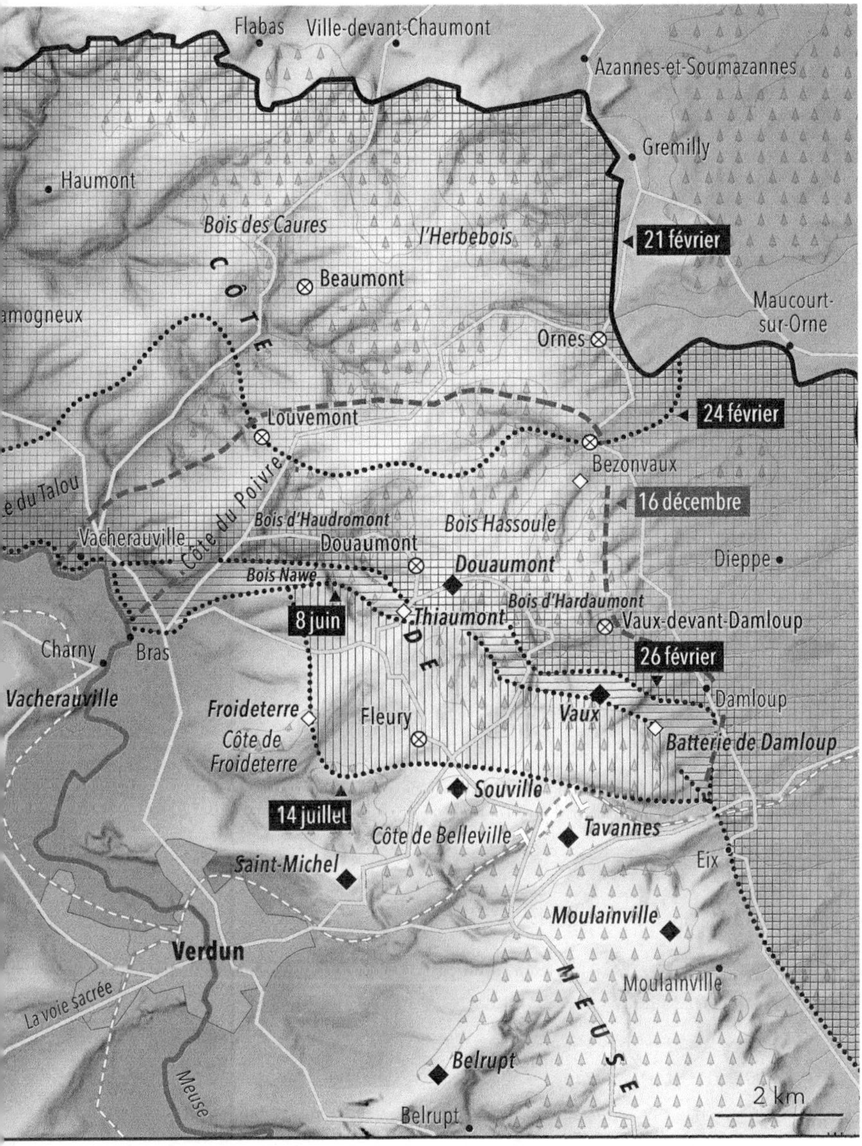

◆ Fort
◇ Autres ouvrages du système défensif
⊗ Village détruit
Route
Voies ferrées

une grande offensive comme il y en eut beaucoup, de part et d'autre : un engagement massif d'hommes et d'artillerie, un grand espoir de succès et celui de déboucher ainsi sur la paix, puis une rapide déception devant un enlisement qui se prolonge. C'est le scénario de l'offensive française de septembre 1915 en Champagne, ou celui de la Somme en 1916. Les Français, en revanche, construisent leur bataille de Verdun de telle sorte qu'elle se termine après la reconquête de Douaumont et de Vaux : elle devient ainsi une métaphore de toute la guerre, d'une guerre qui ne peut se terminer qu'après la reprise du terrain perdu en 1914 mais aussi en 1871. Verdun, symbole d'un patriotisme terrien et défensiste, pour lequel gagner est regagner ce que l'on a perdu.

*

* *

En choisissant d'arrêter au 15 décembre 1916 l'histoire de la bataille, nous avons donc adopté sa définition française, et non allemande. Nous l'avons fait parce que c'est un élément central de son statut exceptionnel : dans la mémoire collective française, Verdun n'est pas une bataille comme les autres, c'est « la » grande bataille de la Grande Guerre. Ce statut exceptionnel explique la marée éditoriale qu'elle a suscitée, alors que les autres batailles, sauf peut-être celle de la Marne en 1914, restaient plus ou moins dans l'ombre. Ne pas expliquer ce statut serait négliger l'essentiel. Mais comment l'aborder ?

Nous n'avons pas voulu reprendre, après tant d'autres, le récit d'une bataille peuplée de héros et de martyrs : il nous est si familier qu'il en perd son intérêt. Notre but n'est pas de susciter – ni d'ailleurs de combattre – l'admiration ou la pitié ; il est d'expliquer, de faire comprendre. Le vécu des soldats sera évidemment au cœur de ce livre, mais nous tenterons de décaper les récits compassionnels ou patriotiques en posant des questions très concrètes et très simples, même quand la réponse ne l'est pas. Précisément parce que son statut mémoriel place cette bataille au-dessus de toutes les autres, nous l'étudierons d'abord comme n'importe quelle autre.

En premier lieu, pourquoi ce qui s'est passé ne s'est-il pas passé autrement ? Pourquoi les Allemands ont-ils attaqué là, et non ailleurs ? Pourquoi ont-ils failli réussir ? Pourquoi ont-ils échoué ? Quel a été le rôle du terrain, des contraintes techniques ? Pourquoi la bataille a-t-elle duré si longtemps ?

Nous interrogerons ensuite le quotidien de la bataille. Les soldats des deux camps l'ont-ils vécue de la même façon ? A-t-elle été plus effroyable pour les uns que pour les autres ? Et a-t-elle été plus terrible que d'autres batailles ? Les récits de la Somme, des Flandres, du Chemin des Dames déclinent tous les mêmes souffrances : les rats, la boue, la soif, la peur, les obus qui tombent, les cadavres, la mort de masse. La bataille de Verdun présente-t-elle des différences qui la rendent exceptionnelle ?

Cela nous conduit à une troisième série de questions : comment Verdun est-il devenu une métaphore de toute la guerre, son résumé et son symbole ? Un lieu sacré, du moins pour les Français ? Il ne suffit pas de faire l'histoire de la bataille au ras des trous d'obus ; il faut comprendre comment elle est devenue ce que nous appelons ici, faute de meilleur terme, un mythe. Quand, comment et pourquoi Verdun a-t-il pris une telle valeur symbolique ? L'avait-il avant la bataille ? Comment s'est-il construit ? Et comment ce mythe s'est-il transformé au cours du siècle qui a suivi ? Considérée sous l'angle de sa dimension mythique, l'histoire de la bataille de Verdun n'est en effet pas encore terminée, ce qui nous mènera au-delà du 15 décembre 1916, jusqu'à nos jours. En attendant demain…

Première partie

LES DÉCISIONS

CHAPITRE PREMIER

Pourquoi Verdun ?

En 1915, la « totalisation », voire la mondialisation, de la guerre avait beaucoup progressé. L'année avait été dominée d'abord par les engagements massifs et très coûteux en hommes des lacs Mazures, et par la bataille autour du fort géant de Przemysl en Galicie, où Russes et Autrichiens avaient subi des centaines de milliers de « pertes » de toutes sortes. Puis était venue l'opération de Gallipoli, la presqu'île turque où les Alliés tentèrent – vainement – de vaincre les Turcs pour les faire sortir de la guerre et amenuiser ainsi les ressources allemandes en matières premières et en vivres. Sur le front ouest, Joffre avait cherché à percer les lignes allemandes à plusieurs reprises de mars à octobre, en lançant des offensives en Artois et en Champagne. Ce furent des engagements gigantesques : 10 corps d'armée avec 1 100 pièces lourdes et 1 450 pièces de campagne pour la seule seconde bataille de Champagne, qui dura douze jours fin septembre et fit progresser l'armée française de 4 km, bientôt perdus. Il en résulta d'énormes pertes : 370 000 soldats français furent tués dans l'année, soit 31 000 par mois[1].

Histoire d'une décision : saigner la France ?

Ce contexte suscita en Allemagne un débat très vif entre Hindenburg et Ludendorff d'une part, les deux vainqueurs de Tannenberg qui commandaient l'armée de l'Est, et de l'autre le commandant en chef de l'armée de terre Falkenhayn. Leur désaccord portait sur un point capital : pour gagner la guerre, sur quel front l'Allemagne devait-elle faire porter ses efforts ? Hindenburg et Ludendorff donnaient la priorité au front oriental, quitte à dégarnir autant que possible le front ouest. Pour Falkenhayn, l'important était de faire sortir la Grande-Bretagne de la guerre, et, pour y parvenir, de battre la France, car l'armée britannique était inopérante sans elle. Jugeant imminente une forte offensive conjointe des Anglais et des Français, sa priorité était d'y faire obstacle. Surtout, l'échec des offensives françaises l'avait persuadé, comme beaucoup de dirigeants et d'observateurs allemands, que la France était épuisée : elle était maintenant si profondément affaiblie que le moment était venu de lui infliger une défaite définitive.

Le général von Tappen, chef du « bureau des opérations » du GQG allemand, a parfaitement résumé l'image que se faisaient les Allemands des Français. En septembre 1932, aux historiens du Reichsarchiv qui lui demandaient si le commandement supérieur n'avait pas sous-estimé les Français en 1915, voici ce qu'il répondit :

> Ils [les Français] étaient en effet assez inférieurs. Sans doute, le Grand Quartier général s'est-il trompé à beaucoup d'égards. Ainsi lors de l'offensive initiale quand on a pensé que les Français étaient ébranlés par les premières batailles. Nous nous étions dit, dans la période de paix, et d'une façon constante, que les Français ne disposaient pas de réserves pour combler leurs pertes. Où auraient-ils pu trouver des ressources nouvelles ? Ce peuple, relativement petit par le nombre, n'en avait pas. Il devait se saigner. [...] Il est certain qu'on a commis des fautes d'appréciation sur les Français[2].

Falkenhayn

Erich von Falkenhayn, chef de l'armée de terre allemande de 1914 à 1916, est un personnage peu ordinaire. Né en 1861 en Prusse-Orientale dans une famille de hobereaux, de *Junker*, parfaitement orientée vers la vie militaire, il était entré à 10 ans comme cadet dans une école militaire, ce qui le conduisait directement à une carrière d'officier. Lieutenant à 19 ans au régiment d'infanterie 91 d'Oldenbourg, il fut admis à l'Académie de guerre en 1887, puis il entra au grand état-major général à Berlin, où il servit dans la section topographique et ferroviaire. Capitaine en 1893, après avoir servi en garnison et en état-major, il fut mis en disponibilité en 1896 pour partir en Chine conseiller l'armée impériale. Il revint brièvement en Allemagne, puis repartit en Chine dans l'état-major du corps expéditionnaire d'Asie orientale à Kiautschou (1899). Pour un militaire de carrière, ces expériences sortaient totalement de l'ordinaire. Ses rapports étaient très appréciés et le Kaiser lui-même s'intéressa à cet officier particulièrement doué. C'est pourquoi sa carrière se précipita. En 1912, il fut nommé à la tête du IVe corps d'armée de Magdebourg au grade de major général. Très proche du Kaiser et de sa cour, il avait la réputation d'un esprit parfaitement indépendant, ironique et même cynique. Grande fut donc la surprise quand le Kaiser le nomma ministre de la Guerre en juillet 1913.

La défaite de la Marne entraîna le remplacement de Moltke par Falkenhayn comme chef d'état-major général. Bien que les armées allemandes et austro-hongroises aient remporté en 1915 plusieurs succès, de Gorlice-Tarnów à Salonique, Falkenhayn restait convaincu qu'il était impossible à l'Allemagne de remporter une victoire sur tous les fronts. C'est pourquoi il insistait sur la nécessité de séparer les Français et les Britanniques, d'une part en menant une guerre sous-marine totale contre l'Angleterre et d'autre part en affaiblissant la France par une offensive sur Verdun.

Le choix de Verdun

Quand on pose la question « Pourquoi Verdun ? », pourquoi attaquer une forteresse de tout premier ordre que les experts militaires allemands avaient jugée imprenable très peu de temps avant la guerre[3], la réponse semble s'imposer d'elle-même : Falkenhayn n'a-t-il pas dit, dans son très fameux « mémorandum de Noël » 1915, qu'il fallait attaquer Verdun, parce que c'était là que les Français seraient forcés de tout donner pour résister ? Et que, par conséquent, on pourrait les y « saigner à blanc » et les faire sortir de la guerre ?

> [...] la France est parvenue, sur le plan militaire, à la limite du tolérable, et encore grâce à un sacrifice d'elle-même qu'il convient de saluer comme il se doit. Si l'on réussit à persuader son peuple qu'il n'a plus rien à espérer sur le plan militaire, alors cette limite sera dépassée, et le bras séculier de l'Angleterre anéanti. C'est la raison pour laquelle la méthode de la percée en masse, qui est d'ailleurs douteuse sur le plan du résultat et bien au-dessus de nos forces, n'est pas nécessaire. Même avec des forces limitées en nombre, le but que nous poursuivons peut être atteint. Derrière les lignes françaises le long du front de l'Ouest, il y a suffisamment d'objectifs, dans tout le pays, que le gouvernement français sera forcé de faire défendre. Qu'il le fasse, et alors les forces françaises vont s'épuiser, car il n'y a pas d'issue, et peu importe dans ce cas que nous atteignions notre but ou pas. S'il ne le fait pas, alors le but que nous poursuivons est à portée de la main et l'impact sur le moral de la France sera immense[4].

Pour beaucoup d'historiens de Verdun, le mémorandum que Falkenhayn prétend avoir remis au Kaiser avant Noël 1915 a longtemps constitué un point de départ obligé, voire évident. Mais nous sommes convaincus qu'en réalité il n'a pas existé, pour une raison majeure : il est bâti sur une affirmation qui, à Noël 1915, est totalement gratuite – l'affirmation que Verdun a une telle importance que les Français s'acharneraient à défendre cette place, qu'ils s'y accrocheraient coûte que coûte, et donc que c'était le meilleur lieu pour une attaque qui les « saignerait ». Il suffirait donc à l'armée allemande d'agir avec efficacité, en bombardant le terrain sur un secteur limité et en y envoyant

« des forces limitées en nombre », ce qui n'obligerait pas le haut commandement à dégarnir d'autres fronts.

C'est en fait ce qui s'est passé, mais cet argumentaire repose sur un anachronisme évident : Verdun n'avait pas, avant la bataille de 1916, le statut symbolique que lui prête, à tort, le mémorandum de Noël[5]. Et il n'est pas certain que le but de Falkenhayn ait été de « saigner à blanc » les Français, comme il l'affirme encore en 1919 dans un article publié par une revue militaire spécialisée où il répond à ceux qui lui reprochaient l'échec de son offensive :

> La prise de Verdun n'avait aucune importance immédiate pour l'Allemagne. Elle n'était qu'un but idéal. En revanche, le but réel était d'ouvrir une plaie profonde dans le corps de la France et de la tenir continuellement ouverte de manière qu'à la longue l'hémorragie entraîne la mort[6].

En effet, à l'encontre de ce récit sanguinaire, on ne trouve rien de tel dans le plan initial de Falkenhayn. À défaut de sources directes, qui ont malheureusement disparu pour l'essentiel dans le bombardement du Reichsarchiv en avril 1945, nous disposons de journaux personnels et de témoignages de plusieurs officiers proches de Falkenhayn, qui ont été amplement interrogés dans les années 1920 et 1930 par les historiens enquêtant sur le scandale suscité alors par le mémorandum de Noël. Ces témoignages, utilisés par nombre d'historiens[7], permettent de comprendre comment et pourquoi Falkenhayn a choisi Verdun pour son attaque majeure.

Le 30 novembre 1915, lors d'une rencontre avec les commandants des armées de l'Ouest à son quartier général de Mézières, Falkenhayn aurait évoqué la situation du front est. Selon Fritz von Loßberg, le chef d'état-major de la 3e armée, il aurait mis en doute la possibilité d'y poursuivre les opérations jusqu'à obtenir un « anéantissement » de l'ennemi. Il aurait insisté sur la nécessité de conserver l'esprit guerrier des troupes et ordonné de mettre sur pied de guerre toutes les troupes du front occidental. Mais, conclut Loßberg : « Le général von Falkenhayn n'a rien dit sur les opérations planifiées par le GQG allemand[8]. »

Le 3 décembre, Falkenhayn entretient l'empereur de son projet de passer à l'attaque sur un point du front ouest à définir. Selon le journal de Plessen, l'adjudant général du Kaiser, il « développe face à sa Majesté un portrait très préoccupant de la situation et en conclut que pour arriver à une décision il faut opérer un coup *à l'Ouest* pour lequel il faudra engager toutes les forces disponibles. Il veut attaquer vers Belfort parce que c'est là qu'on a le meilleur appui de flanc ». Plessen poursuit – on ne sait si la remarque vient de Falkenhayn – en disant que les opérations prévues contre Salonique et Gallipoli ne pourront avoir lieu avant décembre, voire février. Et il termine : « Ainsi la perspective d'une paix risque de prendre des allures de plus en plus languissantes, sauf si l'Entente nous attaque à l'Ouest et, ce faisant, se saignera[9]. »

Il faut le souligner, cette idée que l'Entente, et surtout la France, « se saignera » n'a rien d'original qui puisse définir la stratégie amorcée par Falkenhayn à ce moment-là. Pour les responsables militaires et politiques allemands, dire que la France, en pleine « déchéance », perdrait son sang avant peu était un lieu commun[10]. Falkenhayn, dont le cynisme était proverbial, pensait depuis toujours que la France perdait toute force et serait donc particulièrement facile à « saigner »[11]. Mais cela ne permet pas d'en conclure que le projet « Verdun » était la traduction, au niveau de la stratégie, de ce jugement très négatif sur les Français.

Revenons plutôt à ce qu'a dit Falkenhayn au Kaiser le 3 décembre 1915 : il veut arriver à la décision sur le front occidental, par un coup pour lequel il faut engager toutes les forces disponibles. À ce moment-là, il prévoit d'attaquer Belfort parce que sa gauche s'appuierait sur la Suisse[12]. Le terme « forces disponibles » est équivoque, car il n'était nullement prêt à utiliser la réserve stratégique (*Heeresreserve*) de 25 divisions, comme l'auraient voulu certains commandants d'armée, notamment le Kronprinz Wilhelm, chef depuis peu de la 5e armée, qui allait mener l'attaque contre Verdun[13]. Celui-ci indique, dans ses Mémoires, que Falkenhayn lui a parlé pour la première fois à la mi-décembre de son idée d'infliger à la France une défaite telle qu'elle provoquerait la rupture de son alliance avec l'Angleterre ; il lui aurait demandé ses suggestions quant au lieu le plus propice à une telle offensive. Il soutient que l'idée de porter l'attaque contre Verdun vient de lui et qu'il la discuta avec son chef d'état-major général, Schmidt von Knobelsdorf.

En fait, ni l'un ni l'autre ne voyaient en Verdun un lieu particulièrement facile à attaquer. Ils ignoraient qu'en 1915 le haut commandement français avait fait retirer de la ceinture fortifiée qui défendait Verdun toute l'artillerie lourde qui lui faisait cruellement défaut sur des secteurs plus actifs du front. Ils ignoraient aussi la relative impréparation des lignes françaises. Mais tous deux voyaient dans le saillant de Verdun une menace permanente pour l'armée allemande, car il permettait aux Français des sorties fulgurantes très dangereuses pour les liaisons entre les différents corps allemands du front occidental. Il s'agissait donc pour le Kronprinz de réduire ce saillant, sans autre idée quant à la poursuite des opérations en vue d'une rupture définitive du front français[14].

L'idée d'une attaque sur Verdun n'était pas neuve en 1915. La 5e armée y réfléchissait en fait depuis le début de la guerre. En octobre 1914, elle avait sévèrement bombardé les forts de l'enceinte de Verdun. Tout avait été préparé pour une « attaque brusquée » des forts et leur prise rapide (*schnelle Fortnahme*). On avait dès lors créé en toute tranquillité un important réseau de chemins et de voies ferrées ainsi que des abris en vue d'une telle offensive. Mais à la fin de l'année, ces préparatifs avaient été suspendus parce que le haut commandement avait refusé à la 5e armée le surplus de troupes nécessaire pour une attaque. Cependant, deux de ses corps d'armée restèrent à proximité de Verdun et le commandement ne perdit pas de vue la possibilité d'une attaque sur la place forte. Il construisit même dans ce but, en 1915, une nouvelle ligne de chemin de fer à voie étroite, pour pouvoir amener l'artillerie en masse le cas échéant[15].

Verdun : carte de situation

Selon les documents d'archives contenus dans le livre de Wendt, il semble que l'idée de porter l'attaque contre Verdun début 1916 émane du chef d'état-major de la 5e armée – Knobelsdorf – et non du Kronprinz ou de Falkenhayn lui-même. Le 3 décembre 1915, Knobelsdorf envoie à Falkenhayn un rapport accompagné d'une lettre, où il explique l'intérêt d'une attaque générale sur Verdun pour « obtenir la forte impression morale désirée[16] ». Entre le 8 et le 16 décembre il en discute plus précisément avec Falkenhayn qui l'a fait venir à Berlin. C'est alors, selon le journal de la 5e armée, qu'il lui présente un « plan d'attaque contre Verdun » avec le but explicite d'enlever la place forte. Ce plan d'offensive rapide ne prévoyait pas de rompre le front ; il proposait en revanche d'attaquer sur les deux rives de la Meuse, ce que Falkenhayn refuse net, en raison du manque de troupes et d'artillerie.

Knobelsdorf quitte donc Berlin avec la consigne de réduire l'attaque contre Verdun à la rive droite de la Meuse, et, pour tout renfort, seulement 5 corps d'armée de la réserve stratégique, la *Heeresreserve*[17]. En 1933, il a précisé aux auteurs de l'histoire officielle de la Grande Guerre, publiée par le Reichsarchiv, qu'il avait explicitement demandé à Falkenhayn s'il voulait réellement attaquer seulement sur un front réduit à l'est de la Meuse, s'exposant ainsi à affronter « au moins la moitié de l'armée française[18] ». Knobelsdorf a souligné qu'il n'avait jamais vu ni entendu parler en 1915-1916 d'un « mémorandum » de Falkenhayn, et que celui-ci ne lui avait jamais parlé d'une souhaitable « saignée » des Français. Pour lui, la décision principale – et l'erreur – de Falkenhayn aurait été de refuser, contre son avis et celui du Kronprinz, une attaque simultanée sur les deux rives de la Meuse et de n'autoriser qu'une offensive sur la rive droite, pour économiser des troupes, avec le résultat suivant : « Quand, au cours de la lutte, la non-mise à disposition des réserves rendit l'avance de plus en plus difficile, le plan initial d'attaque brusquée s'écroula et commença la prétendue saignée à blanc, sans que cela eût été dit en aucune façon[19]. » Quant au Kaiser, il semble que Falkenhayn l'ait informé assez vaguement du plan d'attaque à la mi-décembre, sans lui présenter le fameux mémorandum. Interrogé en 1934, le Kaiser affirmera simplement : « Nous avons voulu gagner une position telle qu'elle constitue une menace mortelle pour la ville de Verdun ; une position qui rendrait très coûteuses pour les Français leurs contre-attaques pourtant inévitables[20]. »

En effet, le mémoire que rédige Knobelsdorf au nom du Kronprinz, le 4 janvier 1916, pour mettre en œuvre l'attaque de Verdun, baptisée opération *Gericht* (« Jugement »), dit en toutes lettres qu'il s'agit de prendre la place forte de Verdun par une attaque brusquée. La méthode retenue est une attaque massive d'artillerie contre la ligne des forts. Ce mémoire authentique de Knobelsdorf exprime une certitude absolue :

> Qui a pris les fortifications des côtes (jusqu'à environ 400 mètres de hauteur) sur la rive est de la Meuse, est du même coup en possession de la place forte. Dès lors que la rive est ainsi prise, les fortifications permanentes et les fortifications de campagne peuvent être maîtrisées, voire anéanties. Même dans le cas où l'on s'abstient momentanément de prendre les ouvrages de la rive ouest, la place forte aura perdu toute utilité pour la France[21].

Cet argumentaire semble avoir convaincu le Kaiser et son entourage, car le 7 janvier Plessen note que le Kaiser est maintenant, lui aussi, de l'avis que la décision doit être trouvée à l'Ouest. Et il justifie l'attaque sur Verdun par l'expérience : elle a montré que les moyens de défense dont dispose l'ennemi rendent désormais impossible une percée. Il faut donc agir comme à Liège et Namur en 1914 : l'artillerie, massivement employée, aura raison des forts de Verdun[22]. Personne ne parle alors de « saigner à blanc » l'armée française.

Le commandement de la 5e armée s'est donc incliné devant l'exigence de Falkenhayn de n'attaquer que les forts de la rive droite de la Meuse. Dans ses Mémoires, le Kronprinz affirme en avoir reçu l'ordre oral (car secrétissime) mais formel, et avoir par la suite obéi à Falkenhayn, tout en restant extrêmement préoccupé par le fait qu'on ne se pressait pas de prendre les hauteurs à l'est de la Meuse. Le 30 mars encore, dans une lettre citée par le Kronprinz, Falkenhayn lui demande d'urgence de faire « avancer » la troupe et, s'il le faut, de chercher la décision « à un autre endroit[23] ». Il ne s'agit pas là d'une opinion passagère, car d'autres militaires haut placés ont eux aussi constaté, en mars-avril 1916, que Falkenhayn voulait absolument en finir. Le général von Gallwitz mentionne plusieurs fois dans ses Mémoires, après le 23 mars, date à laquelle il prend le commandement d'un corps d'armée, l'extrême nervosité de Falkenhayn qui enjoint à ses généraux de rechercher toujours à nouveau la décision[24].

Quoi qu'il en soit, le 6 janvier 1916, le GQG allemand accepte formellement le projet d'offensive de Knobelsdorf pour la 5e armée. Dans les semaines qui suivent, une série d'entretiens entre les chefs des différents corps d'armée concernés, les IIIe, XVe et XVIIe, ainsi le VIIe corps de réserve, permettent de mettre au point l'ordre d'attaque du 27 janvier[25]. Son article le plus important, l'article 3, ordonnait « de ne laisser jamais stagner l'attaque, de manière que les Français ne trouvent pas le moyen de se fixer à nouveau dans des positions de repli et de réorganiser leur résistance après qu'elle ait été rompue[26] ».

Le 11 février, veille de la date prévue initialement pour l'offensive, Falkenhayn réunit les différents chefs d'armée à Mézières, son QG. Le prince Rupprecht de Bavière, commandant de la 6e armée, rapporte dans son journal qu'il aurait évoqué la décision qu'il fallait obtenir au printemps en France. Ne disposant pas des forces nécessaires (20 à 30 divisions) pour une percée, il escomptait « remettre en mouvement » la guerre par l'attaque de Verdun. La mise en position de l'artillerie avait déjà si bien réussi qu'on avait pris sur les Français une avance qu'ils ne pourraient plus rattraper[27]. Fritz von Loßberg, chef d'état-major de la 3e armée, a un souvenir un peu différent de cette réunion :

Falkenhayn aurait dit que l'opération à venir devrait « amener la décision », mais il aurait refusé toute tentative de « rupture » par des masses d'hommes, car les progrès de l'armement défensif la rendaient impossible. Pour remettre en marche les opérations sur le front ouest, il était nécessaire d'infliger à l'ennemi une grave blessure sur un point que les Allemands pourraient rapidement aborder, et qui serait Verdun : « Il fallait tenter de prendre Verdun [...]. Les Français pourraient cependant avoir confiance dans la capacité de résistance de la place forte, s'ils ne perdaient pas leurs nerfs. Ce serait peu agréable pour nous. [...] Mais, selon toutes les prévisions, les Français réuniront des troupes importantes devant Verdun. [...] Et alors on pourra infliger une grande blessure à l'armée française[28]. »

Le 8 mars, Rupprecht de Bavière rapporte les explications de Falkenhayn aux chefs de l'armée bavaroise : « Il parlait avec confiance des affaires de Verdun, où l'on avait bien avancé sur la rive ouest de la Meuse, et il exprima l'opinion que les Français allaient être saignés à blanc devant Verdun[29]. » Avec sa perspicacité bien connue, Rupprecht en conclut que l'offensive sur Verdun semble vouée à l'échec : « Ce qui me fait le plus de soucis, c'est que le général von Falkenhayn ne croit plus à une victoire décisive. Comment va se terminer la guerre sous ces auspices[30] ? » Et le 6 avril, il note que Falkenhayn a exprimé son espoir que « l'ennemi remettrait toujours plus de forces fraîches dans le sac de Verdun, s'exposant finalement à la saignée. Les Français auraient déjà perdu, devant Verdun, environ 200 000 hommes[31] ». En effet, les sources officielles et autres faisaient état des chiffres les plus fantaisistes : le 8 mars, les renseignements estimaient les pertes françaises à 700 000 morts, 800 000 hors de combat et 300 000 prisonniers[32]. La presse allemande était inondée à ce moment-là de chiffres encore plus fous.

Il semble donc avéré que le haut commandement allemand, voyant que l'« attaque brusquée » ne réussissait pas comme prévu, se soit résigné à miser sur l'épuisement de l'adversaire par ce qu'on allait appeler la « pompe à sang ».

Les préparatifs

Pour préparer le terrain de l'offensive, la 5e armée avait demandé des bataillons de soldats du génie ainsi que 15 000 prisonniers de guerre russes[33]. On ne sait ce qu'il en advint. Suivant l'histoire officielle du Reichsarchiv, la construction des voies ferrées et les autres travaux ont nécessité 20 compagnies du génie ferroviaire et 26 des *Armierungssoldaten* – des troupes du troisième ban qui ne portaient pas d'armes, mais se contentaient de travailler dur. Ces porteurs de pelles (*Schipper*) étaient probablement en bonne partie des prisonniers de guerre. Dans l'ensemble, 20 000 soldats et prisonniers ont travaillé à l'organisation du terrain de l'offensive. Dans un laps de temps très court, ils ont réalisé nombre de voies d'accès pour l'artillerie lourde et pour les énormes stocks de munitions nécessaires au terrible tir de préparation, un tir tel qu'on n'en avait encore jamais vu et dont Verdun demeure de nos jours le symbole.

Les préparatifs ont commencé le 22 décembre 1915 pour l'artillerie. Le major général Schnabel, chef du département de l'artillerie au GQG, avait estimé les besoins à 808 canons courts (*Steilfeuergeschütze*) de calibres 15 et 21 cm, 232 canons longs (*Flachfeuer*) de 10 à 15 cm, et 22 pièces d'artillerie à très gros calibre de la marine. Le 11 février, il y avait en ligne 416 engins « courts » de gros calibre et 209 « longs », ainsi que 26 canons « courts » et 3 « longs » de très gros calibre. Soit au total 654 pièces d'artillerie lourde. S'y ajoutaient pas moins de 550 pièces d'artillerie de campagne (*Feldartillerie*). La première ligne ennemie devait être bombardée par des lance-mines[34], vu le manque de mortiers de campagne dont souffrait l'armée. Les divisions d'attaque disposaient donc en outre de 32 lance-mines (mortiers) lourds, 88 moyens et 82 légers, avec respectivement 9 210, 28 500 et 69 000 projectiles, plus 7 200 obus légers à gaz. Il fallut 213 trains spéciaux pour amener les munitions ; les transports débutèrent le 12 janvier 1916. À partir de la première journée de l'offensive, on dut acheminer 34 trains de munitions par jour[35] !

Le haut commandement avait reçu des informations « sûres » selon lesquelles, côté français, il n'y avait en face du secteur d'attaque prévu que la 72e DI. Il pensait pouvoir la décimer, voire créer la catastrophe, par un feu formidable sur toutes les positions qui ne durerait qu'une seule journée et que suivrait immédiatement l'attaque. Vue par les Français, celle-ci apparaît comme une « ruée », une masse de fantassins se précipitant sur les lignes ennemies d'un élan irrépressible. En fait, la « ruée » appartient à la légende de Verdun : l'attaque allemande a été tout autre. Un exemple concret permettra, mieux qu'un récit général, de le comprendre.

Le déclenchement et les premiers jours de la bataille

Avec le Preußisches Füsilier Regiment 80

Ce régiment, commandé par von Gersdorff, est peut-être l'unité la plus proche des premiers combats[36]. Il était face au bois des Caures et avait pour mission de s'en emparer pour conquérir ensuite la cote 344, position essentielle pour observer et bombarder le fort de Douaumont.

Les 5 et 6 février, ce régiment, qui avait combattu autour de Frise, fut amené dans la région de Carignan, près de Montmédy, à environ 25 km de Verdun. Le 6 février, les commandants des unités du régiment, réunis au QG de la division, prennent connaissance du plan général de l'offensive. Le VIIe corps de réserve (RK) doit s'emparer du plateau d'Haumont pour progresser ensuite vers la rive ouest de la Meuse. Puis le XVIIIe corps d'armée (AK) doit s'emparer du bois des Caures pour progresser ensuite par son aile droite sur Samogneux et

Vacherauville, tandis que l'aile gauche progressera vers Beaumont – Louvemont pour prendre ensuite la côte de Froideterre. Enfin, le IIIe AK a pour tâche de s'emparer de l'Herbebois pour attaquer par son aile gauche le fort de Douaumont en passant par Ornes – Bezonvaux – Ouvrage de Bezonvaux.

L'ordre général pour cette attaque en date du 27 janvier[37] était ainsi libellé :

> Après qu'aura commencé le 12 février en matinée le feu de l'artillerie, les trois AK prévus en première ligne de l'offensive s'approcheront à 17 heures en formation desserrée de la première ligne de l'ennemi et la prendront. Après avoir pris pied dans cette première ligne, ils devront s'efforcer de reconnaître la seconde ligne française, afin de réunir des informations précises pour le tir d'artillerie qui sera renouvelé le lendemain matin.

Le régiment von Gersdorff commença à partir du 8 février à préparer les cheminements pour l'attaque. En fait, le passage des gros engins d'artillerie sous une pluie incessante avait transformé les voies en un désert de boue, si bien que les chevaux n'avançaient plus. Certains, dit l'historique, étaient enfoncés dans la boue jusqu'au ventre. On décida de stabiliser les voies à grand renfort de rondins, les soldats travaillant de 8 à 17 heures. Et comme les quartiers étaient provisoires, sans toiture ni chauffage, soldats et officiers furent bientôt trempés sous une température glaciale. Bon nombre de soldats tombèrent malades ; le moral se détériorait au point de compromettre l'élan de l'attaque prévue.

Enfin, le 20 février, le soleil reparut et les troupes reçurent, du chef de la 5e armée, l'ordre d'attaque pour le lendemain matin :

> Après une période prolongée de résistance tenace, notre Majesté l'Empereur et Roi nous appelle à l'attaque ! Soyons tous conscients que la Patrie attend de nous de grandes actions. Il s'agit de faire voir à nos ennemis que la volonté d'airain de remporter la victoire

est restée vivante dans les fils de l'Allemagne. Et que l'armée allemande, quand elle se met à l'attaque, a raison de toute résistance. J'ai la ferme confiance que tout un chacun y travaillera de son mieux et je donne l'ordre d'attaque. Dieu soit avec nous.

Le 21 février, le feu de plus de 1 200 canons fit sur tous une formidable impression dont résonnent encore de nos jours les histoires de la bataille. À partir de 17 heures, les régiments voisins du 80e attaquèrent depuis le nord le bois des Caures, mais ils ne réussirent pas à le prendre. L'attaque reprit le 22 et réussit à s'emparer des positions les plus importantes du bois, les Français résistant toujours dans le sud, vers la ferme d'Anglemont.

Les fusiliers du 80e régiment n'entrèrent en jeu que le 23 dans la matinée et marchèrent sur Flabas. Ils y parvinrent le soir et apprirent alors qu'ils devaient prendre, le lendemain, la ferme d'Anglemont avant de s'élancer contre la cote 344. Mais comme la ferme avait été prise dans la soirée du 23, le 80e attendit la préparation d'artillerie au matin du 24 pour attaquer les positions françaises qui résistaient encore sur la cote 344.

Le 24, à 6 heures du matin, le régiment avança donc dans le bois des Caures, impressionné par les énormes destructions causées par la préparation d'artillerie : bois déchiquetés, terre retournée, et partout des corps de soldats français disséminés sur le sol. Avant d'attaquer la cote 344, il attendit une nouvelle préparation d'artillerie, et s'élança vers l'objectif à 14 heures. Une demi-heure plus tard, il avait parcouru les 2 km qui le séparaient du sommet, la résistance française s'étant presque tue suite au bombardement. Il fit 500 prisonniers qu'il ramena dans le bois des Caures[38]. Le régiment avait perdu 7 officiers et 130 fusiliers pour conquérir la cote 344, des pertes non négligeables.

Au soir du 24, le régiment reçoit l'ordre de progresser le lendemain matin en suivant la route Ville-Vacherauville vers la côte du Poivre pour s'en emparer. Il était impossible de se reposer sur les hauteurs de 344 : pas de campement, interdiction de faire

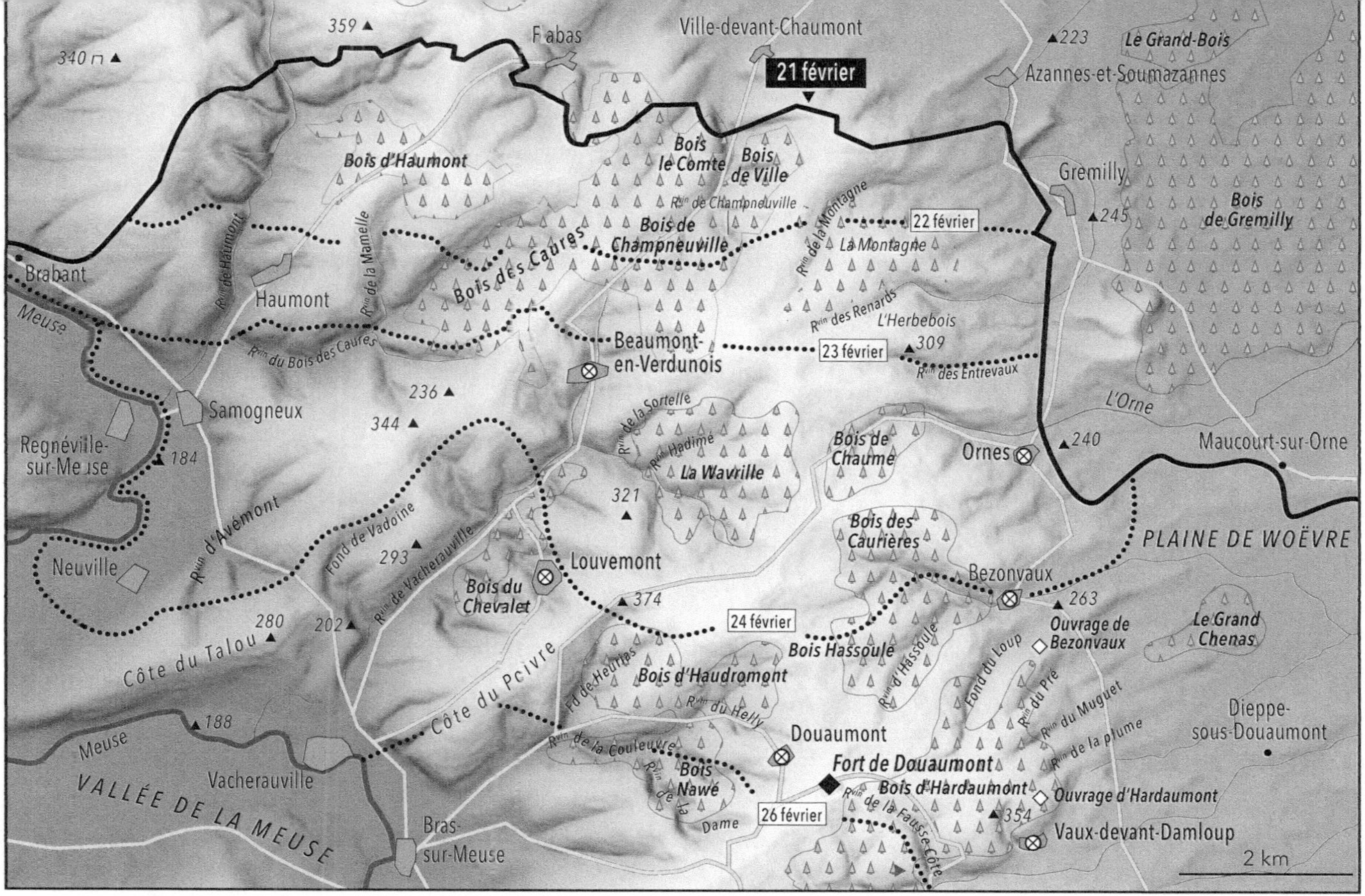

Évolution des lignes de front

- Le front le 21 février
- fronts succesifs, après l'offensive allemande

- Fort
- Autres ouvrages du système défensif
- Village détruit

- Route
- Voies ferrées

du feu malgré le froid considérable pour ne pas alerter l'artillerie française. Le régiment entreprend donc de nuit sa progression, s'égarant beaucoup, l'état-major du régiment s'approchant à 50 mètres des positions françaises sans s'en douter... mais sans conséquences graves. On sentait, pendant cette marche, que les Français ne résistaient plus du tout ; ils donnaient l'impression d'être abattus. Le groupe de l'état-major, rencontrant par hasard un groupe français, captura un capitaine et 42 hommes ainsi qu'un canon de 75.

Mais c'est dans cette nuit du 24 au 25 qu'arrivent sur Verdun les premières unités du 20e corps d'armée français, renfort qui modifie radicalement la situation et le moral : l'action du 80e en devient aussitôt plus difficile. Quand il approche de la côte du Poivre, le 24 en fin de matinée, l'artillerie française et surtout les mitrailleuses installées dans des blockhaus bien répartis lui barrent la route. Il doit donc arrêter l'attaque à mi-chemin et attendre une nouvelle préparation d'artillerie. L'assaut, relancé, échoue encore face aux mitrailleuses françaises. Mais, la nuit venue, une dernière attaque arrive sur le dos des Français qui ont abandonné leurs positions. Le régiment a perdu ce jour-là 6 officiers et 190 hommes, mais il a fait 100 prisonniers et s'est emparé de 4 canons. Le 25, le régiment est d'abord au repos, attendant l'effet des gros calibres dirigés contre le fort de Douaumont, qui est pris ce jour-là par un régiment brandebourgeois. Le 26, le 3e bataillon reçoit l'ordre d'occuper la forêt près de l'ouvrage de Froideterre et d'effectuer des reconnaissances vers Vacherauville et Bras, si possible jusque dans les villages mêmes. Mais comme les Français y étaient encore bien installés, il doit se retirer.

Le GQG avait prévu une nouvelle avance les 27 et 28 février ; il dut y renoncer car le 80e était en flèche, la division voisine n'ayant pas réussi à avancer suffisamment pour rester en liaison avec lui. Comme il était épuisé, il est relevé par un autre régiment et reçoit l'ordre de se reformer dans des positions de repos. Il a perdu au cours de ces quatre premières journées de l'attaque, du 24 au 28 février, un officier et 70 hommes tués, 10 officiers et 367 soldats blessés, soit 448 pertes d'ensemble pour un régiment de 3 000 hommes.

L'avance allemande

Si tous les régiments n'ont pas autant avancé que le 80e, son histoire illustre assez bien le déroulement des premiers jours de l'offensive sur Verdun.

D'après l'histoire officielle du Reichsarchiv, les journées – et les nuits – précédant l'attaque sont mal vécues. La pluie, les brumes qui empêchent la préparation d'artillerie, imposent une attente frustrante : les troupes, pleines d'élan pour attaquer et terminer enfin cette guerre par une victoire, sont déçues chaque matin, et pourtant elles conservent toujours l'espoir « d'y aller ». À cette épreuve morale s'ajoutent des difficultés matérielles. Un orage survenu dans la soirée du 15 février endommage sérieusement les lignes téléphoniques provisoires et – plus grave – l'humidité risque de rendre inutilisables les stocks de munitions. Les chemins sont de moins en moins praticables, et les tranchées prévues pour l'attaque littéralement inondées. L'état-major de la 5e armée doit faire relever certains éléments particulièrement affectés.

Plus important – et beaucoup moins remarqué – est le fait que ces journées d'attente imprévue ont fait naître et grandir chez les officiers supérieurs des unités en ligne un mécontentement quant aux modalités de l'attaque. L'ordre d'opération du 27 janvier avait prévu qu'après le bombardement par l'artillerie lourde, les unités de première ligne s'approcheraient « en formation desserrée » de la première ligne ennemie[39]. Cette formule disait en clair que le haut commandement était foncièrement convaincu que le « travail » préparatoire de l'artillerie suffirait pour démoraliser les Français au point où des « formations desserrées » en viendraient à bout facilement. Cette conviction, peu partagée par les échelons inférieurs, l'était de moins en moins au fur et à mesure que se succédaient les jours de pluie et d'attente. Le Reichsarchiv rapporte nombre d'interventions auprès des supérieurs pour qu'ils modifient cet ordre d'attaque et permettent aux troupes d'assaut d'y aller à fond. Le mauvais temps faisait douter que la préparation d'artillerie puisse avoir un effet tel qu'elle rende possible de s'installer tranquillement dans les premières positions de l'ennemi en attendant une autre préparation de l'artillerie contre la deuxième ligne. On craignait fort – et pour cause – que l'artillerie ne soit trop souvent le *friendly fire*, un tir de sa propre artillerie, tant redouté par les soldats.

Or, au début de l'attaque, le QG de la 5e armée modifie subitement son ordre général. Au vu de premiers succès locaux, Knobelsdorf téléphone au QG du VIIe RK pour lui dire : « Allez-y, prenez tout aujourd'hui même », et il le répète une heure plus tard : « Avancez aussi loin que possible[40]. » Cet élan en toute spontanéité n'est cependant pas général, car le corps voisin du VIIe, n'étant nullement prêt à marcher « aussi loin que possible », s'arrête dans la première ligne française. Les décrochements ainsi créés dans le front sont lourds de conséquences.

La première journée de l'offensive a pour principal résultat la prise par le VIIe RK du bois d'Haumont, sorte de « réduit » dans la position française avancée. Dans le secteur du IIIe AK, la première ligne ennemie est prise et la deuxième ligne en bonne partie entamée. Mais le troisième grand groupe d'assaut, le XVIIIe AK, n'a pas avancé d'un pouce. Comme le constatent les auteurs du Reichsarchiv, on a trop fait confiance au tir de préparation ; les positions françaises, enfouies dans la forêt, n'ont pas été aussi atteintes que prévu. Mais le pire est que le moral de l'ennemi n'est nullement entamé. L'armée allemande n'a fait, au cours de cette première journée, que 300 prisonniers, et elle a enregistré 600 pertes, espérant cependant que l'armée française a souffert bien davantage…

Le lendemain, 22 février, il s'agissait surtout d'exploiter les avancées de la veille et de retrouver une ligne d'attaque cohérente. Le VIIe RK devait exploiter les positions conquises dans le bois d'Haumont, et prendre celles du bois de Consenvoye. Ce mouvement, dont était chargée la 14e RD, fut conduit à grand renfort de lance-flammes de différents types, un fait totalement nouveau pour les attaquants comme pour les défenseurs. La mise en service systématique de lance-flammes, côté allemand, fut l'une des grandes innovations de la bataille de Verdun[41]. Deux compagnies de lance-flammes appartenaient au 14e RD. Vers 7 heures du matin, les *große Flammenwerfer*, qui étaient en position, entrèrent en action, puis les soldats avancèrent, précédés par des groupes du génie, munis de petits lance-flammes portables. Les effets de cette arme peu connue jusqu'alors furent redoutables et le succès spectaculaire : les Allemands firent 450 prisonniers dont 9 officiers ; le bataillon du 351e RI français, qui avait tenu la position, n'existait plus.

L'exploitation de l'avance dans le bois d'Haumont permit également de prendre le village d'Haumont, grâce à un intense tir d'artillerie effectué par des canons auxquels on avait fait traverser la forêt déchiquetée au prix d'énormes difficultés. Le feu fut tellement intense que les assaillants, convaincus d'avoir écrasé l'ennemi dans ses tranchées de fortune, pénétrèrent sans protection dans le village. Mais ils y furent reçus par le feu de multiples nids de résistance parfaitement intacts. On appela les deux compagnies de lance-flammes qui, là aussi, firent un terrible travail, démoralisant complètement les courageux défenseurs. Selon les sources françaises, le 361e RI qui défendait Haumont perdit 1 800 hommes. Et les officiels allemands comptaient, le soir du 22, 1 366 prisonniers de ce régiment[42]...

Ce travail accompli, les deux compagnies de lance-flammes rentrèrent vers Stenay sous les applaudissements de la troupe – comme le souligne l'histoire officielle[43].

Mais l'artillerie française et les nombreux blockhaus très bien répartis dans la forêt ne laissèrent pas avancer considérablement les régiments d'attaque. Et comme le commandant Driant, avec ses bataillons de chasseurs, défendit ses positions avec la dernière énergie et « coûte que coûte », l'avance s'avérait des plus difficiles. Il fallut des heures de préparation d'artillerie lourde pour permettre l'assaut définitif. C'est vers 16 heures que les commandants du 87e régiment arrivent en bordure du bois et, une demi-heure plus tard, Driant est contraint d'ordonner la retraite de ses troupes vers Beaumont. Beaucoup sont tués, dont Driant lui-même.

Malgré ces succès locaux, cette deuxième journée de l'offensive restait très en deçà des attentes du commandement allemand. Elle montra surtout que, dans une guerre de machines, l'infanterie n'est pas capable de traverser une forêt dense sans que tout devant elle soit détruit par l'artillerie lourde. Elle prouva aussi la valeur de petits groupes décidés au cours d'engagements sur un terrain dépourvu de chemins. Un groupe de lance-flammes peut avoir beaucoup plus de succès que tout un régiment ordinaire. L'armée allemande, dans ces corps à corps et assauts contre des blockhaus français et des nids de mitrailleuses, avait perdu environ 2 500 hommes – 600 en un jour pour la seule 21e division.

La troisième journée de l'offensive, 23 février, se passa mieux pour les troupes allemandes. L'objectif principal était de prendre – enfin – l'Herbebois. L'action décisive fut ici celle du bataillon d'assaut Rohr, dont les faits et gestes sur le Vieil Armand à la fin de 1915 avaient créé l'enthousiasme dans l'armée allemande et le public. C'était un groupe d'élite, le premier à être équipé du casque d'acier (*Stahlhelm*)[44]. Et dans la forêt dense, là où les lance-flammes étaient inopérants, ce commando, particulièrement entraîné pour le combat rapproché, fit avancer la troupe malgré la démoralisation qui commençait à sévir après deux journées d'assauts aussi coûteux. À la fin de la journée, toute la première ligne française était prise. Le soulagement était général, mais les soldats sentirent tout de même qu'on était loin de ce qu'on avait voulu obtenir en trois jours.

C'est le quatrième jour, 24 février, qu'un succès notable intervint. D'abord, la prise de Samogneux, sur la rive droite de la Meuse, au pied de la crête qui culmine à 344 mètres. Un village âprement disputé et conquis enfin grâce aux lance-flammes. Ce jour-là, les troupes allemandes sentirent pour la première fois le lourd effet du bombardement français depuis l'autre rive de la Meuse, à partir notamment de la cote 265 et du village de Forges ; elles s'attendaient si peu à une réaction de l'artillerie française qu'elles crurent d'abord être victimes d'un *friendly fire*. Ce feu redoutable s'exerça également sur Samogneux ; le village venait d'être pris et les compagnies allemandes qui s'y installaient comptèrent plus de 250 pertes. Dans l'après-midi, elles réussirent cependant à s'emparer enfin de la cote 344, ce qui suscita dans la troupe une joie de la victoire comme on « n'allait plus beaucoup en voir » devant Verdun, pour citer le rapport laconique du Reichsarchiv[45]. Les Allemands y firent 600 prisonniers, mais leurs pertes furent notables, sous l'effet moins des combats rapprochés que des tirs d'artillerie français, de mieux en mieux ajustés. En quelques heures, 180 hommes du 80e régiment de fusiliers tombèrent. Dans l'ensemble, cette avance fut une victoire assez coûteuse en hommes : le 155e régiment enregistrait 12 pertes d'officiers (dont 4 morts) et 458 de soldats dont 109 morts. Les deux autres régiments de ce groupe, le 5e chasseurs et le régiment Steinmetz, perdirent près de 450 hommes.

La troupe était donc particulièrement éprouvée. Si bien que l'impensable arriva : au soir du 25, le QG de la division donna l'ordre aux régiments d'attaque de progresser immédiatement sur la côte de Talou, où s'était installée l'artillerie française et d'où elle menaçait gravement les assaillants. Les commandants de deux régiments refusèrent net face à l'épuisement de la troupe. Et le troisième, le 5e IR, qui tenta d'abord d'exécuter l'ordre, dut s'abstenir de marcher, car les formations étaient dans un désordre tel qu'il était impossible d'orienter les compagnies de marche…

La prise du fort de Douaumont

Côté allemand, la prise du fort de Douaumont, au soir du 25 février, résonne comme un aboutissement. Et cela jusque dans les guides de voyages les plus récents, où l'événement se trouve amplement commenté. En effet, la prise du fort a fait couler beaucoup d'encre, dès le 26 février 1916. Ce succès semblait annoncer au public allemand une victoire plus ample, étant donné que, depuis le fort, Verdun était à portée. Mais dans la mesure où l'offensive générale languissait et où le front ne bougeait plus, laissant les « pertes » s'accroître d'une façon démesurée, cette prise du fort de Douaumont a réussi quasiment à remplacer la victoire définitive dans l'opinion allemande les mois suivants – et dans les années 1920 et 1930. L'historique du Reichsarchiv décrit ainsi la légende qui naît alors :

> Ce succès n'a pas été obtenu selon un plan savamment dosé, mais par l'esprit d'attaque que le soldat allemand possède par sa nature et dont il est imprégné par un entraînement intense en temps de paix. Ce que Frédéric le Grand a demandé à ses officiers, à savoir de faire plus que leur devoir, a été réalisé ici sur le moment par les chefs des unités d'attaque. La prise du fort de Douaumont restera, tant qu'on écrira l'histoire des guerres, un exemple non seulement pour la témérité mais aussi pour la présence d'esprit et la conscience de leurs responsabilités propres aux commandants de première ligne[46].

En effet, le succès de Douaumont n'avait nullement été planifié ni prévu aussi tôt. Les Allemands ignoraient qu'il était quasiment démuni de moyens de défense et qu'il n'était défendu que par une soixantaine soldats de réserve et de territoriale. Pour les Allemands, ce fort barrait en dernière instance le chemin de Verdun. Il fallait le prendre, mais le commandement pensait que ce serait une affaire de longue haleine.

Le contraire arriva sur le mode de la surprise. Le 24e IR brandebourgeois avait passé la nuit dans le bois de l'Hermitage d'où il pensait poursuivre l'attaque le lendemain. Mais le 25 février, dans la matinée, il constata que les Français avaient commencé d'y creuser des tranchées et de construire des positions de mitrailleuses. C'est pourquoi le commandant du régiment préféra attendre l'après-midi et laisser travailler entre-temps la préparation d'artillerie.

À la suite d'ordres peu concertés, plusieurs compagnies du régiment partirent à l'attaque vers 15 heures, mais elles furent rapidement stoppées par l'artillerie allemande qui n'avait pas reçu l'information et continuait son tir de préparation. Ce fut un désordre complet, comme le soulignent les témoignages contemporains. Les chefs des compagnies, le Hauptmann (major) Haupt et l'Oberleutnant von Brandis, décidèrent, vers 16 heures, de prendre eux-mêmes l'initiative de l'assaut qui fut protégé par les hommes du lieutenant de réserve Radtke, assurant la couverture du flanc exposé au village de Douaumont d'où les Français avaient ouvert un feu très pénible pour l'attaquant. Sa compagnie y perdit 80 hommes.

Mais l'entrain des hommes était formidable et, vers 16 heures 30, des groupes des 6e et 7e compagnies arrivèrent devant les fils de fer barbelés qui protégeaient les accès du fort. On demanda par téléphone au régiment de faire tirer l'artillerie pour préparer l'assaut final en détruisant les barbelés, mais les supérieurs du régiment n'en firent rien, jugeant l'information erronée et voyant de loin que le canon de la tourelle sud-est du fort tirait toujours. Le Hauptmann Haupt restait décidé à continuer et à prendre le fort ce soir-là. Ses brandebourgeois avaient reçu, depuis longtemps, un entraînement spécial pour la prise des fortifications. Il semble qu'il ait fini par comprendre que le fort était peu défendu, les tirs français se faisant plus rares que ceux de l'artillerie allemande, laquelle risquait constamment de frapper ses propres hommes prêts à l'attaque. C'est pourquoi il décida d'y aller et la 6e compagnie du lieutenant Radtke arriva au coin nord-est de la muraille du fort, où un obus allemand avait creusé un énorme trou et aplani le fossé qui n'avait plus 5 mètres de profondeur comme ailleurs, mais était facile à traverser. Depuis le fossé, la compagnie se rua vers l'entrée du fort où elle captura un soldat français qui lui dit que le fort était en fait occupé par… 67 hommes. Cela étant, elle demanda l'aide d'autres compagnies, ce qui fut fait. Vers 17 heures 15, le fort était occupé et les soldats français emmenés prisonniers.

L'historique officiel de l'armée allemande conclut cet épisode par l'euphorie qui saisit les vainqueurs de la journée :

> Le fort de Douaumont, la pierre angulaire du front nord de Verdun, était dans la main des Allemands. On en avait obtenu des moyens illimités d'observation pour la poursuite de l'offensive. Et le succès moral n'était pas anodin non plus. À l'arrière et dans le pays, les nouvelles de la prise étonnamment rapide de cette forteresse majeure créèrent une grande confiance dans l'avenir, même chez ceux qui avaient douté du succès de la grande offensive à l'Ouest[47].

CHAPITRE II

Pourquoi l'attaque allemande a-t-elle d'abord réussi ?

Au soir du 25 février, la situation est donc critique pour les Français. Ils ont dû reculer d'environ 6 km en trois jours, et il n'est pas évident qu'ils puissent conserver Verdun. Ce qui pose deux questions complémentaires : pourquoi ont-ils été enfoncés, et pourquoi ont-ils réussi pourtant à se maintenir ?

Pourquoi le front a-t-il craqué ?

La surprise ?

Une première explication pourrait être la surprise. En fait, elle joue peu : les Français savaient l'attaque imminente. Les renseignements ne leur avaient pas manqué ; des déserteurs et des prisonniers, des photographies aériennes, des espions avaient progressivement précisé la menace. À la mi-janvier, la destruction de plusieurs clochers au nord-est de Verdun indiquait la volonté allemande de priver de repères l'artillerie française. Le commandement connaissait les concentrations de troupes et d'artillerie adverses sur ce front, signes d'une attaque probable ; le général Herr, qui commande la Région fortifiée de Verdun (RFV) s'en inquiète, car il n'a pas les moyens d'y faire face[1]. Mais les indices se précisent lentement. Fin janvier, puis les 9-10 février, un lieutenant entend et voit de nombreux Allemands creuser des abris avec des perforatrices en face de lui, et il réussit à les faire bombarder[2]. Le 9 février seulement, on sait que l'attaque est imminente et que le prince héritier, le Kronprinz, la commande ; on apprend même dans quelle maison de Spincourt il loge[3]. Il était plus que temps : s'il avait fait beau, l'attaque aurait eu lieu le 12.

Sans doute le GQG n'a-t-il pas accordé assez d'importance à ces renseignements. Mais que l'ennemi améliore ses positions ici ou là faisait partie de la routine. Des informations analogues parvenaient d'autres secteurs du front : comment savoir si Verdun était particulièrement menacé ? Surtout, Joffre ne croyait pas à une attaque sur Verdun, probablement parce que le terrain, compartimenté par de très nombreux ravins, lui semblait beaucoup moins propice à une attaque d'envergure que de vastes plaines comme celles d'Artois, de Picardie ou même de Champagne. Le rapprochement – anachronique – s'impose avec la façon dont les généraux de 1940 jugeaient impossible une attaque allemande dans les Ardennes. Joffre voyait mal l'exploitation que pouvait envisager Falkenhayn d'un succès sur ce point : « Le résultat stratégique que les Allemands pouvaient en espérer m'échappait totalement[4]. » Certain que son front subirait une attaque majeure dans un autre secteur, il estimait encore le 22 février que l'offensive sur Verdun constituait « une attaque préliminaire menée avec des effectifs importants », que suivraient, mais ailleurs, une ou deux attaques principales avec des effectifs plus considérables[5].

Les Français s'attendaient à une offensive de diversion, et rien de plus. Ils n'ont donc pas été vraiment surpris, mais ils n'étaient pas prêts.

L'impréparation française

La question se pose d'ailleurs aussitôt : Verdun était-il bien défendu ? Ses adversaires reprochent à Joffre plus que des négligences, et les députés en discuteront longuement en comité secret, le 16 juin.

En fait, l'insuffisance des organisations défensives de Verdun n'est guère contestable. Même les défenseurs du GQG, pour qui ce front n'était pas plus mal organisé qu'un autre[6], concèdent des faiblesses. Ainsi le commandant Pelade : « il faut bien avouer que la deuxième position était à peine ébauchée. La troisième position était tracée ; sur la quatrième on avait fait quelques travaux[7] ». En réalité, le GQG était mal placé pour répondre à l'accusation de négligence, car la faiblesse des organisations défensives de Verdun lui avait été signalée deux mois plus tôt. Le 1er décembre 1915, le député Émile Driant, qui commandait les 56e et 59e bataillons de chasseurs au bois des Caures, l'avait dénoncée devant la commission de l'Armée de la Chambre. Il avait été reçu par Poincaré, le président de la République, et le ministre de la Guerre, Gallieni. Celui-ci, en accord avec le premier, avait alerté Joffre par écrit le 16 décembre : « Le réseau de tranchées ne serait pas complété comme il l'est sur la majeure partie du front. » Indigné, Joffre avait répondu deux jours plus tard en envoyant à Gallieni des cartes montrant qu'il existait « trois ou quatre positions successives de défense, terminées ou en voie d'achèvement. Cette organisation est, dans son ensemble, beaucoup plus forte et complète que celle de nos adversaires. [...] Rien ne justifie les craintes que vous exprimez au nom du gouvernement[8] ». Il dénonçait ensuite des pratiques qui sapaient son autorité et menaçait de démissionner.

Joffre n'a pourtant pas cherché à vérifier si cette alerte était sans fondement, tant il était serein : « Je ne demande qu'une chose », dit-il le 8 janvier au colonel Herbillon, qui faisait la liaison avec le président de la République, « c'est que les Allemands m'attaquent, et s'ils m'attaquent, que ce soit sur Verdun. Dites-le[9] ». Son optimisme était partagé : « Si les Allemands attaquent à Verdun, sur quel bec de gaz vont-ils tomber ! » disait le chef du bureau des opérations[10]. Il faut attendre que la menace se précise pour que Joffre laisse son chef d'état-major général, Castelnau, aller inspecter les défenses de Verdun le

23 janvier, en lui disant : « Allez-y si vous voulez, mais ils n'oseront jamais nous attaquer à cet endroit du front[11]. »

Son inspection inquiète Castelnau qui ordonne un lourd programme de travaux[12]. En effet, si « la première position (ligne de surveillance, ligne de résistance, réduits) répond entièrement aux directives données par le général en chef » dans le secteur bois des Caures-bois d'Haumont, il faut la compléter par des réduits à contre-pente, par des abris-places d'armes pour les réserves, et il faut « inonder de fil de fer » les ravins aux abords d'Haumont. Sur la rive gauche, les défenses établies au nord du ruisseau de Forges « ne peuvent être considérées que comme une *position avancée* ». La « position principale de résistance [...] comprendra des éléments de surveillance, une ligne de résistance et des réduits ; on y aménagera également des places d'armes pour les réserves. [...] L'emplacement des réduits résultera du tracé de la ligne de résistance. [...] En arrière de cette position principale, on organisera une position intermédiaire [...] ». L'usage du futur, l'imprécision sur les tracés et les localisations, indiquent clairement que tout reste à faire. Deux divisions sont d'ailleurs affectées à ces travaux dans les jours qui suivent.

Sur tout le front, on s'active donc : corvées pour transporter des tôles et des rouleaux de barbelés, des rondins. « On ne laisse plus que quelques guetteurs dans les tranchées le jour, afin d'augmenter l'effectif des travailleurs. » « On creuse la terre, on construit des abris[13]. » Marc Stéphane, montant en relève le 18 février au bois des Caures – un secteur qui résistera –, rencontre « partout des réseaux nouveaux, les "réseaux Castelnau", poussés comme par enchantement[14] », dont il doit trouver des chicanes pour les franchir.

Cette activité fébrile ne suffit pas à combler le retard. Le 12 février, le général de Bazelaire prend le commandement de la rive gauche. Trois jours plus tard, il dégage sa responsabilité[15]. Les centres de résistance n'existent pas dans certains secteurs de première ligne ; tous ne sont pas couverts par le 75 ; des lignes de résistance sont établies sur la pente exposée aux vues ennemies (304, Mort-Homme) sans abris, ou avec des abris non terminés, des postes de commandement inachevés, des boyaux et des voies d'accès insuffisants. « Je me trouve en présence d'une situation telle que je crois devoir vous la signaler. » On lui avait dit le ruisseau de Forges « garni de fils de fer, privé de pont, couvert au sud par une ligne électrifiée : il n'y avait rien de tout cela[16] ». Un autre témoin le confirme le 23 février : « en allant jusqu'à Chattancourt, on s'aperçoit que rien, absolument rien, n'a été fait sur ce secteur. Pas un réseau de fil de fer. Pas une tranchée[17]. » Et Pétain le confirme : derrière la première ligne, faiblement occupée, les centres de résistance de la seconde ligne, distants parfois de plusieurs kilomètres, ne sont pas reliés par des tranchées. Cette organisation défensive avait été recommandée en 1915 par le GQG pour économiser les effectifs. Du coup, les Allemands peuvent s'infiltrer entre les centres de résistance et les prendre par-derrière[18]. La rive droite souffre de la même impréparation une fois les premières positions enfoncées, comme l'affirme le général Chrétien, qui commandait de la Meuse à Douaumont et subit donc l'attaque de plein fouet : « Dans la zone de combat, il n'existait pas un boyau, pas une ligne téléphonique enterrée, pas de barbelés, sauf sur les remparts de la ville[19]. » Il semble que les défenses indiquées par les cartes que Joffre communiquait à Gallieni pour se justifier n'existaient que sur le papier.

D'autres insuffisances sont patentes. Les abris d'artillerie ne pouvaient résister aux feux adverses, mais l'on manquait de rondins et Langle invite Herr le 11 février à envisager une « utilisation intensive » des forêts[20]. Les dotations en obus étaient ridicules : 15 600, tous calibres confondus, quand les Allemands tirèrent le 21 février près d'un million d'obus[21]. L'artillerie française ne pouvait régler précisément ses tirs, faute d'observations aériennes du fait du mauvais temps ; de toute façon, les quelques avions français étaient à la merci de la chasse allemande. Les communications étaient aléatoires : les batteries n'étaient pas toutes reliées les unes aux autres et aux états-majors par télé phone ; en outre, le bombardement coupa très vite la plupart des lignes qui avaient été tirées à l'air libre ou dans des fossés peu profonds. Quant aux lignes enterrées, le QG n'en avait plus les plans, le déclassement de la place forte ayant entraîné le déménagement des archives. Rétablir les liaisons était difficile : « Aucune réserve de fil n'existait dans les unités, et quand les fils furent hachés, dès le 21 février, alors que 160 kilomètres de fil étaient nécessaires dans le secteur du 30e corps pour rétablir les lignes, on n'en put obtenir qu'une centaine de kilomètres[22]. »

Négligence des généraux et des officiers ? Effectifs insuffisants ? Paresse des soldats ? En tout cas, régnait un sentiment trompeur de sécurité, la conviction qu'il ne se passerait rien sur ce front ; à des hommes qui prennent position le 18 janvier et demandent où sont les abris, on répond : « Où vous voudrez. Il ne tombe jamais de marmite ici[23]. » Le verdict du médecin général qui prend le commandement du service de santé le 1er février est sans appel : partout, « torpeur et relâchement[24] ». Les conséquences de cette impréparation sont lourdes. Le chef d'état-major de Pétain, de Barescut, est catégorique : « Nous ne sommes pas installés. Dire qu'à Verdun il n'y avait pas d'organisation sérieuse ! Je me demande qui est coupable. Mais il est certain qu'il y a des responsabilités terribles[25]. »

La supériorité allemande

Cette impréparation relative donne aux Allemands un avantage sensible, que renforce une double supériorité.

Une supériorité numérique, d'abord. La comparaison des effectifs en ligne est à la fois simple et compliquée. Simple, parce que l'organisation des armées est très voisine, à la fois dans ses structures et ses volumes. Des deux côtés, les corps d'armée sont en principe à deux divisions de deux brigades de deux régiments chacune, et les régiments comptent trois bataillons de quatre compagnies[26]. La composition et l'effectif de certaines unités s'écartent plus ou moins de ce cadre, mais il reste globalement valable en février 1916 : ici comme là, une division correspond à 15 000 hommes environ.

Ce qui complique les choses est que les fronts ne coïncident pas. La RFV forme un saillant, avec un front qui part d'Avocourt, à l'ouest de la Meuse, court vers l'est jusqu'à Fromezey, 6 km avant Étain, puis descend nord-sud jusqu'aux abords de Saint-Mihiel[27]. En face d'elle, la 5e armée allemande est décalée. Elle a deux divisions à l'ouest d'Avocourt et, à l'est, elle est relayée d'Étain à Saint-Mihiel par quatre divisions qui relèvent d'une autre armée. Comparer les effectifs de la RFV et de la 5e armée n'a donc pas grand sens. Si l'on considère le front d'attaque du 21 février, de la Meuse à Ornes, on compte six divisions ou 90 000 hommes côté allemand, face à deux divisions (51e et 72e) côté français, soit 30 000 hommes[28]. Le rapport des forces est de 3 contre 1.

L'infériorité en effectifs de l'armée française au début de la bataille se double d'une infériorité massive, quantitative et qualitative, de son artillerie. La 5e armée allemande, on l'a vu[29], alignait 550 canons de campagne, 654 pièces lourdes et 202 mortiers, soit un peu plus de 1 400 tubes. D'Avocourt à Ornes, sur les deux rives de la Meuse, les Français disposaient de 388 pièces d'artillerie légère et 244 d'artillerie lourde, y compris 8 mortiers et 10 pièces de marine, soit au total 632 canons, même pas moitié moins que leurs adversaires[30]. Pour l'ensemble de la RFV, le compte exact – pour autant qu'il puisse l'être – serait de 564 canons de petit calibre, dont 312 de 75 mm, et de 289 de gros calibre[31], soit 853 au total[32], mais pour que la comparaison ait un sens il faut ajouter à l'artillerie de la 5e armée celle des divisions allemandes qui tiennent le front d'Étain à Saint-Mihiel ; le rapport des forces reste de l'ordre de 1 à 2.

L'infériorité qualitative est plus écrasante encore. L'artillerie de campagne française, avec le 75 à tir rapide, est supérieure à son homologue allemande, mais elle n'est pas plus nombreuse (361 ou 564 canons, suivant le périmètre retenu, contre 550). En revanche, l'artillerie lourde est surclassée, tant en nombre – au plus 289 pièces contre 725 – qu'en qualité, car la plupart des canons lourds allemands, plus récents, tirent plus vite et plus loin : 16 km pour le 15,5 cm, 18 pour le 21 cm, contre 10 à 12 km pour les meilleurs canons français. Aussi les Allemands peuvent-ils détruire ou neutraliser les batteries françaises sans que celles-ci puissent les atteindre par des tirs de contrebatterie. Les deux artilleries sont donc dissymétriques au départ, et elles le resteront longtemps.

Une tactique qui surprend

Cette supériorité en hommes et en canons explique les succès initiaux de l'offensive allemande. Les Français ne s'attendaient pas à une attaque aussi massive. Ils ont en outre été surpris par la façon inhabituelle dont les Allemands l'ont conduite : une tactique qui explique en partie la rapidité et la profondeur de leur avance des premiers jours[33].

En premier lieu, la préparation d'artillerie allemande du 21 février fut très brève : elle commença à 7 heures du matin pour un assaut donné entre 16 et 17 heures. D'ordinaire, les préparations duraient plusieurs jours. Le 25 janvier, Joffre demandait aux commandants d'armée de se préparer à des bombardements de 90 à 100 heures[34]. Mais le général de Langle de Cary avait prévenu le 11 février la RFV, qui relevait depuis peu de son Groupe d'armées du Centre (GAC), que la préparation d'artillerie allemande ne durerait « vraisemblablement que quelques heures » en raison de sa puissance. De fait, l'artillerie allemande se déchaîna moins de dix heures, mais elle fut d'une violence jamais vue et écrasa littéralement le front d'obus de tous calibres, y compris les plus gros.

Seconde innovation, les Allemands ne creusèrent pas de parallèles de départ. Pour rendre l'assaut plus bref et moins meurtrier, on ouvrait en général en avant de la première ligne, parallèlement aux lignes ennemies, une tranchée sommaire que les assaillants occupaient au dernier moment. L'inconvénient était de laisser prévoir l'assaut, car même creusées de nuit, les parallèles n'échappaient pas aux observateurs adverses. À Verdun, elles semblaient particulièrement nécessaires, car le *no man's land* entre les deux premières lignes était d'une largeur inhabituelle, de l'ordre de 600 à 800 mètres. Confiants dans l'efficacité de leur pilonnage, les Allemands choisirent de s'en passer plutôt que de donner l'alerte par des préparatifs voyants.

Cette priorité donnée à l'artillerie s'accompagnait – troisième nouveauté – d'un fractionnement du front. De Brabant à Ornes, l'attaque allemande porte sur une dizaine de kilomètres, ce qui est déjà, pour une grande offensive, un front étroit. Mais elle ne le bombarde pas de façon uniforme, comme les Français l'avaient fait en Champagne cinq mois plus tôt. Sur ce front, elle privilégie certains secteurs d'un kilomètre ou parfois moins, qu'elle écrase massivement avec de gros calibres, et des barrages très denses sur les côtés et sur l'arrière, jusqu'à plus d'un kilomètre, pour interdire totalement à d'éventuels renforts d'intervenir. Cet « encagement » de secteurs du front permet d'enfoncer des coins dans la défense française, ce qui fragilise les secteurs qui résistent et ne leur laisse de choix qu'entre la reddition, la retraite ou la mort.

De fait, et c'est pour les Français une dernière nouveauté, l'infanterie allemande ne partit pas à l'attaque en vagues serrées pour submerger la défense française. Parler de « ruée », comme on le fait souvent, en donne une idée fausse. La première vague fut précédée de patrouilles d'une cinquantaine d'hommes conduites par deux officiers, chargées de vérifier que la défense adverse était bien réduite, sinon le bombardement reprenait. La première ligne d'attaque, relativement peu nombreuse, était formée de cisailleurs, de grenadiers, mais aussi, comme on l'a dit plus haut, de lance-flammes (*Flammenwerfer*), une arme toute nouvelle. Persuadée que toute résistance possible avait été écrasée, l'infanterie allemande avançait sans courir ; elle cherchait les points faibles ; elle s'infiltrait par les ravins et contournait les résistances pour les prendre à revers ; bref, elle manœuvrait.

Pourquoi la défaite a-t-elle été évitée ?

Des premiers jours critiques

La relative impréparation française, la supériorité initiale en hommes et en canons de la 5e armée allemande et cette tactique nouvelle permettaient aux soldats allemands d'espérer réussir sans coup férir. Persuadés de l'efficacité de leur *Trommelfeuer*, ils pouvaient penser qu'ils ne rencontreraient aucune résistance et l'on en a vu avancer l'arme à la bretelle. Ils ont été surpris de trouver des soldats français encore vivants, et qui les accueillaient à coup de fusil. De fait, certains secteurs ont résisté avec un acharnement qui a obligé les Allemands, comme on l'a vu, à reprendre leur pilonnage. Driant, dont une abondante littérature a célébré l'héroïsme, tient au bois des Caures jusqu'à ce que l'effondrement de sa droite l'oblige à se replier ; c'est alors qu'il est tué dans la journée du 22.

D'autres secteurs, moins fortement organisés ou moins bien commandés, ont lâché prise, brisant la continuité du front. Près de la Meuse, un général donne l'ordre prématuré d'évacuer le village de Brabant, parce qu'il estime que l'avance allemande entre ce village et le bois des Caures le rend indéfendable. On lui retire son commandement et on ouvre contre lui une procédure en conseil de guerre. Ailleurs, submergées par le nombre, cernées ou à court de munitions, des troupes se rendent : au soir du 23 février, les Allemands ont fait un peu plus de 10 000 prisonniers, soit près du tiers de l'effectif qui leur résistait. Le front craque de toutes parts.

Le recul s'accélère donc. Le 23, les Français reculent en abandonnant quelques pièces de leur artillerie de campagne que menace l'avance allemande, et ils en replient d'autres. Moins de pièces en action, des tirs qui n'ont pu être réglés à l'avance : c'est un soutien plus précaire pour les fantassins, alors que l'artillerie lourde allemande à longue portée allonge ses tirs. En outre, les fantassins français se battent maintenant sur leur deuxième position qui, on l'a vu, est encore moins organisée que la première. Comme le dit un sous-lieutenant de la rive gauche : « Si le secteur de droite était organisé comme celui-ci, ce n'est pas étonnant que les Boches avancent[35]. » Le 24, les Français sont refoulés sur leur troisième position, pour autant qu'elle existe, et ils ont abandonné quelques pièces d'artillerie lourde, alors qu'ils étaient déjà en nette infériorité sur ce point. Au soir du 24 février, l'armée française se trouve au bord de la défaite. Les troupes allemandes n'ont plus devant elles « que de faibles éléments épuisés et dissociés, définitivement hors de cause[36] ». « La route nous était ouverte », écrira le Kronprinz[37].

Le commandement, qui en a conscience, prépare l'abandon de la rive droite. Il prend les mesures nécessaires pour faire sauter les ponts sur la Meuse et les ouvrages de la rive droite[38]. Un désastre s'annonce. « C'est, dans la ville et autour de la ville, un "embouteillage" général[39]. » Des troupes refluent. Un témoin raconte le 25 : « J'ai eu hier soir une impression désolante. Des troupes en désordre refluaient. Les artilleurs, craignant d'être pris dans la boucle [de la Meuse], s'en allaient dare-dare. Certains, affolés, nous criaient "Ils sont derrière nous. Faites sauter le pont"[40]. » Sur le terrain, les traces d'une retraite précipitée sont visibles deux jours plus tard : « voitures abandonnées, gros mortiers, affûts, caisses de projectiles[41] ». La pagaille règne. Les civils qui évacuent les villages menacés et Verdun se mêlent aux militaires. Un conducteur d'ambulance met trois heures pour traverser Verdun, pris entre deux ou trois files de camions. C'est un grouillement d'hommes, de bêtes et de véhicules : des civils qui fuient le bombardement, des femmes et des enfants harassés, des artilleurs sans canons. « Des fantassins par petits paquets, par groupes épars, voire isolés, qui revenaient du feu avec un air d'insouciance ou, plutôt, d'inconscience, et s'en allaient sans trop savoir où[42]... » Les routes sont embouteillées : « Ce n'était pas beau à voir quand on approchait de Verdun. Les éléments de toutes les armes se mêlaient dans un désordre inextricable ; c'était le triste indice d'une situation plus que critique[43]. »

Et pourtant, la catastrophe qui s'annonçait n'a pas eu lieu. Pourquoi ?

Des précautions de dernière minute

Si l'attaque allemande s'était déclenchée le 12 février comme Falkenhayn l'avait prévu, elle aurait probablement réussi. Les Français ont été sauvés par le mauvais temps : il leur a laissé un répit qu'ils ont mis à profit.

D'une part, ils se sont fébrilement employés à renforcer leur première ligne, même si beaucoup restait à faire. D'autre part, Joffre a pris quelques mesures en prévision de l'offensive secondaire qu'il attendait. Il a réorganisé le commandement le 1er février, en plaçant la RFV sous les ordres du Groupe d'armées du Centre (GAC), ce qui rendait le commandement plus cohérent. Il a surtout envoyé des renforts. L'une des onze DI dénombrées plus haut est arrivée le 17 février. Il alerte le 20e corps d'armée (CA), qui se trouve près d'Épinal avec ses deux divisions, et lui donne l'ordre de mouvement le 20. Mais on ne déplace pas une division d'un coup de sifflet : il s'agit de 15 000 hommes, plusieurs milliers de chevaux, plus de 1 200 voitures, 36 canons, des roulantes, des mitrailleuses. Il y faut plusieurs trains. Les premières unités débarquent le 21, aux alentours de Bar-le-Duc, alors que le bombardement fait déjà rage sur Verdun, à 60 km au nord ; la plupart arrivent le 22. Le commandement n'attend pas que le débarquement du 20e CA soit terminé pour engager les premiers régiments, sans leur laisser de répit, là où le front a cédé, au soir du 24 février. Il était plus que temps, mais il était encore temps.

Une autre mesure préparatoire décisive fut prise alors qu'il était encore temps : l'organisation des transports. Même une bataille secondaire, comme celle que prévoyait le GQG, exige d'importants transports : une DI a besoin d'environ 200 tonnes de munitions, de matériel et d'alimentation par jour. Or, pour assurer des transports massifs de troupes et de matériel, Verdun ne pouvait utiliser des voies ferrées normales à gros débit : celle qui joignait Nancy était interrompue par le saillant allemand de Saint-Mihiel ; celle qui conduisait à Sainte-Menehould passait vers Aubréville sous le feu de l'artillerie allemande, qui la rendit aussitôt inutilisable. Le GQG avait eu le projet de construire une voie ferrée normale de Revigny à Verdun, mais elle était demeurée dans les cartons. Restaient donc pour approvisionner Verdun une voie ferrée locale, à écartement métrique, le Meusien, et une route, qui toutes deux reliaient Verdun à Bar-le-Duc. En 1915, cette route avait été élargie à 7 mètres pour offrir plusieurs voies et permettre la circulation dans les deux sens. Mais qu'on n'imagine pas une route moderne : pas d'enrobé à cette époque, une simple route empierrée, dont l'usage intensif posera de gros problèmes d'entretien.

Pour éviter les embouteillages sur cet axe vital, le commandement décida au dernier moment, le 19 février, de réserver « *complètement et exclusivement* la route de Bar à Verdun aux transports par automobiles », ce qui en chassait les hommes à pied, les chevaux et le matériel qu'ils tirent. Une « commission régulatrice », installée à Bar-le-Duc, reçoit pleine autorité sur cette voie, divisée en six « cantons » d'une quinzaine de kilomètres. À la tête de chacun, « un officier responsable de la circulation qui dispose d'un personnel de prévôté[44] ». L'autorité de la commission régulatrice s'exerce jusqu'aux gares de débarquement, autour de Bar-le-Duc, et sur l'entretien de la route comme des véhicules. Au soir du 20 février, son commandant, le capitaine Doumenc[45], a déjà constitué un parc de plus de 2 000 camions et autobus, et il donne ses instructions aux chefs des cantons et des unités de transport. Quand l'attaque allemande se déclenche, le dispositif est donc en place ; il est activé le 22 à midi.

Il était grand temps. Les unités avaient fondu sous le pilonnage des premiers jours. Des deux divisions qui tenaient le front de la

Meuse à Ornes, il ne restait pratiquement plus rien. Elles comptaient 533 officiers et 26 000 hommes au matin du 21 février. Le 25 au matin, il leur restait 200 officiers et 10 000 hommes[46] complètement épuisés : il fallait immédiatement les remplacer. Cela se fit dans l'urgence, dans des conditions inimaginables, comme l'illustre l'histoire du 95e RI.

Les soldats : l'exemple du 95e RI

Ce régiment était au repos et à l'entraînement au camp de Belrain, à 7 km au sud de Pierrefitte-sur-Aire (voir la carte p. 26). Il est mis en alerte le 20 février, avant même l'attaque allemande. Il quitte son cantonnement le 22 dans la matinée pour gagner Pierrefitte où il passe la nuit. Il en repart le 23 à 11 heures 15 après avoir mangé une soupe ; il franchit la Meuse sur des passerelles et arrive à Sommedieue alors que le village est déjà endormi. Dans la nuit, il reçoit l'ordre de se porter dans le ravin de Thiaumont, par la route Saint-Mihiel/Verdun, le fort de Belrupt et Fleury. Le 24 au matin, après un maigre déjeuner, il reprend sa marche. « Dès les premiers pas, il devient évident que les hommes sont exténués par l'effort de la veille[47] » et les traînards se multiplient.

À 15 heures, le 3e bataillon, qui était en tête de la colonne échelonnée sur plusieurs kilomètres, arrive à la bifurcation de la route qui, venant de Verdun, conduit à droite vers Vaux, à gauche vers Fleury et Douaumont. Il reçoit un ordre d'attaque immédiate : « La situation est grave. Le général fait laisser les sacs sur la route. [...] Les hommes ont à peine le temps de placer dans leur sac leur toile de tente roulée en bandoulière, un jour de vivres de réserve[48]. » Le 3e bataillon commence donc à monter vers Douaumont. « Son mouvement est ralenti par une colonne de voitures d'artillerie et de cuisines roulantes refluant de Fleury sur Verdun dans un certain désordre. » Le 1er et le 2e bataillon, qui arrivent à leur tour, prennent leurs vivres de réserve, leurs couvertures et leurs toiles de tente, et laissent aussi leurs sacs. Mais un changement s'est produit. Les artilleurs ont parlé ; les hommes savent ce qui se passe ; ils ont conscience que s'ils flanchent, c'est le désastre. Du coup, « Plus de pieds boiteux. Plus d'épaules courbées. Plus de bouches crispées[49]. » Les soldats sont résolus. Péricard les dit même joyeux. On peine à le croire, mais le fait est que tout le régiment, qui vient de faire près de 50 km en 36 heures, le ventre vide, monte vers Douaumont à contre-courant de troupes en débâcle qui l'obligent à marcher dans les champs.

La nuit tombe vite en février ; le 3e bataillon, très gêné par les fuyards, atteint la lisière nord de Douaumont vers 18 heures 40. Il lui a fallu trois bonnes heures pour faire 5 km. Les 1er et 2e bataillons doivent contourner Fleury par l'ouest pour éviter les encombrements ; la direction devient difficile à assurer : personne pour guider le régiment sur ce terrain dont il ignore tout et lui indiquer les positions allemandes. Des reconnaissances tombent dans le vide : impossible de rencontrer un élément des troupes qui ont précédé le 95e, elles ont été refoulées ou prises par l'ennemi. À 19 heures, le régiment suspend sa marche en avant et chaque bataillon s'installe, avec une compagnie de mitrailleuses en renfort.

On imagine ces hommes éreintés. Après une longue marche sur la route, il leur a fallu monter, de nuit, sur un terrain qu'ils ne connaissaient pas, se prenant les pieds dans des fils de fer bouleversés. Ils n'ont pas mangé et ne mangeront pas, car leurs roulantes seront détruites par le bombardement. Ils ne savent pas ce qui les attend, mais ils sont là. La brèche semble refermée. Mais ils ne peuvent creuser des tranchées avec leurs outils portables dans le sol durci par le gel. Ont-ils dormi, malgré le froid ? En tout cas, s'ils dorment, ce n'est pas longtemps.

À 4 heures 30, en effet, au matin du 25 février, le 1er bataillon part à l'attaque. Il est accueilli par des mitrailleuses ; une compagnie s'égare et se perd ; le bataillon est tourné sur sa droite ; ses restes se replient sur Douaumont où le 3e bataillon, qui était en tête la veille, s'est organisé. Le 2e bataillon est également engagé dans le bois Chaufour. À 9 heures commence un très violent bombardement qui dure jusqu'à 15 heures. Puis les Allemands avancent en cinq ou six lignes, précédés par un tir de barrage de tous calibres. Ils signalent leur avance par de petites fusées blanches. En face d'eux, le 95e RI ne peut compter que sur lui-même. Son artillerie est à peine arrivée et, faute de liaison, il ne peut lui signaler les vagues d'assaut qui avancent. Et pourtant ces hommes ivres de fatigue, abrutis par le bombardement, abandonnés à eux-mêmes, se lèvent et résistent. « Tout le 3e B^{on}, sorti de ses abris et sans s'occuper du bombardement, garnissant la lisière nord de Douaumont, tient par ses feux l'ennemi en respect ; les hommes sortent des tranchées pour pouvoir mieux l'atteindre. »

La situation du régiment est plus que précaire, car à sa droite il n'y a personne : « À 18 heures, la compagnie occupant la lisière est du village cherche une liaison sur sa droite, mais les reconnaissances envoyées dans ce but ne trouvent personne et poussant jusqu'au fort de Douaumont elles sont reçues par des coups de fusil. Il est probable que les Allemands ont dû occuper le fort aussitôt après l'attaque prononcée contre le village. » De fait, les Allemands occupent le fort de Douaumont depuis un peu plus d'une heure.

La journée qui s'achève a été terrible. Le régiment a perdu le 25 février 6 officiers et 486 hommes, tués, blessés ou disparus – un sur cinq. Une nouvelle nuit passe, sans ravitaillement en vivres, en eau ou en munitions. Le lendemain, le régiment devait être relevé par le 110e. Mais le bombardement est plus violent encore que la veille. Des Allemands s'infiltrent dans le bois Chaufour. L'artillerie, avec qui la liaison a été rétablie, les pilonne. Tout laisse prévoir une nouvelle attaque, aussi le commandant du 95e décide-t-il de rester sur place ; il demande à celui du 110e de le renforcer en cas de besoin et il reporte la relève à la nuit suivante.

De fait, les Allemands attaquent à 16 heures 30. Débouchant du ravin du Helly, ils veulent prendre le village de Douaumont

Beaumont-Douaumont, Fleury-Souville

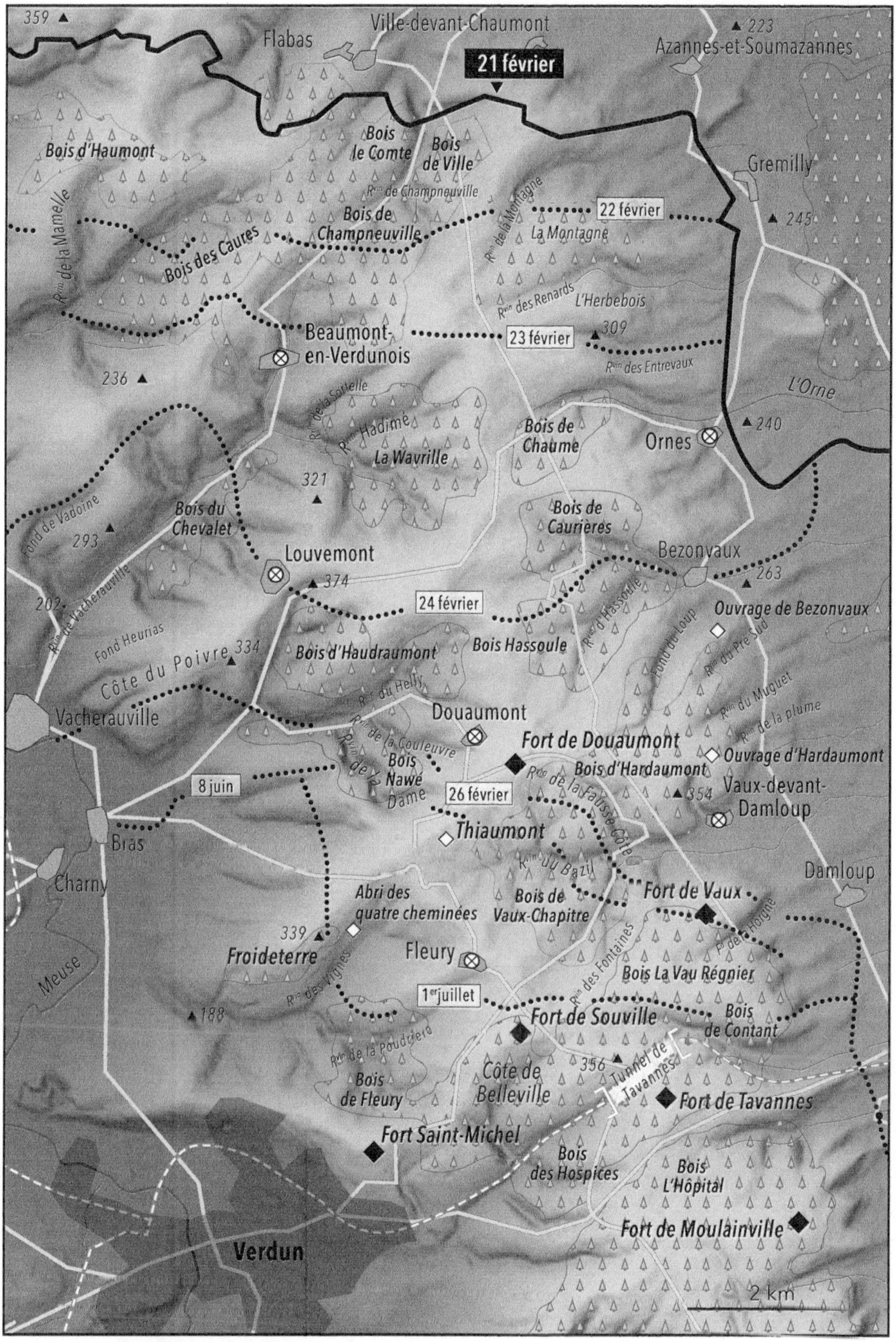

Évolution des lignes de front

Le 21 février 1916

fronts succesifs, après l'offensive allemande

◆ Fort

◇ Autres ouvrages du système défensif

⊗ Village détruit

Route

Voies ferrées

et atteindre la route de Douaumont à Bras. « Les hommes, au milieu d'un bombardement effroyable, ne se laissent pas surprendre et arrêtent toutes les tentatives ennemies par un tir bien ajusté, qui donne l'impression que tout le monde a gardé son calme et son sang-froid malgré les pertes énormes provoquées par le bombardement. [...] Les vagues qui débouchent du bois Chaufour sont successivement fauchées et repoussées avec de grosses pertes. » Dans sa langue militaire, ce sont d'effroyables combats que consigne le journal de marche du 95e RI. Le parallèle avec ceux du 80e fusiliers saute aux yeux.

Dans la nuit du 26 au 27, le régiment, ou ce qu'il en reste, est relevé, et il se reforme dans le ravin de la Dame. Il a perdu en cinq jours 14 officiers et 686 hommes ; son commandant répartit ce qui reste du 1er bataillon dans le 2e et le 3e. C'est un régiment réduit à deux bataillons qui rejoint Verdun le 28.

L'exemple du 95e RI n'est pas isolé. Les témoignages abondent sur la résolution des soldats. Exténués par leur transport, par une montée en ligne de quelques kilomètres sur un terrain raviné et inconnu, sous les obus, ils avaient conscience de mener un combat décisif dont dépendait l'issue de la guerre. Duhamel soigne des blessés qui achèvent le récit de leur combat « par les mêmes mots surprenants à cette heure d'angoisse : "Ils ne peuvent plus passer maintenant." Puis ils se reprenaient à gémir[50] ». Dans des conditions atmosphériques épouvantables, la neige, le froid, les nuits longues, sans abris et avec des tranchées inexistantes ou à peine esquissées, animés par le sentiment de leur responsabilité, ils se battaient avec l'énergie du désespoir. Nous reviendrons sur les souffrances qu'ils ont endurées et celles de leurs adversaires, et nous verrons que leur moral a parfois été ébranlé. Mais dans les premières semaines de la bataille, il était au plus haut. Début mars, dans une lettre à sa femme, le général Guillaumat, qui commande depuis le 26 février de la Meuse au village de Douaumont, leur rend un hommage admiratif et ému. Il pense pouvoir rétablir la situation, mais son seul motif d'espérance, c'est la valeur des troupes quand on a la chance d'en avoir comme les miennes [...]. Que des troupes puissent faire ce qu'elles font, cela passe l'entendement. Je me rappelle qu'après avoir vu au cours de tir de Poitiers des tirs de 75, je me disais : « même les grenadiers de la Vieille Garde ne tiendraient pas là-dedans ». Eh bien ! nos troupiers y tiennent. J'ai des hommes qui, avec Lebouc, se battent sans interruption depuis sept jours et presque sept nuits. Il n'y a pas besoin de commentaire[51].

La réorganisation du commandement

Si les soldats se battent formidablement, le GQG s'inquiète. C'est à ce moment critique qu'il décide d'envoyer à Verdun Pétain, qui commandait la IIe armée et se trouvait disponible avec son état-major. Sans entrer dans les détails qu'on verra plus loin[52], le déroulement de cette nomination s'accompagne d'un choix stratégique majeur.

Vers 22 heures, le 24 février, Joffre convoque Pétain au GQG le lendemain matin à 8 heures. Castelnau, le chef d'état-major général, inquiet, part à minuit pour Verdun se rendre compte de la situation. En route, il constate les signes d'un désastre proche[53]. Arrivé au PC de la RFV, à Dugny, à une dizaine de kilomètres de Verdun sur la rive gauche, il trouve un état-major débordé, et « Herr assis derrière une table, la tête dans les mains et pleurant[54] ». Un tableau qui évoque mai 1940. Castelnau rend compte à Joffre plus pudiquement qu'il a trouvé Herr « très fatigué », avec un état-major insuffisant ; il restera tant que Pétain aura besoin de lui[55]. Bien qu'il trouve la situation critique, Castelnau juge cependant qu'elle peut être rétablie, avec le 20e CA qui arrive. Il a confiance en Pétain et dans l'état-major de la IIe armée qui est en route. Pétain arrive vers 17 heures à Souilly, où Joffre lui a fixé son QG, et en fin d'après-midi à Dugny. Castelnau lui donne l'ordre de défendre Verdun sur la rive droite, une décision lourde de conséquences et sur laquelle nous reviendrons. Pétain, qui relève directement du GQG et non plus de Langle, prend son commandement à minuit.

Changer un commandant en pleine bataille est risqué. À Souilly, tout est à faire. Il n'y a même pas de cartes. « C'est d'une complication inouïe et à ne pas s'y reconnaître. [...] Les nouvelles sont graves, le désordre complet », écrit Barescut qui commande l'état-major de la IIe armée[56]. En outre, la situation empire : Pétain apprend à Dugny la perte du fort de Douaumont. Elle confirme le désordre créé par l'attaque allemande. Le fort avait été désarmé l'année précédente, comme on l'a vu. Il était gardé, plus que défendu, par une cinquantaine de territoriaux sous les ordres d'un adjudant, qui n'avaient pas d'instructions ni d'informations et ne relevaient pas des unités opérant autour du fort.

C'était, pour les Allemands, un succès majeur. Les Français commencèrent par nier le fait. Le communiqué du 26 annonce que cette position, enlevée « ce matin » après plusieurs assauts infructueux, « a été de nouveau atteinte et dépassée par nos troupes que toutes les tentatives de l'ennemi n'ont pu faire reculer ». On se gausse des Allemands qui triomphent trop vite. Puis l'on prétend que le fort a été repris et dépassé, tout en minimisant la valeur militaire de cette simple position, munie de fortifications de campagne et désarmée. Autant de contorsions journalistiques qui signent un choc majeur.

Militairement, le coup était dur. Même désarmé, le fort dominait l'ensemble du champ de bataille sur la rive droite. Il constituait pour les Allemands un havre de sécurité, où stocker leurs réserves de vivres et de munitions, soigner des blessés, abriter des troupes ou des états-majors. Un atout maître dans une bataille où l'artillerie tenait une si grande place. Symboliquement, Douaumont, c'était déjà Verdun, et les efforts que les Français feront pour le reprendre l'attesteront.

La question qui se pose ici est celle du rôle de Pétain, qui reste dans la mémoire commune le « sauveur » de Verdun. On connaît ses origines paysannes et son portrait, « un homme grand, pâle, les yeux bleus très clairs sous les paupières un peu tombantes, la bouche ferme sous la forte moustache dont le vermeil blanchissait, la taille droite et forte sous une capote de soldat, la jambe alerte dans ses molletières de tricot bleu pâle[57] ». C'est, dira Clemenceau après une visite au front, « un homme qu'on ne fera pas changer d'avis. C'est un esprit didactique, un peu absolu, qui ne se laisse pas facilement influencer[58] ». Il a payé assez cher d'ailleurs cette indépendance d'esprit, car bien qu'il ait enseigné la tactique de l'infanterie à l'École de guerre, ses critiques de l'offensive à outrance avaient déplu et le ministre avait refusé de nommer général ce colonel âgé de 58 ans. La guerre le révèle et lui vaut une promotion rapide : général dès la fin du mois d'août 1914, il commande successivement une brigade, une division, un corps d'armée, puis en juin 1915 une armée. Il est reconnu par ses pairs, et sa nomination rassure les commandants de corps d'armée auxquels il téléphone aussitôt, peu après minuit, dans la nuit du 25 au 26 février 1916. Il s'impose immédiatement : « Il est très calme, très maître de lui. C'est un chef, il n'y a pas de doute », écrit Barescut le 26[59]. « Je suis maintenant sous les ordres de Pétain, écrit le général Guillaumat le 28, et j'en suis heureux car il est incontestablement supérieur à tous les autres[60]. » Mais, en dehors de l'armée, il est peu connu. Sa nomination ne suscite pas de commentaires particuliers dans la presse. Les journaux n'ont pas encore de fiches sur lui.

Le commandement de Pétain à Verdun commence pourtant mal : il a pris froid en venant de Chantilly à Souilly, et il a de la fièvre. Ses proches font le nécessaire pour que cela ne se sache pas, et leurs témoignages se contredisent. A-t-il eu une double pneumonie (Serrigny) ou une forte bronchite (Pétain lui-même) ? Peu importe, et Serrigny, son aide de camp, exagère sans doute en écrivant qu'il lui apportait les ordres à signer au lit dans sa chambre. Toujours est-il que Barescut, le chef d'état-major, s'inquiète le 1er mars : « Pourvu que ce ne soit rien. » Il n'est rassuré que trois jours plus tard : « Pétain va mieux. »

L'intérêt de ce détail est d'attirer l'attention sur le rôle de l'état-major. Un état-major, ce n'est pas un cabinet de quelques conseillers, mais une formation militaire constituée, forte d'une cinquantaine d'officiers qui ont chacun leur spécialité, qui se connaissent et ont l'habitude de travailler ensemble. Le GQG déplace les états-majors de la même façon que les batteries d'artillerie lourde, et l'on voit, tout au long de la bataille, Joffre réclamer à Pétain, puis à Nivelle, de lui rendre tel ou tel état-major. L'état-major établit en temps utile, pour les divers responsables, les instructions précises et détaillées sans lesquelles les ordres du commandement ne pourraient s'appliquer. Castelnau faisait autant confiance à l'état-major de la IIe armée qu'à Pétain. Cet état-major, déjà commandé par Barescut, avait été le sien en 1915. Il le savait très expérimenté, très solide, très professionnel. D'ailleurs, Joffre s'est bien gardé de le changer quand il a remplacé Pétain par Nivelle à la tête de la IIe armée. Barescut se mit au travail sans attendre, avec ses équipes, et commença par mettre de l'ordre dans ce qui risquait, sur cet espace resserré, de devenir une gigantesque pagaille[61].

Le rôle propre de Pétain consista d'abord à réorganiser le commandement en constituant quatre « groupements », avec chacun leur état-major, commandant un nombre variable de divisions – l'un sur la rive gauche ; le deuxième, de la Meuse au village de Douaumont ; le troisième, de là à Eix ; le dernier, d'Eix au saillant de Saint-Mihiel[62]. À chacun de ces groupements était affectée en profondeur une zone de l'arrière-front pour qu'il dispose en propre d'un espace dans lequel gérer ses cantonnements, ses réserves, ses mouvements.

Il organisa d'autre part l'artillerie lourde, qui dépendait des corps d'armée ou de l'armée, pour pouvoir l'employer au mieux, en fonction des urgences des divers groupements. Les attaques allemandes ne lui laissèrent pas d'initiative : il passa son temps à pousser de nouvelles unités là où le front menaçait de céder. Début mars, le pire était évité : 26 divisions étaient en ligne ou en réserve sur le front de Verdun, contre 11 le 21 février, et l'intendance, qui comptait 158 000 rationnaires début février, en nourrissait en moyenne 530 417 du 1er au 10 mars[63]. « Il était moins cinq, écrit Pétain le 3 mars à sa maîtresse, je ne sais pas encore si j'arriverai à tout recoller ; je m'y emploie de toutes mes forces, mais la tâche est lourde[64]. »

Elle n'allait pas s'alléger de sitôt. Début mars, l'attaque allemande semble enrayée, mais Pétain a raison de ne pas encore pavoiser. Quelques jours plus tard, le général Deville, qui vient relever une division rive droite, accueille ainsi ses officiers :

> Je n'ai pas à vous cacher la vérité ; nous avons été surpris… Je n'ai pas à vous cacher les fautes ; nous avons à les réparer… La situation était désespérée ; elle n'est pas encore rétablie… Le secteur que nous prenons ? Un chaos… La vie qui nous y attend ? La bataille… Les tranchées ? Elles n'existent pas[65].

Ce rétablissement précaire fut d'ailleurs aussitôt compromis : le 6 mars, les Allemands lançaient, sur la rive gauche cette fois, une nouvelle attaque de grande envergure.

CHAPITRE III

Pourquoi et comment la bataille a-t-elle duré ?

Début mars, les Allemands avaient obtenu des gains spectaculaires : ils avaient avancé de près de 8 km et leur front allait de Vacherauville aux lisières de Vaux-devant-Damloup en passant par la côte du Poivre, le fort de Douaumont (mais non le village) et l'ouvrage de Bezonvaux. Deux raisons ont poussé Falkenhayn à relancer son offensive.

D'abord, ces premiers succès lui permettaient d'en escompter d'autres ; ils montraient que Verdun pouvait être pris. Son artillerie dominait le champ de bataille, et son aviation le ciel ; sa tactique semblait efficace. Pourquoi renoncer quand on gagne ?

La seconde raison est proprement militaire. Comme il avait beaucoup avancé sur la rive droite de la Meuse, de Brabant à Vacherauville, son flanc était découvert sur la rive gauche que tenaient les Français. Les Allemands pouvaient difficilement l'attaquer, car il leur aurait fallu pour cela franchir la Meuse, un obstacle d'autant plus fort qu'elle avait largement débordé. En revanche, de la côte de l'Oie, l'artillerie française tirait à vue sur les troupes allemandes de la côte de Talou, de celle du Poivre, et au-delà. Knobelsdorf l'avait prévu ; aussi avait-il demandé que l'attaque embrasse les deux rives de la Meuse, mais Falkenhayn, hanté par le souci de ne pas engager trop de troupes, s'y était refusé. Maintenant, il n'a plus le choix : il doit faire cesser cette menace. Pétain, qui s'attend à cette attaque et la redoute, se prépare à la recevoir en pressant les travaux d'organisation du terrain, particulièrement négligés ici.

Ce deuxième temps de l'attaque de Verdun commence le 6 mars par un immense feu d'artillerie lourde – mais plus sophistiqué que lors de la première offensive. Les Allemands avaient en effet planifié un feu discontinu pour faire croire aux Français, en arrêtant le tir, que l'attaque d'infanterie allemande allait déboucher, et les amener ainsi à garnir leurs tranchées pour s'y faire écraser à découvert par la reprise du feu. Mais à la distance à laquelle elle tirait, l'artillerie n'était pas assez précise pour créer le chaos escompté, si bien que, comme on l'avait vu déjà à plusieurs reprises, l'objectif fixé pour cette journée, la forêt au pied du Mort-Homme et de la cote 304, ne fut pas atteint. Les Allemands restaient encore très loin de la côte de Marre, d'où ils voulaient poursuivre l'attaque contre Verdun à travers un paysage particulièrement garni de forts (forts de Marre, Bourrus, Choisel). Une semaine plus tard, ils étaient enfin arrivés face au Mort-Homme. Mais, comme l'a dit Wilhelm Ziegler, un soldat de l'armée de Verdun en même temps qu'un des meilleurs historiens de la bataille : « Il avait fallu huit journées entières d'efforts à l'attaquant pour réaliser une percée limitée. Le gain de terrain était de 3 km en profondeur et de 5 km en largeur. Et pourtant les pertes étaient énormes. Les seuls régiments de réserve 94, 71, 82 avaient perdu ces jours-là 3 000 hommes ! Et si l'on continuait ainsi à la vitesse d'un escargot, parvenir à la hauteur des forts principaux pouvait prendre encore des semaines et des mois entiers[1]. » En effet, ce fut pire de jour en jour : le 21 mars, les IIIe et XVIIIe AK qui avaient supporté le principal de l'attaque furent enfin relevés. Ils avaient perdu 295 officiers et 10 309 hommes[2] !

Avec l'attaque sur la rive gauche, la bataille de Verdun devient un affrontement continu, qui se poursuit sans véritable pause jusqu'à ce que l'offensive alliée sur la Somme le 1er juillet oblige les Allemands à réduire leur pression. Entrer dans le détail de ces combats, où certains lieux sont pris et repris plusieurs fois, serait fastidieux[3]. Nous tenterons seulement d'en comprendre le déroulement.

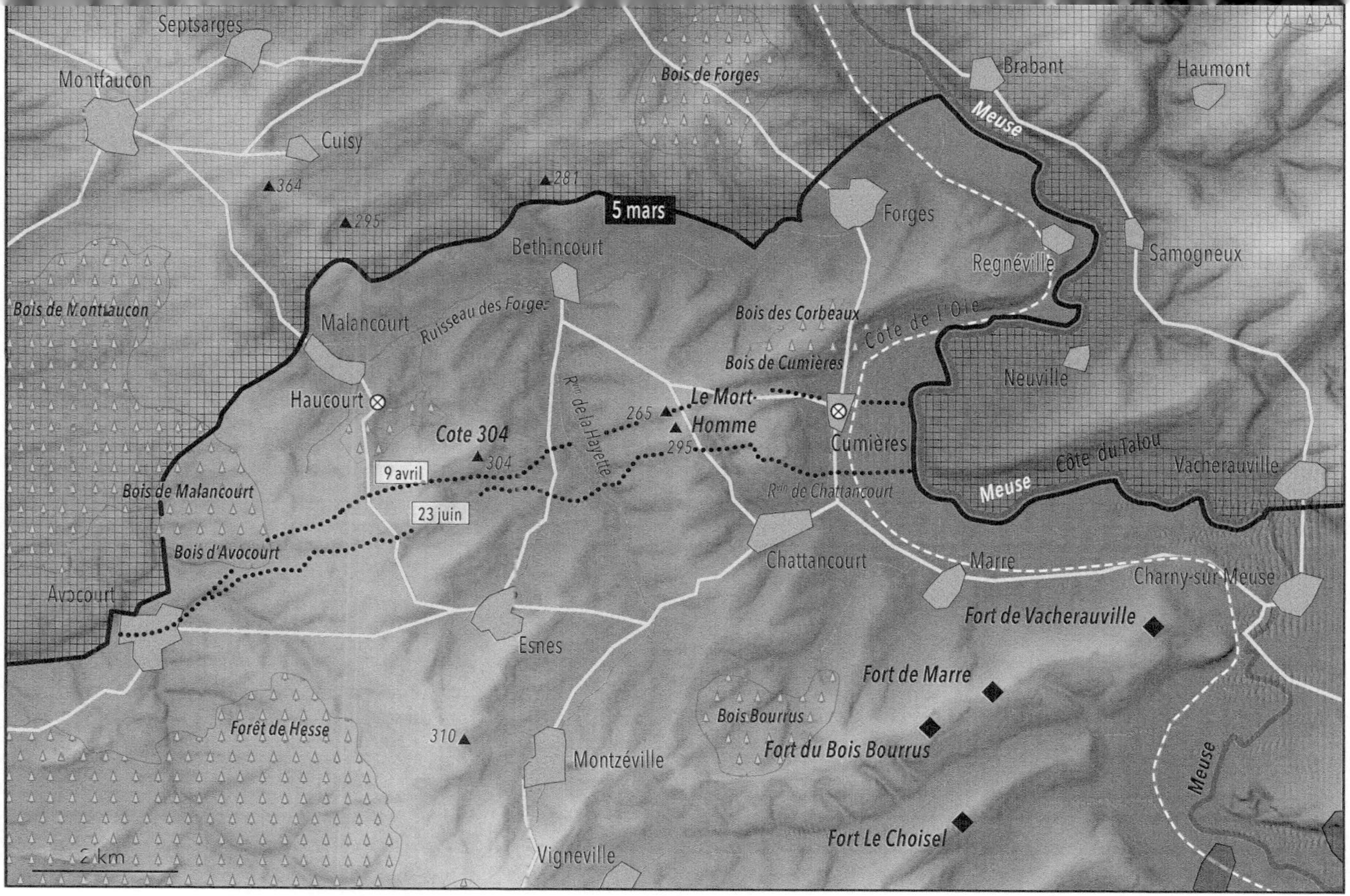

Évolution des lignes de front

Position allemande le 5 mars 1916

Le 5 mars 1915

fronts succesifs, après l'offensive allemande

Fort

Village détruit

Route

Voies ferrées

La bataille allemande

Jusqu'à la bataille de la Somme (1er juillet) qui desserre l'étau, à Verdun, les Allemands attaquent, les Français se défendent ; ils n'ont pas l'initiative. Joffre presse Pétain de lancer des offensives vigoureuses, mais celui-ci n'en a ni le temps ni les moyens ; il colmate les brèches au fur et à mesure qu'elles s'ouvrent et tente de reprendre les positions perdues par des contre-attaques aussi sanglantes que les attaques. La bataille devient une succession de combats localisés, où les deux adversaires poursuivent le même objectif : tenir et durer, en avançant si possible pour l'un, en reculant le moins possible pour l'autre. Le scénario, répété semaine après semaine, est un peu différent rive droite, où les nombreux ravins favorisent les infiltrations, et rive gauche, où le terrain plus dégagé rend les engagements plus frontaux, mais il est fondamentalement le même : les Allemands attaquent sur un secteur relativement étroit, inférieur à un kilomètre, mais sur une grande profondeur ; ils l'écrasent sous les obus « par des tirs d'une violence extrême [menés] par une artillerie très puissante et très rapide pendant un temps relativement très court[4] », et, pour empêcher l'arrivée de renforts de l'arrière ou des flancs, ils l'encagent en quelque sorte par des tirs de barrage sur son fond et ses côtés – sur l'avant, les troupes sont trop imbriquées pour qu'on tire beaucoup. L'attaque réussit plus ou moins bien, mais malgré leurs contre-attaques, les Français perdent inexorablement du terrain. Ils tiennent, mais reculent, tandis que les Allemands avancent, mais tiennent aussi.

Début mars, les Allemands prennent l'offensive aux deux extrémités du front. On a vu le début de leur offensive rive gauche, les 6 et 8 mars. Comme ils ont attaqué à la fois depuis le nord, et secondairement depuis l'est, faisant franchir la Meuse à quelques unités, ils ont avancé davantage le long de la rivière, prenant Forges, la côte de l'Oie et le bois des Corbeaux, d'où les Français les bombardaient rive droite. Ils les repoussent au sud du ruisseau de Forges, et s'emparent même, au centre, de la mamelle nord du Mort-Homme (cote 265). Le 14 mars, le front se stabilise. Les Français tiennent Cumières, Béthincourt, Malancourt, Haucourt et Avocourt. La cote 304 domine ce front, 3 à 4 km au sud de la ligne de contact. Simultanément, rive droite, les Allemands tentent à partir du 8 mars de conquérir le fort de Vaux, un objectif capital car il donne sur toute la plaine de la Woëvre, et il commande la progression vers le sud des Hauts de Meuse et Verdun. Les Allemands prennent une partie du village de Vaux, mais échouent devant le fort lui-même.

Les deux adversaires reprennent alors leur souffle pendant quelques jours. À la mi-mars, Pétain, contrairement à l'ordinaire, est plutôt optimiste. « Les affaires vont bien », écrit-il le 17 mars à Eugénie Hardon, avec qui il est allé passer la nuit à Bar-le-Duc.

Bref répit : du 21 au 23 mars, les attaques reprennent rive gauche. L'exemple de la 11e division bavaroise d'infanterie, qui devait progresser vers Avocourt[5], permet de mieux comprendre ce qui se passait. C'était une unité bien équipée en hommes et matériel. Forte de 219 officiers et 10 603 soldats, elle disposait de 38 mitrailleuses et de 42 canons, ainsi que d'une compagnie de mortiers et une de lance-flammes[6]. Mais elle souffrait d'une mauvaise liaison entre l'artillerie et les troupes d'infanterie et, de plus, lors de l'assaut du 22 mars, l'artillerie française, dirigée par ses ballons d'observation, la prendra sous son feu et la privera de tout renfort en hommes, munitions et nourriture. L'artillerie lourde allemande, positionnée trop loin et sans contact suffisant avec la première ligne, fit « long feu ». Comme s'en plaint un soldat dans son journal : « Notre artillerie lourde… ne sait jamais où se trouve l'ennemi. Et le feu roulant des Français est d'une force comme on n'avait jamais vu ; c'est l'enfer[7]. » Ce fut en effet l'un des épisodes les plus sanglants de la bataille de Verdun. Quand l'offensive fut arrêtée, non par le quartier général de la division[8] mais par les chefs des régiments de première ligne, le désastre apparut dans toute son ampleur : les régiments relevés se trouvaient littéralement décimés. Il y eut des compagnies qui ne comptaient plus que 30 hommes. Selon les statistiques officielles, cette division bavaroise perdit 4 034 hommes dans ces journées de fin mars[9].

Effroyables pour les Allemands, ces combats le sont plus encore pour les Français qui doivent reculer devant les lance-flammes et perdent les bois de Malancourt et d'Avocourt. L'avance est si brutale qu'un colonel se fait piéger dans son abri et se rend. Rive droite, l'attaque reprend le 31 mars contre le village de Vaux, qui tombe le 2 avril. Le front est rompu sur plus d'un kilomètre. Pétain, après avoir tenu comme d'habitude le rapport du soir avec les chefs des groupements, dicte à Barescut, impressionné par son calme, l'ordre de repli sur la rive gauche, pour être prêt si la situation empirait encore[10]. La semaine du 2 au 9 avril est terrible. Le 5, Barescut constate dans son journal : « [les Boches] nous prennent morceau par morceau et finiront ainsi par nous avoir complètement. Que faire ? On se le demande. Il nous faudrait des troupes fraîches, une artillerie souple, puissante, capable d'opérer des concentrations au bon moment et au bon endroit. Nous n'avons rien et cependant nous avons tous la ferme volonté de tenir, de résister ».

Rive gauche, la pression s'accentue, les positions d'Haucourt tombent, ce qui permet aux Allemands d'attaquer la cote 304 à la fois du nord et de l'ouest. Le 8 avril, Joffre ordonne « une vigoureuse et puissante offensive à exécuter dans les plus brefs délais pour rétablir la ligne Béthincourt/Haucourt ». L'ordre arrive alors que Pétain a fait évacuer Béthincourt dans la nuit du 8 au 9 ; il répond à Joffre : « Je demande qu'on me fasse confiance et qu'on ne se laisse pas impressionner par quelques reculs partiels prémédités[11]. » Le 9, Joffre vient à Souilly, tandis que les Allemands achèvent la conquête du Mort-Homme (cote 295), un sommet qui donne des vues exceptionnelles sur le champ de bataille et est donc âprement disputé. C'est le lendemain que Pétain lance, dans ce contexte plus que critique, son célèbre « Courage, on les aura. »

La semaine qui suit est moins tendue, peut-être en raison de la pluie qui tombe tous les jours, du 10 au 17. Mais ces événements ont fait mûrir le conflit qui couvait entre Joffre et Pétain. Joffre avait alors 64 ans. Polytechnicien, il avait été nommé à la tête du service du génie en 1904 après des campagnes coloniales ; il avait ensuite commandé une division, puis un corps d'armée, et en 1910 il était entré au Conseil supérieur de la guerre avant d'être désigné comme généralissime l'année suivante. « D'un calme imperturbable et d'un appétit féroce[12] », célèbre pour son sommeil qu'il protégeait strictement, c'était un très bon logisticien, comme l'avait confirmé la réussite de la mobilisation. La victoire de la Marne avait achevé d'asseoir sa réputation. Jaloux de son autorité, il s'opposait farouchement à toute intrusion des politiques dans la conduite de la guerre, suscitant ainsi des campagnes qui auraient sans doute conduit à son éviction si l'on avait su par qui le remplacer.

Partisan convaincu de l'offensive, Joffre comprenait mal la bataille défensive de Pétain. Il était en outre entouré de « jeunes-turcs » dont Barescut note, au retour d'une visite à Chantilly où il s'est « attrapé » avec eux : « Ils ne comprennent pas la bataille de Verdun et n'en voient pas toute l'importance[13]. » Joffre, pour qui la guerre est d'abord l'affrontement de deux volontés, souhaite un commandement plus agressif et pousse Pétain à monter des attaques. Il le juge trop mou. Sans réaliser à quel point la situation reste précaire, il lui écrit ainsi, le 1er avril, alors que l'offensive allemande bat son plein autour de Malancourt et de Vaux : « Après un mois de combats [...], le front de bataille [...] permet d'envisager en toute sécurité le développement ultérieur des opérations autour de Verdun. [...] Mais il faut surtout que vous preniez maintenant l'initiative d'opérations offensives [...]. C'est à cette seule condition que vous pourrez imposer votre volonté à l'ennemi[14]. »

Pétain, il est vrai, n'était pas l'homme de l'offensive. Prudent et plutôt pessimiste, il aurait même été surnommé « La Pétoche » dans certains régiments[15]. Conscient de l'usure de ses forces, attentif à la nécessité de réunir les moyens permettant la réussite des contre-attaques, il ne cesse de réclamer des divisions nouvelles et des canons. Joffre et Castelnau les lui accordent, mais trouvent qu'avec de tels renforts il devrait obtenir de meilleurs résultats ; ils le remplaceraient volontiers par un général plus offensif. Or Nivelle, qui vient de prendre en pleine crise, le 5 avril, le commandement du secteur de Douaumont à Vaux, semble à la hauteur de la tâche. Joffre annonce à Pétain le 17 avril, avec ménagement[16], qu'il va le nommer à la tête du Groupe d'armées du Centre (GAC) et le remplacer à la tête de la IIe armée par Nivelle. Mais il ne lui laisse pas le choix : les deux nominations prennent effet le 1er mai. En fait, le changement est limité car la IIe armée, qui dépendait directement du GQG, relève désormais du GAC. Pétain, qui le commande depuis Bar-le-Duc, conserve donc la haute main sur la bataille et la suit de très près : il rend souvent visite aux commandants de groupements et participe régulièrement à Souilly au rapport du soir.

Ce désaveu, qui est malgré tout un « joli cadeau[17] », et qu'adoucit encore la grand-croix de la Légion d'honneur, a été accéléré par un conflit plus concret. Joffre était convaincu que, pour dégager Verdun, il fallait obliger les Allemands à engager leurs réserves ailleurs. Les Alliés avaient décidé depuis longtemps[18] de lancer sur la Somme une attaque franco-britannique que Joffre espérait décisive. En même temps qu'il obtient des Russes et des Italiens qu'ils attaquent sur leurs fronts, il prépare donc son offensive, avec le souci de ne pas aligner des forces trop inférieures à celles des Britanniques. Conserver le plus possible de divisions fraîches plutôt que de les consumer dans l'enfer de Verdun devient sa préoccupation majeure et il demande à Pétain de se contenter des 24 divisions dont il dispose. Le conflit devient aigu à la fin du mois, quand les offensives allemandes reprennent et que fondent les divisions que Pétain jette dans les brèches. Castelnau vient en discuter longuement avec lui le 25 avril. L'échange se conclut sèchement, Castelnau déclarant : « Si vous ne voulez pas vous conformer à la ligne de conduite que je veux vous imposer [...], c'est bien : allez-vous-en et moi je prends les rênes à votre place[19]. » Le désaccord sur la défense de Verdun porte en fait sur la conduite même de la guerre.

L'état-major allemand est tout aussi divisé. L'offensive qu'il a lancée fin avril rive gauche a réussi à prendre la cote 304 le 5 mai, puis le village de Cumières. Ce succès permet à Falkenhayn de demander à la 5e armée le 11 mai de lui rendre une division. Knobelsdorf, le chef d'état-major, proteste vivement, et comme il manque en outre des gaz verts (*Grünkreuz*) qu'il jugeait nécessaires pour mener à bien, rive droite, l'attaque du ravin et du fort de Vaux, il propose le 13 mai de « cesser provisoirement toute attaque ». Le Kronprinz est totalement de son avis, car on lui a signalé depuis plusieurs jours que Falkenhayn n'espérait plus pouvoir remporter devant Verdun un succès assez décisif pour légitimer l'énormité des pertes humaines et matérielles que cela demanderait. Le Kronprinz envoie donc Knobelsdorf discuter l'arrêt de l'offensive avec Falkenhayn le 13 mai, mais quand celui-ci comprend que cela signifierait un repli sur les positions du 21 février, il le refuse et demande à Knobelsdorf de poursuivre l'assaut contre l'ouvrage de Thiaumont et la côte de Froideterre, au grand mécontentement du Kronprinz[20].

Ces préparatifs sont arrêtés par une initiative française. Le GQG attend du nouveau chef de la IIe armée, Nivelle, un comportement plus offensif, et celui-ci monte une attaque sur le point le plus symbolique du front : le fort de Douaumont. Il confie à Mangin et à sa 5e DI la mission de le reconquérir. Lancée le 22 mai, cette tentative échoue après des combats d'une rare violence. Les troupes françaises parviennent jusqu'au fort, occupent les trois quarts de sa superstructure, mais ne peuvent y pénétrer, et elles sont finalement repoussées le 24. « Journée noire, noire », écrit Barescut : « Nos troupes sont littéralement exténuées, à bout de souffle. Nos pertes sont très sévères. Il faut relever toutes nos divisions engagées. »

Cette attaque malheureuse est diversement appréciée. Pétain la critique : elle a été lancée trop tôt, sans préparation suffisante. Le général qui commande le groupement Douaumont/

Vaux retire son commandement à Mangin, qui le retrouve rapidement, car pour Joffre l'offensive compte davantage que son échec : le 25, il veut citer Mangin et sa division à l'ordre de l'armée ; Barescut lui demande d'attendre. De toute façon, l'urgence commande. Or elle est brûlante. Des combats furieux se livrent autour du village de Fleury et du fort de Vaux. Une abondante littérature a célébré l'héroïsme de ses défenseurs, et de son chef, le commandant Raynal. De fait, la résistance du fort fut acharnée. Encerclé, il sert d'abri et de poste de secours aux compagnies qui tiennent ses défenses extérieures. Ce surpeuplement rend sa situation dramatique ; l'eau manque. Les tentatives pour rompre son encerclement échouent. Il se rend le 7 juin et les Allemands saluent le courage de ses défenseurs. La pression ne baisse pas pour autant. Le 10 juin, Pétain écrit à Eugénie Hardon : « Si tu sais lire entre les lignes des communiqués tu comprendras que je suis préoccupé. » Ainsi, le lendemain, il revoit le plan de repli sur la rive gauche pour s'assurer que rien n'y manque. Le 12, la bataille faiblit.

C'est le moment où Broussilov attaque sur le front est (4 juin), et Falkenhayn doit envoyer des renforts aux Autrichiens qui reculent. Tout le monde sait que les Alliés vont bientôt lancer leur grande offensive. Falkenhayn veut en finir avec Verdun avant qu'elle n'éclate, et il décide un ultime effort. Le 23 juin, après deux jours de pilonnage qui incluent plus de 100 000 obus du nouveau gaz vert, le phosgène, contre lequel les masques ne protègent guère, trois corps d'armée allemands attaquent donc sur un front de 6 km entre le bois Nawé et la batterie de Damloup. Les Français leur opposent trois divisions et sont enfoncés au centre. À midi, les Allemands ont pris l'ouvrage de Thiaumont et ils encerclent celui de Froideterre (voir la carte, p. 61). À 15 heures 30, Pétain téléphone au GQG. Castelnau prend l'appel :

> Les Allemands ont enlevé l'ouvrage de Thiaumont et ont pénétré dans Fleury [...]. Ces attaques vont continuer [...]. Nous avons dépensé nos meilleures troupes et celles qui vont entrer en ligne ont

> un moral moins élevé. Le fléchissement est plus considérable qu'on ne pouvait prévoir. Il n'est pas possible de calculer la capacité de résistance que nous pouvons offrir. Si l'ennemi atteint la ligne de contre-pente il faudra songer à passer sur la rive gauche. La décision sera à prendre 3 à 4 jours avant le mouvement. Nous avons sur la rive droite le 1/3 de l'artillerie française et il faut l'évacuer avant que l'artillerie ennemie ne batte les ponts[21].

Des contre-attaques, menées grâce à l'arrivée de renforts, dégagent Froideterre mais ne reprennent ni Fleury ni l'ouvrage de Thiaumont, qui changent plusieurs fois de mains. La situation est si critique que le commandement se prépare à défendre la ville même de Verdun. Le 30 juin, Nivelle s'inquiète de ce que « l'idée d'un retrait possible sur la rive gauche » se répande parmi la troupe[22]. Mais il donne l'ordre de renforcer l'enceinte de Verdun, de dégager glacis et fossés, et d'organiser la ville en secteurs pour localiser une éventuelle avance de l'ennemi, avec obstruction de rues par des barbelés, mise en état de défense de maisons[23], etc. Pourtant le front tient : le 11 juillet, une nouvelle attaque allemande vient échouer sur les superstructures du fort de Souville.

Pour les Allemands, la bataille s'achève ainsi, à 4 km de Verdun. Falkenhayn doit affronter sur la Somme l'armée britannique, qu'il juge supérieure à l'armée française. Tenu en échec devant Verdun, il prescrit le 11 juillet à la 5e armée une « défensive stricte », en lui demandant des troupes et des batteries pour la Somme. Le lendemain, le Kronprinz précise au groupe d'armées qu'il commandait qu'après cette « halte » provisoire, on reprendrait l'attaque. Il s'agissait désormais de « tenir » et de renforcer les positions face aux attaques prévisibles des Français[24]. Les combats continuent, plus ou moins épisodiques, toujours acharnés et coûteux, mais pour des objectifs locaux et pour fixer sur place des unités qui pourraient alimenter la Somme.

En obligeant Falkenhayn à retirer de Verdun des moyens importants, la Somme a donc mis un terme à son offensive : l'entrée en action de 40 divisions britanniques, impatiemment attendue par les défenseurs de Verdun, desserre l'étau. Mais, s'ils n'avaient pas cessé de reculer depuis quatre mois, les Français n'avaient pas cédé : les Allemands n'étaient pas passés. Invoquer l'incontestable ténacité des poilus ne suffit pas pour expliquer cette résistance. C'est celle d'une armée, qu'il faut considérer dans son ensemble, des hommes aux états-majors.

Comment s'organiser pour durer ?

La logistique

Côté français, la première nécessité était d'alimenter la bataille. Les besoins étaient énormes : les deux armées affrontées comptaient chacune plus de 500 000 hommes à nourrir, et même plus de 600 000 pour l'armée allemande fin juin[25] ; les divisions, plus d'une vingtaine de chaque côté, demandaient autour de 200 tonnes de matériel et de munitions par jour[26]. Or si le front allemand était bien desservi, le saillant de Verdun l'était très mal, on l'a vu. La voie ferrée vers Nancy était coupée par les Allemands à Saint-Mihiel, et il fallut du temps pour rétablir celle de Sainte-Menehould, détruite par les obus allemands au sud d'Aubréville, en créant une bretelle. Restaient, pour relier Verdun à Bar-le-Duc, le Meusien et la route. Conscient de l'importance de celle-ci, Herr avait créé pour la gérer la commission régulatrice commandée par Doumenc, qui avait prouvé son efficacité dès le 22 février. Nous n'y reviendrons pas[27].

Dans son régime de croisière, le trafic sur cette route que Barrès baptise « Voie sacrée » est strictement organisé[28]. Pour qu'elle reste toujours libre, le déchargement s'effectue latéralement, sur des emplacements créés à cet effet, les camions en panne sont poussés sur les accotements. Les chauffeurs conduisent jusqu'à dix-huit heures par jour, à une vitesse de 15 km/h il est vrai. Le parc initial de véhicules est doublé. En mars, 6 000 camions passent chaque jour sur cette voie. Le trafic – en moyenne, un véhicule toutes les 14 secondes – ne s'interrompt jamais. 8 000 territoriaux, et des prisonniers allemands, rechargent sans cesse la route avec des pierres extraites de carrières ouvertes à proximité : un volume monstrueux, 386 000 tonnes de cailloux pour les trois premiers mois, et près de 900 000 pour toute la bataille. Le trafic atteint un volume que nul n'aurait imaginé. Ce sont, chaque mois jusqu'en juin, entre 400 000 et 426 000 hommes et entre 450 000 et 500 000 tonnes de matériel qui empruntent cette route, soit une moyenne de 12 000 à 15 000 hommes – une division – et 15 000 tonnes de matériel par jour[29]. Jamais le front français n'aurait tenu sans cette artère ; elle était vitale.

Cette performance logistique, qui fait penser au pont aérien américain de Berlin en 1948, a relégué au second plan d'autres équipements tout aussi indispensables. Trois itinéraires est-ouest sont organisés pour relier la Voie sacrée à trois carrefours successifs, et des pistes parallèles pour des troupes à pied. À la dizaine de ponts sur la Meuse qui existaient, on ajoute des ponts de bateaux et des passerelles, si bien qu'à la fin de la bataille on compte 155 franchissements de la rivière. Le Meusien à voie métrique avait été renforcé en 1915 : la réalisation d'une douzaine de gares et de secteurs à double voie avait porté sa capacité de 400 à 1 200 tonnes par jour[30]. D'autres améliorations, un parc accru de locomotives et de wagons, lui permettent en avril de faire rouler quotidiennement 36 trains et de transporter 1 800 tonnes[31], soit la nourriture de 300 000 hommes et de 130 000 chevaux, plus 200 tonnes de munitions[32]. Il assure aussi une grande partie des 200 000 à 220 000 évacuations de blessés. La ligne de Sainte-Menehould, dérivée, peut transporter quotidiennement alors 130 000 hommes. Enfin, on entreprend dès le 3 mars de construire 60 km de voies ferrées normales supplémentaires, pour desservir la bataille à partir de Revigny. Le 28 mai, la ligne de Nettancourt (5 km avant Revigny) à Souilly est achevée jusqu'à Fleury-sur-Aire et Poincaré l'emprunte pour aller à Verdun. Elle est terminée fin juin. Pour la réaliser, on a prélevé sur la voie Verdun-Nancy, inutilisable, rails et aiguillages.

Le fonctionnement des transports n'est qu'une partie d'un problème logistique plus large qui absorbe les états-majors. À Verdun, côté français, il ne s'agit pas pour eux jusqu'à l'été de stratégie, de plans de bataille : ils n'ont pas le temps d'y penser ou ils y pensent trop vite, comme Mangin en mai pour tenter de reprendre Douaumont. Ils parent au plus pressé ; ils envoient des hommes et des munitions là où le besoin s'en fait le plus sentir ; ils font fonctionner l'énorme machinerie du champ de bataille. Il leur faut mettre de l'ordre dans le désordre de 500 000 hommes qui ne cessent d'aller et venir sur un territoire grand comme quatre ou cinq anciens cantons, éviter à tout prix la pagaille qui produirait la défaite.

Ce travail d'horloger est plus difficile pour les Français que pour les Allemands : d'une part, la relève des unités usées par des unités venues d'autres secteurs ajoute aux mouvements internes à la zone des échanges avec l'extérieur ; d'autre part, la concavité du front, qui permet aux Allemands de se déployer en éventail, rabat au contraire les Français au centre du creuset. Les états-majors doivent donc fixer très précisément, aux unités qui montent comme à celles qui descendent, leurs calendriers et lieux d'embarquement et de débarquement, leurs cantonnements successifs, leurs itinéraires, en prescrivant à chaque unité qui traverse la Meuse le ou les ponts qu'elle doit emprunter, et dans quel sens, car il a fallu établir des sens uniques. Ils planifient en outre les travaux de voirie et d'aménagement, notamment pour l'artillerie lourde, qui demande parfois quelques kilomètres de voie ferrée, etc. Avant de penser tactique ou stratégie, il faut un énorme travail de logistique : Barescut est très fier d'avoir commandé l'état-major qui a réalisé cet inépuisable travail de fourmi.

L'évolution de l'artillerie

Les premiers succès allemands s'expliquent, on l'a vu, par leur préparation et la supériorité de leur artillerie, face à l'impréparation du front français. Celle-ci ne pouvait être réparée rapidement, nous y reviendrons. Mais les Français ont-ils réussi à combler le retard de leur artillerie ?

Pour le dire, il faudrait des chiffres précis. Les militaires comptent par batteries de quatre canons en France et de six, en principe, en Allemagne ; une simple multiplication devrait donc donner le nombre de canons de part et d'autre. Mais ce calcul suppose les batteries complètes ; or les canons s'usent, certains éclatent, d'autres sont détruits par les tirs ennemis, et les batteries à deux ou trois canons seulement ne sont pas rares.

En second lieu, il y a canon et canon. La principale différence tient à leur calibre, le diamètre des obus qu'ils tirent ; elle oppose l'artillerie légère ou de campagne (jusqu'à 100 mm) et l'artillerie lourde. Mais il existe trois autres séries de différences : les canons à longue portée, qui tirent à plus de 10 ou 12 km ; les canons à tir rapide, qui supportent au moins un tir par minute ; et les canons à tir tendu ou courbe, suivant que la trajectoire de leur obus est plus ou moins relevée par rapport à l'horizontale. Les canons à tir courbe, appelés aussi mortiers, tirent vers le haut pour que les obus retombent verticalement sur leur cible. Les *Minenwerfer* allemands de 21 cm sont particulièrement efficaces. Les canons à longue portée sont nécessairement à tir tendu et d'assez gros calibre, car ils demandent une charge importante. En outre, la plupart des canons peuvent tirer différentes sortes d'obus : les percutants, qui, selon leur réglage, explosent au contact du sol ou après y avoir pénétré ; les fusants, qui éclatent au-dessus de l'objectif qu'ils arrosent d'un grand nombre de balles (les shrapnels) ou d'éclats projetés à grande vitesse ; les obus à gaz toxique, etc. Ces multiples différences rendent toute comparaison délicate.

L'infériorité française au début de la bataille est manifeste, on l'a vu[33]. Face aux 1 400 tubes de la 5e armée allemande, les Français alignaient 632 canons d'Avocourt à Ornes. Et c'était majoritairement de l'artillerie de campagne. Pour l'artillerie lourde, avec au plus 289 pièces de modèle ancien contre 725 pièces modernes, tirant plus vite et plus loin, la IIe armée était totalement surclassée. Les Français se hâtent d'amener à Verdun des batteries lourdes. Les évaluations varient suivant les sources. Il semble que fin mars ils alignent déjà 450 pièces d'artillerie lourde. Le 8 avril, Pétain en compte 486 en état de tirer[34]. Le 28 mai, il compte 548 pièces lourdes, sur un total de 1 727, alors qu'il en attribue 1 730 sur 2 200 à son adversaire. Ces chiffres sont certainement biaisés, mais le déséquilibre est incontestable et Pétain le sous-évalue paradoxalement[35]. « Nos gros canons portent moins loin et tirent moins vite, et nous n'en avons pas assez », résume Mangin le 12 avril[36].

Les artilleurs français souffrent beaucoup, car ils subissent des tirs de destruction contre lesquels ils sont impuissants. Fin mai, les Allemands ont respectivement, rive droite et rive gauche, 20 et 11 batteries à plus de 11 km des lignes, et 70 et 21 batteries entre 9,5 et 11 km des lignes. Les canons longs français de 120 et de 155 ont alors une portée maximale d'un peu plus de 12 km, mais à cette distance ils sont peu précis et comme ils sont en retrait de la ligne de front, ils ne peuvent pas contrebattre efficacement l'artillerie lourde allemande[37]. Rive gauche, le 20 mai, sur 51 batteries allemandes en action, 20 seulement ont été contrebattues, et le lendemain toujours 20, sur 65[38]. Les seuls canons français capables de contrebatterie lointaine sont les 155 longs Schneider, avec une portée de 17 km. Mais la fabrication de ces nouveaux canons vient seulement de commencer, et il faut former leurs serveurs. Les premières batteries (24 canons) sont envoyées en mai à la IIe armée, et une troisième suivra, mais c'était peu.

Malgré la supériorité de leur artillerie, les fantassins allemands paraissent autant souffrir des obus que leurs adversaires. Le paradoxe surprend. Il semble que, pour remédier au moindre nombre de leurs canons, les artilleurs français les aient utilisés de façon intensive. L'ennemi tire « coup par coup, d'une façon moins nourrie, mais avec du gros calibre », note un témoin[39]. Côté français, des cadences de tir d'un coup de 75 par minute ne sont pas rares ; début juin, dans le secteur de Vaux, un régiment d'artillerie tire en une semaine, au minimum, plus de 3 200 obus de 75 par canon[40]. « Nos pièces sont soumises à un surmenage considérable. La consommation de munitions est effroyable[41] », écrit un artilleur qui d'ailleurs voit éclater deux pièces et n'en a bientôt plus que quatre au lieu de huit. Le commandement semble fier de ces performances. De retour du front, Clemenceau dit à ses collègues le 28 octobre : « À Verdun, nous avons une artillerie formidable qui, m'a-t-on dit, tire 20 à 30 coups tandis que les Allemands en tirent 1[42]. »

Cet emploi intensif de l'artillerie crée à son tour des problèmes : à ce rythme, les canons s'usent, gonflent ou éclatent, et l'on se heurte ici aux difficultés industrielles. Les usines peinent à produire assez de canons pour remplacer ceux qui disparaissent. Verdun consomme la quasi-totalité des 600 canons de 75 mm produits mensuellement au plus chaud de la bataille[43]. L'industrie ne parvient plus à tenir le rythme. En juillet, elle produit 614 canons de 75 mm pour 728 usés ou détruits, et 671 pour 821 en août[44]. À la mi-août, l'artillerie de la IIe armée est à bout de souffle : « En raison des pertes quotidiennes, qui dépassent 15 canons par jour, 27 batteries sur 58 dans les zones de combat sont à 3 pièces, les batteries des fronts calmes sont toutes à trois pièces, et celles qui sont hors du front n'ont pas de canons[45]. »

L'aviation et la TSF

L'efficacité de cette artillerie a cependant beaucoup progressé du fait des réglages de tir par avion. Au début de la bataille, l'aviation allemande dominait nettement l'aviation française. Autour du saillant de Verdun, elle disposait d'abord d'espace pour implanter ses terrains en éventail : de Sivry-sur-Meuse à Piennes, Mars-la-Tour ou Chambley, ses avions convergeaient sur les lieux de combat. Elle surclassait surtout l'aviation française en nombre – 270 avions contre 70 le 21 février et 150 le 28 – ainsi qu'en qualité. Elle disposait en effet d'un excellent appareil, le Fokker, monoplan armé d'une mitrailleuse couplée au moteur pour tirer entre les pales de l'hélice. Pour éviter que les Français ne copient cette innovation, les Fokker ne s'aventuraient pas au-dessus de leurs lignes, mais ils interdisaient aux avions français, plus vieux et plus lents, de survoler le front allemand. Au début de la bataille, l'aviation allemande a photographié l'ensemble du secteur attaqué, jusqu'à Bar-le-Duc[46], alors qu'avant le 21 février, une seule reconnaissance aérienne alerta le commandement français sur les mouvements de troupes allemands. Aux premiers jours de la bataille, les Allemands avaient la maîtrise absolue du ciel : « Nos escadrilles furent jetées hors du champ de bataille par les avions ennemis, en même temps que le canon les expulsait de leurs terrains d'atterrissage[47]. » D'où l'apostrophe célèbre de Pétain au commandant de l'aviation : « Rose, balayez-moi le ciel, je suis aveugle » (28 février).

Le commandant de Rose prend les choses en main avec la même centralisation efficace que Doumenc les transports. Il crée un groupement de combat qui décide pour tout le front de Verdun, et il impose sa stratégie : plus d'engagements individuels, des patrouilles de 3 à 5 avions, voire d'une dizaine ou plus quand elles s'engagent à l'intérieur des lignes allemandes. Il obtient les meilleurs pilotes et les meilleurs avions de chasse, notamment des Nieuport XI très compacts, maniables et rapides, qui commencent à sortir et surclassent les Fokker. Le but est de dissuader les avions allemands de prendre l'air. Cette stratégie collective et agressive rompait avec la doctrine, et Rose fut renvoyé au bout d'un mois ; une semaine plus tard, les dégâts étaient tels qu'on reconstitua le groupement de combat sous les ordres de son adjoint. Celui-ci reprend les vols en groupe, mais il accorde une place aux affrontements singuliers entre « chevaliers du ciel » ; c'est alors que le communiqué donne les noms des Guynemer et autres, les rendant célèbres au même titre que les Richthofen dans l'autre camp. Il crée des secteurs aéronautiques calqués sur les zones des groupements au sol ; les terrains se multiplient à quelques kilomètres les uns des autres, à Lemmes, Ancemont, Vadelaincourt, Brocourt, Juvécourt, etc. En mai, les Français ont la maîtrise du ciel[48].

Les missions initialement confiées à l'aviation la rendaient vulnérable. Passons sur le bombardement, qui vise des objectifs souvent assez éloignés de la ligne du front, les gares notamment : son rôle est secondaire à Verdun. Les deux missions principales, l'observation et le réglage d'artillerie, exposent beaucoup les pilotes car elles obligent à voler lentement et à basse altitude au-dessus des lignes ennemies. Le réglage d'artillerie a beaucoup progressé grâce à l'usage de la TSF embarquée : l'observateur, arrivé au-dessus de la position à battre, ne manie plus des drapeaux ou des fusées pour faire connaître à la batterie si ses coups sont longs ou courts ; il lui envoie des signaux en morse, transmis par une antenne qui traîne dans le sillage de l'avion. Mais un réglage demande du temps, deux, parfois trois heures, pendant lesquelles l'avion ne cesse de tourner autour de l'objectif : c'est une proie toute trouvée pour l'aviation ennemie. Aussi tente-t-on d'armer les observateurs d'une mitrailleuse, mais, dans l'espace restreint de la carlingue, la radio, les jumelles, la planchette sur laquelle est fixée une carte, et la mitrailleuse, c'est beaucoup[49]. Il en résulte l'idée de faire plutôt protéger par d'autres avions les missions d'observation et de réglage d'artillerie : ce sont, côté allemand, les *Schutzflieger* (aviateurs de protection), dont l'efficacité fut médiocre. Cette mission demandait une spécialisation : l'aviation de chasse naît à Verdun, avec l'ambition de conquérir la maîtrise du ciel.

Les ballons ne peuvent rendre les mêmes services que l'aviation, car ils sont nécessairement attachés au sol par un câble avec lequel ils communiquent par téléphone. Leur immobilité les rend vulnérables aux avions et ils ne voient pas très loin. Mais ils sont souvent nombreux : le 21 mai, un téléphoniste compte dix-sept « saucisses » sur le front français et une dizaine sur le front ennemi[50]. Et surtout ils voient bien ce qui se passe au-dessous d'eux, et ils l'observent avec continuité, ce qui les rend sensibles aux changements. C'est ainsi que, le 2 avril, un observateur vit des Allemands qui s'infiltraient dans le ravin du Bazil, menaçant Douaumont par le sud et le fort de Vaux par l'ouest. L'information était surprenante, car elle impliquait que le front eût cédé. Avant de faire tirer sur le ravin, où il croyait que stationnaient des Français – la différence était faible, vue de haut, entre les points gris des fantassins allemands et les bleus des Français –, l'artilleur qui reçut le message demanda à l'observateur sa parole d'honneur qu'il s'agissait bien de soldats allemands[51].

Dans l'ensemble, l'observation aérienne a donné aux deux armées des sources d'information sans précédent. Avant de lancer leur attaque, les Allemands avaient photographié le futur champ de bataille jusqu'à Bar-le-Duc. En avril, ils disposaient de 27 unités d'observation. Côté français, les photos aériennes étaient immédiatement développées, tirées en exemplaires multiples et transmises en 24 heures aux unités concernées, leur fournissant une connaissance précise et détaillée de leur front. Les Français ont en outre développé un ingénieux système d'écoute qui leur permet d'entendre en direct les conversations téléphoniques allemandes dont le courant de retour passe par la terre[52]. À la connaissance du front s'ajoute ainsi en direct celle des intentions de l'adversaire.

Pour les fantassins des deux camps, l'aviation est à la fois spectacle et présage. Spectacle, car les voltiges de ces avions qui volent à moins de 200 km/h sont faciles à suivre sans sortir la tête de son trou, et les duels que se livrent les « as » sont de beaux matchs. Présage, car un avion ennemi qui s'attarde sur une position annonce souvent un pilonnage et une attaque. Mais l'avion mitraille rarement les troupes au sol. Ce sont d'autres engins qui font évoluer le combat à terre.

L'évolution des armes : lance-flammes, lance-grenades VB, fusils-mitrailleurs

Les gaz ne sont plus une nouveauté en 1916, même si les Allemands en utilisent un nouveau, le phosgène : ils sont très employés à Verdun, des deux côtés, car ils stagnent au fond des ravins par où passent les relèves. Les gaz sonnent la fin des barbes, car celles-ci rendent les masques inefficaces. En revanche, la grande nouveauté de 1916, le tank, n'a joué aucun rôle à Verdun.

L'innovation la plus frappante est allemande : le lance-flammes. Son invention remonte au début du siècle, et l'armée allemande l'avait adopté en 1911. Elle ne l'avait utilisé jusqu'alors que de façon épisodique, mais elle l'emploie fréquemment à Verdun, avec l'efficacité qu'on a vue. Les petits *Flammenwerfer*, portés à dos, lançaient, de l'extrémité de leur canne à une quinzaine de mètres, une longue flamme, dans un grondement, une odeur et une fumée qui évoquaient l'enfer. Leur usage était dangereux, car leurs porteurs, ralentis par leur charge, debout, très visibles, constituaient des cibles prioritaires ; ils risquaient en outre de brûler avec leur réservoir s'il recevait la moindre balle. Mais cette sorte de « sulfateur de vignoble, en blouse », ce « monstre [...] avec ses gros yeux de verre sous le casque, [...] précédé d'un jet fumant et puant qui causait d'horribles brûlures »[53] semait la terreur. Les lance-flammes ont été souvent utilisés lors des attaques à Verdun, dès le 21 février, et aussi bien rive gauche que rive droite. Ils ont souvent provoqué la reddition des unités ainsi attaquées, comme dans les bois de Malancourt les 20 et 21 mars ; il est arrivé pourtant que des troupes leur résistent.

Les Français n'ont pratiquement pas utilisé de lance-flammes. En revanche, ils ont beaucoup accru la puissance de feu de leur infanterie. À côté des armes individuelles, le fusil et les grenades à main, l'infanterie était accompagnée de canons de tranchée de 58 mm à faible portée mais à tir courbe, les crapouillots, de petits canons-revolver de calibre 37 (ainsi appelés parce qu'ils avaient un barillet de 6 obus permettant un tir assez rapide) et de mitrailleuses. Compte tenu de leur poids et de leurs contraintes logistiques, ces armes étaient servies par des unités distinctes, des compagnies de mitrailleuses (quatre sections de deux pièces chacune) et des batteries de crapouillots (douze pièces). Elles étaient envoyées en soutien des compagnies d'infanterie mais n'en dépendaient pas. L'évolution a consisté à imaginer du matériel plus léger, pour permettre à chaque compagnie, voire à chaque section d'infanterie d'en disposer. Ce sont les grenades à fusil et les fusils-mitrailleurs. Les Allemands ont peu utilisé ces armes nouvelles. Ils trouvaient que les grenades à fusil étaient trop lourdes et qu'elles abîmaient les fusils. Les Français ont adopté une grenade qui s'emmanchait sur le fusil par un support intermédiaire (un tromblon), la grenade Viven-Bessières. Elle pesait près de 500 g ; pouvant atteindre une distance de 80 à 150 mètres, elle permettait aux fantassins d'effectuer eux-mêmes des tirs de barrage en avant de leurs lignes. Leur emploi permet à Mangin d'autoriser le 18 juillet un coup de main qui réussit[54]. Quant aux fusils-mitrailleurs, les Allemands ne disposaient jusqu'en 1917 que d'un modèle peu fiable, pratiquement abandonné. Les FM français, produits en quantité à partir du milieu de 1916, pèsent moins de 9 kg. Le tireur est accompagné de deux pourvoyeurs, qui portent les cartouches de rechange. Leur capacité de tir est inférieure à celle des mitrailleuses, mais ils sont beaucoup plus maniables.

Ces innovations, qui se diffusent tout au long de l'année 1916, accompagnent une réorganisation de l'infanterie française. L'armée d'octobre 1916 n'est plus celle de février.

La réorganisation de l'infanterie

L'organisation de l'infanterie reposait sur les divisions, en France comme en Allemagne, car la structure des deux armées est globalement la même. Au début de la bataille de Verdun, les distinctions entre divisions d'active, de réserve et territoriale s'étaient largement estompées. Une DI française comprenait un régiment d'artillerie de campagne à 3 groupes de 75 (en tout 36 pièces), une compagnie de sapeurs, des services (notamment un groupe de brancardiers) et 2 ou parfois 3 brigades d'infanterie, comprenant chacune 2 régiments (RI) à 3 bataillons, soit 12 bataillons en principe. Le bataillon comprenait 4 compagnies à 4 sections chacune. Les mitrailleuses étaient organisées en compagnies de 8 mitrailleuses, et elles étaient rattachées aux divers niveaux en fonction des besoins. Leur importance ne cesse d'augmenter. On trouvait 1 puis 2 compagnies de mitrailleuses au niveau du régiment, et 1 ou 2 encore au niveau de la brigade. Au-dessus de la DI, le corps d'armée (CA) regroupait 2 ou 3 DI et comprenait l'essentiel des services, ainsi que des renforcements d'artillerie lourde, dont les régiments étaient organisés au niveau du CA ou de l'armée.

Une division allemande était formée, dans la 5e armée de 1916, de 4 régiments d'infanterie à 3 bataillons, soit 12 ou 13 bataillons, de 4 ou 5 compagnies de mitrailleurs disposant chacune de 6 mitrailleuses, et de 4 batteries d'artillerie de campagne, soit 24 canons. Il s'y ajoutait 2 détachements de génie, un groupe de spécialistes pour la construction de ponts. 2 divisions avaient ensemble 4 batteries d'artillerie lourde, plus un détachement d'aviation et 2 groupes sanitaires. Les IR comportaient, en plus de leurs 3 bataillons à 4 compagnies de 260 hommes chacun, une compagnie de mitrailleurs. L'effectif du IR était ainsi de l'ordre de 80 officiers et environ 3 300 sous-offs et hommes[55].

Cette organisation a été considérablement assouplie en France par la bataille, pour deux raisons. La première est une nécessité de clarification et de simplification. Elle a conduit Pétain à définir dès son arrivée des « groupements », quatre initialement, avec un chef responsable d'un secteur précis du front et de ses arrières. Ces groupements correspondent à peu près à des CA, mais certains comprennent des unités non endivisionnées. Par la suite, le nombre de groupements augmente jusqu'à 7, certains comprenant 4 voire 5 DI, sans structure intermédiaire de CA. L'échelon brigade s'efface progressivement. La chaîne de commandement se raccourcit donc : la IIe armée est en fait constituée de DI réunies en groupements. C'est une organisation plus souple, plus réactive, qui supprime des états-majors intermédiaires et suppose, en revanche, au niveau des groupements, des états-majors plus étoffés. En juillet, le groupement

D, commandé par Mangin, en principe 11e CA, comprend ainsi 7 DI sans état-major intermédiaire.

Le second facteur d'évolution est la crise des effectifs. L'unité importante pour le commandement, celle sur laquelle il raisonne et qu'il déplace d'un secteur à l'autre, c'est la DI. Initialement, elle comptait autour de 16 000 hommes. Mais on ne peut remplacer toutes les pertes, ce qui oblige soit à supprimer des divisions, soit à réduire leur effectif. Joffre choisit la seconde solution, et pour cela il fait passer les bataillons de 4 à 3 compagnies à partir du mois de mai, progressivement et discrètement pour ne pas alarmer l'opinion[56]. Un certain nombre de DI passent, avec la disparition de la brigade, de 4 à 3 RI. L'effectif des DI se réduit alors à 12 000 ou 13 000 hommes environ. Et les journaux des marches et opérations (JMO) des divisions mentionnent souvent des effectifs de l'ordre de 10 000 hommes montant en ligne.

En revanche, la puissance de feu en ligne a beaucoup augmenté. Les bataillons sont maintenant dotés d'une compagnie de mitrailleuses, en attendant qu'on remplace dans chaque bataillon une compagnie ordinaire par une compagnie de mitrailleuses. La section, réorganisée[57], comprend désormais quatre lanceurs de grenades VB et deux fusils-mitrailleurs qui doublent les mitrailleuses. La section d'infanterie a cessé d'être une ligne de fusils et de poitrines :

> Grâce à ses feux plongeants de grenades (à main et V.B.) et à l'intensité de ses feux rasants (fusils-mitrailleurs), cette petite unité peut, dans l'offensive, attaquer isolément et enlever les objectifs qui se présenteront sur le champ de bataille… […] Dans la défensive, l'infanterie, bien approvisionnée en munitions de toute nature, peut se suffire à elle-même. Avec la grenade V.B., elle peut faire barrage sur tout son front à 150 ou 170 mètres. Avec la grenade à main, elle peut doubler ce premier barrage d'un barrage rapproché. Ses fusils-mitrailleurs, bien placés, lui procurent des flanquements puissants, en réduisant au minimum le personnel exposé aux coups[58].

La bataille française

L'initiative à Verdun change de camp en août-septembre. Certes, les combats se poursuivent, violents et meurtriers : il s'en faut de beaucoup pour qu'on puisse dire le calme revenu. Il reste que l'été est une période de réorganisation pour les Allemands, et de projets pour les Français.

Côté allemand, la défensive stricte prescrite par Falkenhayn entraînait de fortes pertes, car l'artillerie française continuait ses tirs, démoralisant en outre une troupe en voie d'ébranlement moral. Les Allemands revinrent donc à l'offensive entre Thiaumont et Damloup, le 29 juillet ; ils reprirent même un moment Fleury et Thiaumont. Mais ces actions n'avaient aucune finalité opérationnelle ou stratégique pour le QGQ, qui y renonça. En outre, les autorités responsables changeaient : à la mi-juillet, von Gallwitz, le chef du groupe d'attaque rive gauche, fut remplacé par le général von François ; le 21 août, changement plus significatif, c'est le départ de Knobelsdorf, victime de ses insuccès répétés. Le 29 enfin, Falkenhayn lui-même est remplacé par Hindenburg et Ludendorff au commandement en chef. Le 2 septembre, Hindenburg renouvelle l'ordre d'arrêter l'offensive contre Verdun, de façon définitive cette fois.

Toute cette désaffection se résume fort bien dans un curieux document encore trop méconnu, un rapport d'ensemble rédigé par l'état-major de Hindenburg et de Ludendorff, publié par la *Frankfurter Zeitung* les 24, 26 et 27 octobre 1916. Ce rapport dressait un panorama complet de la bataille de Verdun telle qu'on aurait aimé qu'elle entre dans l'Histoire. Il répétait ce qu'on avait beaucoup dit chez les Allemands : Verdun n'était pas une place de défense pour les Français, mais depuis toujours une porte d'où attaquer (*Ausfalltor*) l'Allemagne. Il avait donc fallu fermer cette porte qui mettait en danger perpétuel le front allemand, puisque les Français auraient pu prendre à revers depuis Verdun les troupes allemandes engagées face au front belgo-français.

Ce rapport présentait ensuite les grands succès de la bataille depuis le 21 février où l'on s'était emparé, « le soir même, de la totalité de la première ligne française ». Les succès s'étaient succédé, si bien que les Allemands s'étaient emparés du village de Vaux le 8 mars et du fort, au moins provisoirement... Malgré l'intensité des tirs de flanquement français, ils avaient continué d'avancer avec méthode en mars, avril et mai. Ils avaient pris, « après une bataille de haute lutte », la cote 304 et s'étaient arrêtés sur une ligne Avocourt – 304 – Mort-Homme – Cumières. Tous les efforts des Français pour percer sur ce front avaient échoué. Les Allemands avaient gain de cause car ils avaient atteint leur objectif stratégique sur la rive gauche, à savoir l'arrêt du « flanquement » par l'artillerie française de l'attaque allemande sur la rive droite. De ce côté également, malgré toutes les attaques françaises, c'était un plein succès puisqu'ils avaient repoussé les contre-attaques sur Douaumont, et de plus pris le fort de Vaux le 2 juin. Ce récit mythifiant mais erroné se concluait en affirmant que « l'héroïque armée allemande a obtenu un éclatant succès devant Verdun : depuis les hauteurs de la Meuse, elle contrôle désormais le bassin de Verdun », si bien que « la valeur de Verdun [...] en tant que tête de pont et terrain de déploiement de l'armée française pour attaquer l'Allemagne a été réduite à néant ».

À la vérité, les durs combats qui se poursuivaient alors démentaient cet optimisme. Les Français profitaient de la défensive allemande pour reprendre, morceau par morceau, le terrain qu'ils avaient perdu. Et comme ils n'étaient plus sous pression, ils avaient maintenant le temps de faire des projets. Une seconde bataille de Verdun va s'engager.

Elle est très soigneusement préparée dans la seconde quinzaine de septembre. Un immense chantier est lancé pour réaliser, sur un océan de boue, 48 km de pistes en rondins ou en cailloux et permettre d'acheminer canons, roulantes et relèves. Le plan de Mangin, à qui Nivelle a confié le commandement de l'attaque, fait l'objet d'une discussion serrée entre eux, Pétain et Joffre, sur les moyens nécessaires – Joffre accorde deux DI fraîches et se contente d'en reprendre une seule –, sur l'artillerie et sur les horaires de progression. Mangin prescrit à l'infanterie d'avancer de 100 mètres toutes les quatre minutes et il fixe les lignes sur lesquelles devront s'abattre devant elle les tirs de barrage, qui s'allongeront automatiquement de 100 mètres toutes les quatre minutes. Le premier objectif doit être atteint à H + 45 minutes.

Faut-il alors s'organiser sur l'objectif conquis ? Le débat est vif, Pétain souhaitant qu'on en prenne le temps, Mangin et Nivelle préférant qu'on ne s'attarde pas. Finalement, le plan d'engagement du 4 octobre[59], qui met 4 DI en première ligne et 3 en deuxième, fixe à H + 1 heure 15 l'heure à laquelle l'attaque doit repartir à la conquête du second objectif. Le mauvais temps – il pleut du 16 au 19 octobre – oblige à retarder l'attaque et à réduire à trois jours la préparation d'artillerie. Elle commence le 21 octobre, et l'attaque part le 24 à 11 heures 40, dans le brouillard, sur un front qui s'étend du bois Nawé à Damloup. Les Français avancent de plus de 2 km et reprennent le fort et le village de Douaumont ainsi que la batterie de Damloup, mais, sur leur aile droite, la progression ne suit pas l'horaire prescrit : le fort de Vaux n'est pas atteint. Pétain et Joffre ont rejoint Nivelle à Souilly pour la circonstance, et tandis que Pétain ordonne formellement à Mangin de s'organiser sur la position conquise avant de lancer des reconnaissances offensives, Joffre dit à Nivelle de pousser aussitôt tout ce qu'il peut, car il le couvre complètement[60].

Les Allemands échouent dans leurs contre-attaques et abandonnent le fort de Vaux le 2 novembre. Les Français l'occupent et préparent une seconde offensive qui se déclenche le 15 décembre et aboutit au succès escompté. C'est, pour Ludendorff, le « jour du malheur » (*Unglückstag*)[61]. Ils reprennent notamment la côte du Poivre, Louvemont, l'ouvrage et le village de Bezonvaux, et portent leur front central à 3 km au nord du fort de Douaumont. La ligne du 18 décembre est très proche de celle du 20 février. Pour les Français, la bataille de Verdun est terminée.

Cette façon de voir témoigne du statut tout à fait secondaire de la rive gauche dans l'opinion et dans l'esprit des états-majors : ils crient victoire, mais la cote 304 et le Mort-Homme, qui ont été si chèrement défendus, sont toujours aux mains des Allemands. Il faudra de sanglants combats en 1917 pour les reconquérir. Mais pour les militaires, les politiques et l'opinion, dès lors que les Français ont repris Douaumont et Vaux, la bataille est terminée. C'est comme si la rive gauche n'avait pas fait partie du front de Verdun. Où l'on voit que la définition d'une bataille, dans sa géographie et sa chronologie, est une construction sociale toujours arbitraire et toujours porteuse de sens.

Une page se tourne. Entre Pétain et la prudence du pas à pas d'un côté, Nivelle et Mangin de l'autre avec l'audace dans l'offensive, les faits ont tranché. Auréolé de sa victoire, Nivelle, et non Pétain, remplace Joffre le 15 décembre comme généralissime, et Mangin, qui prend le commandement d'une armée, fait part à ses soldats de son enthousiasme :

> Le plus beau de tous [*sic*] c'est la certitude du triomphe définitif. [...] Avec la préparation minutieuse d'une bonne artillerie, l'aménagement convenable du terrain et le concours d'une aviation vigilante, une infanterie brave et bien instruite peut percer, et ensuite manœuvrer, sous le haut commandement du général Nivelle. Nous tenons la méthode et nous avons le chef. C'est la certitude du succès[62].

Mangin négligeait un détail : sa méthode avait certes réussi, mais face à un ennemi qui n'était qu'à moitié résolu à se battre : 6 000 soldats et plus de 100 officiers allemands se sont laissé capturer le 24 octobre, et plus de 11 000 le 15 décembre. L'horizon de son volontarisme optimiste est le Chemin des Dames. Et la revanche de Pétain...

Deuxième partie
LE VÉCU

Introduction

Comment les soldats ont-ils vécu la bataille ? Quel fut leur sort quotidien ? La question est fondamentale pour comprendre comment s'est construit le « mythe » de Verdun. Pour beaucoup, en effet, c'est parce que Verdun a été une bataille exceptionnelle, parce qu'elle fut un « enfer », qu'elle est devenue le symbole même de toute la guerre. Comme le disaient les combattants : « Celui qui n'a pas fait Verdun n'a pas fait la guerre. » L'affirmation revient trop souvent dans leurs témoignages pour qu'on puisse la négliger. La place de Verdun dans la mémoire collective, en France du moins, s'expliquerait ainsi par le caractère exceptionnel de la bataille ; elle résume l'horreur de la guerre parce qu'elle a été plus horrible que toute autre et sa violence plus extrême. Le mythe s'est construit sur la réalité.

Cette explication comporte une grande part de vérité, mais elle ne suffit sans doute pas. Deux interrogations obligent à y regarder de plus près. La première porte sur les différences entre la France et l'Allemagne. Le statut mémoriel de la bataille n'est en effet pas le même dans les deux pays, alors que les deux armées semblent avoir autant souffert. Pour nous en tenir à un indicateur sommaire, mais lourd, leurs pertes totales (morts, disparus, prisonniers et blessés) ont été pratiquement identiques. Du 21 février au 20 décembre 1916, les pertes enregistrées s'élèvent à 336 000 Allemands et 362 000 Français, et si l'on tient compte des blessés légers, que n'inclut pas la statistique allemande, les pertes probables sont un peu supérieures à 370 000 de part et d'autre. Pour les morts, l'évaluation est de 163 000

Français contre 143 000 Allemands, une différence relativement limitée[1]. D'autre part, le rythme des pertes est rigoureusement le même, comme le montre le graphique ci-dessous : les moments les plus meurtriers pour les uns le sont aussi pour les autres. Ils vivent dans le même enfer et meurent dans les mêmes combats.

Pertes mensuelles des armées française et allemande à Verdun[2]

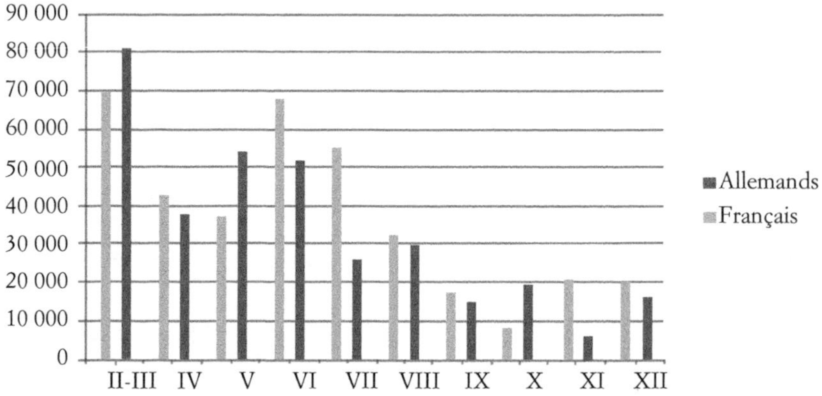

Si l'on compare maintenant Verdun à d'autres batailles, on constate avec surprise qu'elle n'est pas la plus meurtrière. Les pertes entraînées par la bataille de la Somme se montent, suivant les diverses estimations, à 420-430 000 hommes pour les Britanniques, 200 000 environ pour les Français, soit un total allié de 620-630 000, alors que les pertes allemandes seraient moindres en raison d'une organisation défensive très élaborée. C'est beaucoup plus qu'à Verdun, pour une bataille nettement plus courte : les pertes enregistrées durant les trois premiers mois de la Somme – 463 000 Alliés et 371 000 Allemands morts, disparus, prisonniers ou blessés – sont plus lourdes que celles des dix mois de Verdun. Certes, les effectifs engagés étaient plus importants, mais si on limite la comparaison à l'armée française, qui compte moins de divisions sur la Somme qu'à Verdun, les pertes s'élèvent à 40 000 hommes en moyenne par mois sur la Somme, contre 37 000 à Verdun. Ces calculs macabres ne semblent donc pas justifier le statut exceptionnel accordé à la bataille de Verdun.

Dans leurs témoignages, il est vrai, les soldats de Verdun, français ou allemands, répètent qu'ils n'ont jamais rien vécu de tel : ce fut pour eux la pire des batailles, et certains qui en avaient fait d'autres étaient mieux placés que nous pour les comparer. Mais leurs récits ressemblent beaucoup à ceux d'autres batailles : leurs lettres et leurs carnets disent toujours les mêmes souffrances, la même boue, la même soif, la même peur sous les bombes et la même mort qui rôde, les mêmes cris des blessés, les mêmes horreurs. Les différences entre ce qu'ont vécu les soldats français et allemands à Verdun n'apparaissent guère, et pas davantage les différences entre le vécu de Verdun et celui de la Somme, d'Ypres ou du Chemin des Dames.

Alors, Verdun : une bataille comme les autres ou une bataille exceptionnelle ? Ce serait forcer la comparaison : on sent bien que Verdun à la fois partage avec les autres batailles de nombreux caractères et qu'elle s'en distingue par d'autres. C'est donc en prêtant la plus grande attention aux différences, d'une part, entre le quotidien des soldats des deux camps et, d'autre part, entre Verdun et les autres batailles qu'il nous faut entrer maintenant dans l'« enfer » de Verdun.

CHAPITRE IV

Monter en ligne

On « monte » toujours en première ligne, même si le terrain descend, et à Verdun il monte. L'emploi de ce verbe en ce sens est propre au français : l'allemand l'ignore. Il comporte une forte valeur symbolique : le lieu vers lequel on monte est celui à partir duquel s'organise l'espace. C'est lui qui compte, et non ceux d'où l'on vient. Ainsi les villageois montent-ils au marché, ou à la ville, et les provinciaux à Paris. Monter vers un lieu, c'est en faire un objectif. Et le lieu où l'on se bat est bien celui vers lequel tendent toutes les armées.

La montée vers Verdun commence donc très loin de la place : dans les trains qui les rapprochent de la bataille, les soldats disent déjà qu'ils montent à Verdun, et ils le répètent dans les camions de la Voie sacrée, en attendant de prendre les boyaux pour monter en ligne. C'est tout ce trajet, qui s'achève dans les trous d'obus du champ de bataille, que nous interrogerons maintenant.

La noria

Entre les deux armées, celle qui attaque et celle qui défend, une première différence saute aux yeux : elle tient à l'alimentation de la bataille. Les divisions allemandes restent en ligne et se relèvent elles-mêmes en se recomplétant par des renforts. Les divisions françaises, « qui flambent dans la bataille comme des fétus de paille[1] », sont relevées par des divisions fraîches, venues d'autres secteurs du front, et vont se reconstituer ailleurs. C'est la noria, le tourniquet, qui joue un grand rôle dans la construction de la mémoire de Verdun, comme le soulignent tous les récits de la bataille.

De fait, cette différence est incontestable. Sur une centaine de divisions que comportait en 1916 l'armée française du front occidental, 73 sont montées en ligne à Verdun. Cela dit, il faut aussitôt préciser la portée exacte de cette différence. Côté allemand, Falkenhayn a également fait intervenir à Verdun des unités fraîches pour remplacer celles qui brûlaient dans la bataille. Au 15 juillet, 46 divisions allemandes étaient passées à Verdun, contre 70 françaises. Côté français, certaines unités sont remontées en première ligne à plusieurs reprises ; pour 43 qui n'ont été engagées qu'une fois, 23 l'ont été deux fois, 4 trois fois, et même 1 six fois[2]. Certaines ont été recomplétées sur place avec des « bleus » de la classe 16, que les généraux de Verdun trouvaient trop inexpérimentés pour tenir dans une bataille aussi dure[3]. D'autres sont restées en ligne plusieurs semaines, et 8 plus de deux mois. Celle du téléphoniste Marc Delfaud a battu un record, du 28 février au 21 septembre, avec deux interruptions, du 5 au 22 juin et du 16 au 25 août. Les soldats français ne faisaient pas que passer à Verdun.

La littérature historique accorde généralement à la noria un rôle décisif dans le statut exceptionnel de la bataille. Elle a fait de Verdun, en effet, la bataille à laquelle a participé le plus grand nombre de soldats français : entre les deux tiers et les trois quarts de ceux de 1916. Verdun est ainsi devenue « la » bataille nationale par excellence, d'autant qu'elle fut exclusivement française, alors que la plupart des autres batailles impliquent des Alliés. Mais il y a davantage, moins souvent remarqué : la noria mettait en œuvre un principe égalitaire profondément inscrit dans la culture politique française. Dès lors que l'épreuve était d'une dureté exceptionnelle, il aurait été *injuste* que seuls certains la subissent ; réciproquement, si toutes les unités devaient y être successivement engagées, c'est qu'il ne s'agissait pas d'une bataille comme les autres. Certes, le commandement n'a jamais raisonné ainsi en termes de justice égalitaire – Pétain voulait seulement des troupes fraîches pour tenir, et Joffre les lui accordait avec réticence –, mais le résultat n'est pas douteux : nous avons bien là une des explications centrales du « mythe » de Verdun.

La noria a-t-elle eu d'autres conséquences ? On lui accorde souvent beaucoup d'importance pour le moral des soldats, de part et d'autre : les soldats allemands auraient été démoralisés de revoir en montant en ligne tant de cadavres du même régiment qu'eux, alors que leurs adversaires, persuadés – à tort assez souvent – de ne devoir connaître ce calvaire qu'une fois, l'auraient gravi d'un meilleur cœur. C'est possible, mais il est difficile de le prouver. De toute façon, les cadavres comptent bien davantage que le numéro du régiment inscrit sur leurs capotes ; ils sont là, innombrables, qui disent avec éloquence aux soldats ce qui les attend.

En revanche, la noria semble avoir créé entre les deux camps une double différence. D'une part, les soldats allemands, qui passent et repassent par les mêmes boyaux et les mêmes ravins, acquièrent une très bonne connaissance du champ de bataille. Beumelburg nous les montre narquois envers les officiers d'état-major qui viennent préparer une offensive et qui, avec leurs cartes et leurs boussoles, ne parviennent pas à identifier les points hauts qu'eux-mêmes nomment sans hésitation. Les Français, au contraire, ont beaucoup de peine à se repérer sur un terrain qu'ils découvrent et sur lequel ils se perdent souvent. C'est là un handicap, comme le remarque Pétain :

> Le commandement de la division est toujours nouveau dans le secteur où il mène l'attaque. L'attaque est ainsi confiée au seul élément changeant, qui ne connaît pas le terrain, l'ennemi, les conditions particulières dans lesquelles va s'engager l'action. Elle est confiée à un général de division que 4, 6 ou 8 mois de vie calme sur la Tourbe, la Meurthe ou les Vosges n'ont guère préparé à la bataille si particulière de Verdun[4].

D'autre part, il semble que la moins bonne organisation du terrain côté français soit en partie un effet de la noria. On a expliqué que leurs abris sont moins profonds, moins solides, leurs boyaux moins bien entretenus par le fait que les soldats français croient qu'ils n'y reviendront pas : à quoi bon se fatiguer pour d'autres ? Les Allemands, au contraire, travaillant pour eux et non pour d'éventuels successeurs, auraient eu un intérêt direct à réaliser des abris qui leur resserviraient. Les effets de ce tourniquet ne sont donc pas tous positifs.

La noria, enfin, a beaucoup pesé sur l'opinion civile et militaire. Elle a d'abord accrédité l'idée que les unités devaient rester en ligne tant que leurs pertes n'avaient pas atteint un niveau précis, ce qui a beaucoup renforcé chez les soldats le sentiment d'être conduits à l'abattoir. En fait, aucune règle de ce type, même implicite, ne semble avoir existé. Les états-majors jugeaient plus simplement et plus globalement si une unité conservait une valeur militaire suffisante pour tenir le secteur qu'elle défendait. La noria a surtout donné à Verdun un très large retentissement : toutes les unités qui n'étaient pas en première ligne quelque part se sentaient concernées ; toutes, dans quelque secteur du front qu'elles fussent, s'attendaient à venir combattre à leur tour dans ce qui apparut très vite comme un enfer, une bataille à nulle autre pareille. Pour les Français, mais non pour les Allemands, la montée à Verdun pouvait donc commencer de très loin.

La montée à Verdun

L'annonce et le voyage

Sur l'ensemble du front, en effet, on sait que la bataille fait rage à Verdun et qu'elle est d'une violence sans précédent. Elle a la réputation d'un enfer où les unités se consument en quelques jours. Dès que le repos d'une division se termine, les conversations vont bon train autour des cuisines, sur la destination qu'elle recevra : sera-ce Verdun ou ailleurs ? La question est lancinante.

Les réactions ne sont pas simples à décrypter. D'abord, elles diffèrent d'un homme à l'autre : la mort, moins improbable là qu'ailleurs, n'est pas redoutée de la même façon par les pères de famille et les célibataires, par les bleus et par les anciens. Son visage se colore des mille nuances de la religion, de l'idéologie, du patriotisme, et tout simplement du tempérament, du caractère de chacun. Il semble cependant qu'à côté d'une certaine curiosité et d'une résignation jointe au désir de ne pas se singulariser au fur et à mesure que dure la bataille, ce qui domine est, très tôt, une immense appréhension : « C'est une veine que la division n'ait pas été au repos, car nous étions bons comme la romaine », note avec soulagement le 26 février le soldat Pensuet[5]. Mais à cette date précoce, l'enfer de Verdun est encore abstrait. Plus tard, il en ira autrement et les soldats qui ont « fait » Verdun raconteront des horreurs à leurs camarades qui y vont : « Ils semblent croire que quiconque n'a pas encore fait Verdun ignore la guerre ; ils nous le disent sans ménagement et parfois sans courtoisie[6]. »

Puis, l'annonce est officielle. C'est un moment dont on se souvient : Barthas mangeait sa soupe quand l'ordre de départ dans une heure arrive et lui coupe l'appétit[7]. L'embarquement se prépare. Avec appréhension et sans enthousiasme. « On accepte Verdun comme une pilule amère[8]. » Certains soldats en partance pour Verdun ne le disent pas à leur famille, pour ne pas l'inquiéter. Ils se contentent d'écrire qu'ils changent de secteur et qu'elle ne devra pas s'inquiéter si elle reste quelques jours sans nouvelles. D'autres désignent plus ou moins ouvertement Verdun comme leur destination. De toute façon, les silences ne trompent pas, ils permettent de conserver l'espoir d'une autre affectation, sans y croire vraiment. Car l'admiration des soldats de Verdun est à la mesure de la crainte qu'inspire cette bataille.

Il faut que Verdun soit défendu, mais mieux vaudrait que ce soit par les enfants, les frères et les maris des autres. « Quelle bataille que celle qui se livre à Verdun ! Je suis bien heureuse que vous n'y soyez pas[9]. » C'est le cri du cœur.

En Allemagne aussi, Verdun avait une sinistre réputation, dans l'armée comme dans la population. Les soldats allemands partageaient l'appréhension des Français. Dans le train qui roulait vers le sud, voici Karl Rosner qui se demande s'il ne le conduit pas à Verdun ; il cherche des raisons de se convaincre qu'il est impossible que [son] détachement « soit jeté dans le bain de sang de Verdun », et il conclut : « On se sent comme une bête qui s'est fait prendre dans une trappe[10]. » Les familles ne sont pas moins anxieuses. À plus de 150 km parfois, le bruit de la canonnade leur rappelait que la bataille faisait rage, et elles tremblaient. « Tous les jours quand je revenais de l'école à midi, ma mère courait vers moi dans la cour et me disait toute harassée et effrayée : “celui-ci, celui-là encore est tombé”. Et quand je demandais où, elle répondait : “À Verdun…”, toujours à Verdun. Ce fut alors pour nous autres enfants le refrain de la mort[11]. »

En camion sur la Voie sacrée

Les unités débarquent du chemin de fer soit vers Dombasle-en-Argonne, pour beaucoup de celles qu'on destine à la rive gauche, soit de part et d'autre de Bar-le-Duc. Elles se regroupent et cantonnent non loin de là, avant d'aller à Verdun.

Voici, entre quelques dizaines de cantonnements d'étape, Villotte, petit village à quelques kilomètres du début de la Voie sacrée, loin des obus. Il héberge 5 000 hommes dans deux douzaines de maisons restées debout.

> Les régiments ne faisaient halte qu'une nuit ; le soir, la rue était bondée ; le lendemain, tout avait disparu. Et toujours l'artillerie défilait ; les gros obusiers, maquillés de couleurs barbares, cou-

raient, attelés derrière de puissants camions, et les petites roues des monstres tournaient, infatigables, en soulevant des lambeaux de la route. La nuit, on entendait sur le sol durci le piétinement des chevaux et le roulement des canons, tandis que le petit Meusien, poussif, haletait sur la côte[12].

Puis, c'est la montée à Verdun, à pied ou en camion. Le trajet dure longtemps, une demi-journée et parfois plus, sur la Voie sacrée, « un effarant va-et-vient. Deux files de camions, accolés l'un à l'autre, vont lentement, en sens inverse, avec d'inexplicables arrêts. On dirait une chaîne sans fin, entraînant ses bennes, chargées d'un côté, vides de l'autre[13] ». En hiver, ou par temps de pluie, on est saisi par le froid et l'humidité. En été, la poussière règne :

> Les camions épais roulent lourdement dans la poussière. Assis en tas, pêle-mêle, dans un fouillis d'équipements, de bidons, de fusils ; serrés, pressés les uns contre les autres, blancs d'une poussière chaude et tenace qui s'attache à nous, s'infiltre dans nos cheveux, dans nos barbes, colle aux lèvres et nous tire le visage, nous nous laissons bercer par les rudes cahots de la route, sans penser, sans bouger. Les uns dorment accroupis ; d'autres somnolent et s'appuient à leurs voisins d'un geste las ; quelques-uns, assis à l'arrière, laissent délicieusement flotter leurs jambes pendantes […].
>
> Peu à peu, de chacun de ces camions s'élèvent des chansons et des cris que scande la lourde rumeur des roues. Nous nous grisons de bruit et de soleil pour étourdir nos cœurs anxieux[14].

L'arrière-front

Le débarquement s'effectue à quelques kilomètres de Verdun, vers Dugny, souvent un peu plus loin encore en amont, pour permettre aux troupes destinées à la rive droite de franchir la Meuse sans accroître les embouteillages. Certaines vont cantonner à Verdun même, à la citadelle basse ou, plus souvent, dans l'une des nombreuses casernes. D'autres stationnent dans l'arrière-front, dans l'un ou l'autre des villages plus ou moins en ruine. C'est un vaste caravansérail où voisinent entrepôts, hôpitaux, services divers, tentes multiples dressées en pleine terre.

> Toute la région arrière de Verdun a la même teinte jaune et pelée, sans une tache verte où l'œil se repose. Des centaines et des centaines de petites tentes s'alignent ; entre les files, des chevaux au piquet qui tapent, se mordent ou jettent vers le ciel leur pauvre tête ; au naseau, la musette vide qu'ils secouent et remâchent pour tromper la faim[15].

L'herbe a disparu ; la boue est partout sous les piétinements des chevaux et des hommes, sous les roues des camions et des ambulances, voire des canons. Un artilleur, qui va prendre position dans un bois et doit y camper, décrit le cadre :

> Il y a là des ambulances et, tout auprès, un cimetière. J'y vois des hommes occupés à creuser de grands sillons. Un aumônier fait le geste de bénir, qui englobe tout un alignement à la fois. Les croix poussent là comme les chardons en terre inculte. [...] C'est là que doit se faire notre bivouac. Le creux est rempli d'un ruissellement d'égout. Les pentes sont hérissées de talus en rectangle d'anciennes cagnas. C'est sinistre comme un cimetière noyé dont les tombes auraient vomi un trop-plein d'innombrables détritus. On hésite à planter les premiers piquets. La place des couchages, où qu'elle soit, aura, comme matelas, la boue[16].

Ailleurs, c'est un bivouac, « un groupement de baraques et puis un groupement de tentes, des abris éphémères bâtis de matériaux hétéroclites ». « Des pistes soulignées par le piétinement des sabots, par les glissades, par l'infinité des ornières... » Des bouchers en train de dépecer des chevaux tués[17]. Des infirmiers et des brancardiers qui s'affairent, des artilleurs qui convoient des munitions, des sapeurs charriant des rondins, des barbelés, des sacs de ciment, un grouillement plus ou moins désordonné ; et naturellement d'autres troupes qui cantonnent en attendant de monter en ligne, ou au contraire de quitter le secteur en train ou en camion.

Ailleurs encore, le spectacle est plus réconfortant : ce sont des avions qui se posent ou décollent et des aviateurs qui s'équipent, ou des artilleurs en pleine action : « de braves poilus d'une batterie d'artillerie à tir rapide, en manches de chemise et tout en sueur, armant, tirant et déchargeant leurs pièces » aussi vite que possible. « Ils nous adressaient des paroles fraternelles, et nous leur étions reconnaissants de leur soutien et de leur entrain », ajoute ce témoin[18].

L'arrière-front allemand semble un peu mieux organisé, mais les cantonnements sont souvent dans des villages détruits, ou à proximité. Ce sont, pour les artilleurs français, des cibles parfaitement repérées, si bien qu'ils sont beaucoup bombardés quand ils ne sont pas hors de portée. Quand ils le sont, ce peut être un vrai repos. Un soldat qui revient de la première ligne trouve « parfaitement surréaliste » un cantonnement, « où l'on sait distinguer clairement ce que c'est que le matin et l'après-midi et où on dort la nuit à l'exception des postes. Et où l'on mange un petit-déjeuner, et même un vrai déjeuner, où l'on fume pour le plaisir, et où le bruit le plus fort n'est pas le canon mais les jurons des joueurs de *skat*[19] ».

La grande différence avec les cantonnements français est l'absence totale des civils : en effet, l'armée allemande a fait évacuer systématiquement tous les villages proches du front à la veille du 21 février, ce qui les rend étranges. C'est, pour un témoin, un « patelin glauque » qui semble avoir été dévasté par la peste. « Peut-être les habitants étaient-ils des francs-tireurs et les avons-nous tous fusillés ? Non, ici est passée la guerre dit Boyen, ses yeux confus. Nous nous taisions et écoutions le grondement lointain[20]. »

Le plus frappant est la volonté de remise en ordre militaire. Les soldats français détestent qu'on leur fasse faire des exercices ; c'est une plainte récurrente dans les courriers ouverts par le contrôle postal, mais il semble que les officiers soient très souples sur la discipline. Côté allemand, on entend souvent « Formez les rangs, en colonne de marche », ce qui suscite le même mécontentement : ici comme là, subir au front l'ordre des casernes est vécu comme une insupportable humiliation. Mais les cantonnements allemands sont probablement mieux tenus.

Même si tous les renforts ne rencontrent pas des camarades qui reviennent du front et dont les propos et l'allure les impressionnent, la bataille qui les attend est terriblement présente dans ces cantonnements, par la vue et par l'ouïe : les fumées qui empanachent les hauteurs, les fusées de toutes les couleurs qui appellent à déclencher, arrêter ou allonger le barrage, le bruit des canons au loin ou beaucoup plus près. La fournaise ronflait comme une forge, mais à distance. Maintenant il faut y entrer. « L'idée de Verdun et de la mort pèse, je le sens, sur toute la colonne et rend les hommes plus irritables[21]. » L'heure, la dernière peut-être, est venue.

La relève montante

Les préparatifs

En fin d'après-midi ou à la nuit tombée, le jour même ou le lendemain, les unités montent donc en ligne pour plusieurs jours, au moins quatre, six du côté allemand, mais ces durées varient de façon considérable et peuvent se prolonger longtemps. Aussi les soldats s'équipent-ils en conséquence. Laissons le soldat Daniel Mornet expliquer ce que cela veut dire :

> Énumérons le bagage moyen d'un « grenadier » ou d'un « voltigeur » dans les secteurs qui ne sont pas de tout repos : une ou deux couvertures (ce n'est pas trop quand il fait froid) roulées dans la toile de tente ; souliers de rechange (si l'on est prudent) ; peau de mouton ou chasuble matelassée ; pelle ou pioche ou forte cisaille ; gamelle ; bouthéon (sorte de marmite) pour le transport

> des aliments ; deux litres de vin, café ou eau dans le bidon ; vivres de réserve (pain, conserves, biscuits, chocolat, etc.) pour quatre jours ; deux cents cartouches ; six grenades à main, bagage personnel tel que papier à lettres, tabac, linge, conserves fines, alcool de menthe, etc., sans oublier le fusil, la baïonnette et le masque à gaz[22].

Mornet exagère quelque peu : si le tabac est essentiel, le papier à lettres, le linge de rechange – totalement inutile, car qui songe à changer de linge ! –, les conserves fines n'importent qu'au futur professeur en Sorbonne… En revanche, il oublie un objet indispensable : le pansement individuel. Et les soldats plus prévoyants que lui ne prennent pas un, mais deux bidons, un de vin et un d'eau. C'est une petite différence avec ce qui est nécessaire sur les autres fronts. Au total, le sac est lourd : une trentaine de kilos au minimum. C'est plus que chez les Allemands, où les soldats portent un paquetage réduit, le bagage d'assaut (*Sturmgepäck*) de 24 kg au lieu de 35, avec les cartouches de part et d'autre du havresac. La différence est faible, mais réelle.

La marche d'approche est souvent l'occasion de croiser des unités qui descendent et se reforment. Ce spectacle impressionne, même s'il n'entame pas nécessairement la résolution des hommes. Un sous-lieutenant note ainsi qu'à cette vue :

> Une vague de tristesse, de découragement, de mécontentement passa sur la compagnie. Et l'on entendit des plaintes : « On va se faire tuer comme les camarades ; ils pourront nous dire d'aller à l'assaut ; nous ne marcherons pas. Ils [les officiers] iront seuls s'ils le veulent… » Le reste de la journée fut dans ce ton. Nous fîmes semblant de ne pas entendre, bien assurés qu'il ne s'agissait que de paroles qui seraient bientôt démenties… et qui le furent glorieusement quelques jours plus tard[23].

La route cède la place au chemin, au sentier, toujours boueux, et c'est le boyau qui conduit en ligne, où l'on croise aussi des unités relevées.

Le boyau

La montée en ligne est particulièrement éprouvante pour quatre grandes raisons, dont chacune suffirait à définir un martyre.

La première est l'épreuve physique. Les soldats sont lourdement chargés, on l'a dit, les bretelles du sac leur entaillent les épaules et il leur faut marcher, sans rien voir dans la nuit, sur une sorte de sentier où ils s'enfoncent parfois jusqu'aux genoux dans la boue, et qui de surcroît, dans ce terrain vallonné, ne cesse de monter et de descendre. « Sous la charge qui nous écrase, nous entrons dans sa vase [du boyau], parfois jusqu'à mi-cuisse », note Mornet[24]. Les caillebotis placés au fond des boyaux pour lutter contre l'eau et la boue s'enfoncent ou se brisent, et n'aident guère. « Les hommes, embarrassés de leur pelle ou de leur fusil, parfois d'un rondin sur l'épaule, glissent dans la boue, butent contre une pierre, font un faux pas, s'accrochent à un fil téléphonique, se tordent le pied dans le trou d'un caillebotis usé, tombent l'un sur l'autre », note un aumônier[25]. « Nous marchons d'abord sur un chemin étoilé de flaques d'eau défoncé par des trous d'obus qui bâillent comme des tombeaux », raconte un autre témoin, « et ce sont des raidillons glissants qu'il faut gravir, des sentiers à pic qu'il faut dévaler[26] ». « Il faut grimper un sentier de chèvre, raviné par les pluies, défoncé par les trous d'obus. On cherche sa voie à tâtons, tantôt dans l'eau, tantôt dans la boue jusqu'aux genoux[27]. » Parfois même, soit que le boyau n'existe pas ou plus, soit qu'il devienne impraticable, on préfère la surface et ses dangers[28]. Le commandement en est bien conscient. La fatigue physique des soldats qui arrivent en ligne est telle que Mangin lui-même renonce à une attaque, le 2 novembre : « Les hommes étaient arrivés épuisés, par un sursaut d'énergie. Mais ils traînaient plusieurs kilos de boue à chaque jambe ; ils avaient descendu et puis gravi les pentes glaiseuses, les trous d'obus innombrables ; ils étaient fourbus[29]. »

Le récit haletant de César Méléra, dû à l'usage du style télégraphique, rend peut-être mieux compte encore de l'épreuve qu'était la montée en ligne. Parti vers 20 heures, le 8 juin, il est arrivé au fort de Tavannes à 4 heures du matin :

> Fait la pause au fond d'un ravin. Mauvaise marche. Bois touffu et plein d'éclisses. Nuit noire, on trébuche. Sentier abrupt. La marche est infernale. La glaise glisse tellement et cela monte si dur que l'on marche autant sur les genoux que sur les pieds. Arrivé en nage sur le plateau de Souville où le bataillon attend la queue. Perdu la compagnie de mitrailleuses. Retrouvée après une demi-heure. Repartis par sentiers sous-bois en colonne par un dans la nuit noire. Obligé pour ne pas se perdre de tenir par la capote l'homme qui précède. Chute dans un trou. Arrivés dans une clairière. Reperdu les mitrailleurs. Trois quarts d'heure d'arrêt. Fait route sur le champ de tir. Cette fois, tout le bataillon à la dérive[30].

Deuxième facteur d'anxiété : l'ignorance complète du terrain. Dans la nuit noire, ils ont peur de se perdre : il ne faut surtout pas se laisser distancer, car on courrait alors le risque de se retrouver seul sur le champ de bataille. C'est ce qui arrive à un soldat du génie qui monte travailler tous les soirs du côté du Mort Homme. Un beau jour, le bombardement disperse sa section : « Au bout d'un moment je me trouve toujours seul, en pleine nuit, dans un pays que j'ignore et tout près des lignes ennemies[31]. »

Les guides que fournit l'unité relevée à celle qui vient la remplacer ne sont pas toujours sûrs ; leurs rares points de repère sont aléatoires, les obus ne cessant de modifier le paysage ; ils sont en outre pressés de redescendre du front. Ils prennent parfois un mauvais embranchement, ce qui oblige toute la colonne à rebrousser chemin. Quelquefois ils se perdent complètement. On cite ainsi une relève guidée par un sous-officier qui, dans la nuit du 10 au 11 mars, s'est arrêtée à 10 mètres des Allemands[32]. Ou encore une attaque – parmi d'autres – qui n'a pas eu lieu, car des trois bataillons qui devaient la mener, l'un n'est pas arrivé à la bonne position, l'autre est arrivé trop tard et le dernier n'est pas arrivé du tout[33]. Les mêmes mésaventures se produisent dans les unités allemandes quand elles sont relevées par des troupes fraîches ; début septembre, leur résistance à une attaque française est faible : « de nombreux hommes, parfois des pelotons entiers, s'étaient égarés en route. Quelques-uns étaient restés en arrière dans les trous d'obus, d'autres étaient venus se faire prendre dans les positions françaises[34] ».

Une troisième raison fait de la montée en ligne une épreuve : les boyaux sont particulièrement dangereux. L'artillerie adverse les a repérés et elle ne cesse de les harceler. Constamment pilonnés, ils sont donc parsemés de trous d'obus, d'éboulements qu'il faut contourner et qui font d'eux tout autre chose que de franches saignées faciles à suivre. La relève se fait sous les obus qui tombent à intervalles plus ou moins longs, rarement plus de quelques minutes, et de façon particulièrement dense à certains points de passage obligés, qu'il faut donc franchir le plus vite possible : « Faites passer : le ravin au pas de gymnastique[35]. » On doit alors s'élancer à corps perdu, dégringoler dans les entonnoirs et s'en évader « à grands coups de reins et de jarrets ». Les témoignages abondent :

> C'est la course à la mort. Cela éclate partout, devant, derrière. Des camarades tombent. Plus vite, plus vite ! Nous franchissons des morts et des blessés. La forêt n'a plus un arbre intact ; des tronçons çà et là restent debout ; le sol est un chaos de pierres où gisent grenades, munitions, armes, capotes, corps inanimés, corps pantelants. Encore des blessés parmi nos compagnons. Nous courons comme des fous. Un éclat traverse mon sac. On se rapproche du tunnel de Tavannes. Soudain un obus éclate « dans nous », nous enlevant dans son souffle ; la grande flamme rouge balaie nos visages ; on n'a rien ! C'est du miracle. [...] voici le tunnel, on entre... Mon Dieu !... Je tombe à terre et sanglote nerveusement[36].

Il n'y a rien là que d'ordinaire. Nous pourrions multiplier les citations, en divers secteurs du front et à diverses dates. Nous n'en retiendrons encore qu'une.

> En arrivant au fort de Souville, les obus tombent tout près. Plat-ventre. On dégringole dans un boyau. De l'eau jusqu'au-dessus du mollet. On avance quand même. Par endroits boyau à moitié comblé ; odeurs cadavériques. Débris de canons et de matériels de toutes sortes. Abris brisés. C'est la dévastation. Les bois n'ont plus d'arbres et ceux qui restent plus de feuilles. La terre est labourée par les obus dont les trous se touchent. Dans l'air les obus de tous calibres sifflent, éclatent, jetant des éclairs de mort, lugubres ; des fusées éclairantes – les bougies, comme disent les poilus – tracent dans le ciel de longues traînées lumineuses qui illuminent d'une lueur blafarde le champ de bataille[37].

Les pertes sont souvent lourdes, et les unités qui montent n'arrivent pas complètes en ligne. La bataille commence en fait pour les soldats bien avant qu'ils n'atteignent leur position de combat.

C'est que, dernière composante qui rend si impressionnante la montée en ligne, la présence de la mort devient obsédante. Ce n'est pas un hasard si plusieurs des ravins qu'empruntaient les boyaux, comme celui de la Dame ou celui des Fontaines, ont été surnommés « ravins de la mort ». Jusque-là, les soldats étaient plus ou moins à distance de la mort. Les plus anciens l'avaient vue de près, mais c'était le passé. Maintenant c'est le présent et le futur proche. Les bombardements tuent, et dans ces lieux de passage où se croisent corvées multiples, brancardiers, relèves montantes et descendantes, les tirs à l'aveugle tuent beaucoup, parfois davantage qu'en première ligne. On n'a pas le temps d'inhumer les morts, ni même de les rejeter. Les cadavres sont là, parfois entassés, bouchant le chemin, ou rejetés sur le côté, à moins qu'ils ne restent au fond du boyau, obstacles qu'on contourne ou qu'on foule :

> J'ai failli poser mon brodequin sur un visage glacé aux yeux clos encore intact et tourné vers le ciel, et plus loin j'ai vu deux jambes coupées aux genoux et posées l'une à côté de l'autre. Il y avait encore les brodequins, des molletières sans couleur et des morceaux de drap bleu. Alors l'affolante pensée que je pouvais aussi, d'un instant à l'autre, être broyé et devenir semblable à ces choses sans nom m'a traversé[38].

« Nous piétinons sans cesse des cadavres », écrit un soldat, quelques jours avant de monter prendre position vers minuit au ravin de la Dame. Il mettra cinq heures pour faire 2 km et raconte :

> D'énormes trous d'obus sont sur notre passage. La terre détrempée ne forme qu'une pâte dans ses trous unis par cette dernière, aussi je trébuche à tous les pas, m'enfonçant plusieurs fois dans cette fange, de la boue jusqu'aux oreilles. Beaucoup de camarades sont étendus sur mon passage. Pas de respect humain, chacun marche indifféremment sur ces cadavres[39].

On trouve des squelettes, des chairs puantes parmi d'autres débris dans les parois. Quand une marmite s'annonce, on se jette par terre où l'on se trouve : ce peut être sur des cadavres. Voici un homme qui s'aplatit sur un Allemand mort quand arrive un obus, « la poitrine collée contre ses reins[40] ». Un capitaine, qui s'est abrité dans un trou contre des « macchabées », en a la capote visqueuse[41].

Voici, pour finir, un témoignage qui résume tout ce qui rend la montée en ligne éprouvante, voire terrifiante. C'est une lettre à sa femme d'un médecin qui monte le 22 juin à l'ouvrage de Thiaumont, et qui se couche un moment contre des cadavres en décomposition pour se protéger :

> Nous mîmes une heure pour faire ces 500 mètres, tu ne peux t'imaginer combien ce terrain était affreux, il semblait remué par une immense charrue, des trous formidables, tous noirs de poudre ; çà et là, des obus de gros calibre gisaient non éclatés, des cadavres

> déchiquetés. À certains moments, les rafales de tir de barrage étaient tellement violentes qu'on restait collé au fond d'un trou de marmite (quand on avait le temps de s'y laisser tomber) de longues et interminables minutes ; et certains obus, tombés tout près, nous couvraient de terre, de cailloux, de poudre. Puis on se relevait, et un instant on était effrayés de voir à quelques pas le trou immense de l'obus qui venait d'éclater et qui aurait pu nous écraser comme une mouche. D'autres fois, on n'avait même pas le temps de se coucher à terre tellement les obus nous surprenaient, et plusieurs fois, les éclats nous fouettaient de leur vent cinglant en passant tout près de nous[42].

Sans doute ces témoignages ne sont-ils pas à prendre au pied de la lettre. Certains viennent d'une publication qui ne présente pas les garanties des livres d'histoire et dont le choix a été inspiré par la volonté de bouleverser les lecteurs. La plupart concernent des moments et des lieux où les combats ont été particulièrement intenses et les morts très nombreux. Mais la différence est de degré plus que de nature. Partout, il existait des points particulièrement visés, où la mort rôdait, comme les entrées et sorties des boyaux. Et c'est un curé de campagne en uniforme, non un publiciste friand d'émotions fortes, qui dresse ce tableau sinistre, au réduit d'Avocourt, le 30 mars :

> L'entrée du boyau qui débouche dans le bois est remplie de cadavres et malgré soi on ne peut s'empêcher de marcher sur eux. D'autres, les rats ont déjà commencé à les dévorer, plusieurs ont les pieds coupés, c'est horrible, mais on n'a pas le temps d'y faire attention[43].

Les boyaux se terminent de façon diffuse : le bombardement des premières lignes les fait disparaître ou n'en laisse subsister que des lambeaux. Nuit après nuit, les soldats s'efforcent, d'un côté comme de l'autre, de les reconstruire, mais les obus qui ne cessent de pleuvoir ont raison de ces tentatives. Il faut sauter de trou d'obus en trou d'obus pour retrouver la position où l'on devra se battre.

En position

La boue et les trous d'obus

La boue est omniprésente. Le champ de bataille est « une mer de trous d'obus et de boue[44] ».

> Ah ! La boue, quel cauchemar !
> Vous souvenez-vous de ces entonnoirs remplis jusqu'aux bords d'une boue tantôt liquide, tantôt gluante, dans laquelle on s'enlisait littéralement. Vous souvenez-vous de ces endroits où il fallait bien cependant passer quand même, où la boue qui vous montait jusqu'au ventre ne permettait de mettre un pied devant l'autre qu'après avoir péniblement arraché une jambe à son étreinte tenace. Là on avançait de 50 mètres en un quart d'heure et on était exténué quand on avait parcouru une longueur à peine supérieure à celle d'une cour de caserne[45].

Ce n'est pas une particularité du champ de bataille de Verdun. La boue des Flandres ou celle de la Somme ont laissé les mêmes souvenirs. Mais elle est plus surprenante à Verdun, car le relief de ce champ de bataille aurait dû permettre un drainage efficace et le sol n'est pas particulièrement argileux, sauf par plaques. Certes, l'année fut particulièrement pluvieuse : deux jours de pluie pour trois de soleil du 21 février au 15 décembre. « Le mauvais temps cause dans les tranchées et boyaux des dégâts très considérables ; les parapets s'écroulent et l'eau envahit les travaux. L'infanterie emploie la presque totalité de ses efforts à lutter contre l'eau et à rétablir les parapets[46] », écrit Bazelaire après huit jours de pluie. Le 18 septembre, après une pluie torrentielle, Barescut note que les trous d'obus sont « transformés en baignoires ». Début juillet, le boyau qu'emprunte Delfaud est plein d'eau : « Il faut parfois se résigner à parcourir 2 kilomètres dans l'eau jusqu'aux hanches, crainte de pire[47]. » Un autre soldat, la boue jusqu'à la ceinture, s'aperçoit que, « pour comble de malheur, mes chaussures voulaient ficher le camp ; j'ai dû les recouvrir de toile et me ficeler les jambes[48] ». Il arrive même qu'on se noie dans la boue[49].

L'explication de la boue par la pluie ne suffit pourtant pas. Elle résulte du piétinement incessant des chevaux et des soldats, des ornières laissées par les roulantes et les canons. C'est pourquoi elle règne dans les boyaux, on l'a vu amplement. Mais elle s'explique plus encore par le pilonnage des deux artilleries sur un champ de bataille étroit.

Les obus, en effet, réduisent les sols en cailloux, et les cailloux en poussière. Ils ont l'effet d'un pilon dans un mortier. Et plus la bataille dure, plus le sol, malaxé, trituré de toutes parts, devient une poudre fine qu'un peu d'eau transforme en boue. Si la boue a été plus importante à Verdun qu'ailleurs, sauf sans doute autour d'Ypres, c'est parce que la bataille a duré dix mois. Plus le temps passe, plus la boue gagne en extension et en profondeur. Dans les derniers mois de la bataille, elle est partout. Le 28 octobre, Clemenceau, qui revient de Verdun, décrit à ses collègues la superstructure du fort de Souville, un point haut : « j'ai vu surtout le fort de Souville, ou plutôt la butte de boue qui est tout ce qui reste aujourd'hui de Souville[50] ». Le champ de bataille est un tel « marécage de boue épaisse et profonde[51] » que, pour préparer l'offensive du 24 octobre, Mangin fait construire 48 km de chemins en rondins ou en cailloux. Passaga précise :

> Nous dûmes établir des pistes et même des chemins [...]. L'on dut d'abord ouvrir des saignées permettant l'écoulement de l'eau des trous d'obus ; ces trous vidés, on les combla de boue, et, sur la boue, on mit des couches de fascines et de clayonnages. Là où devaient passer des voitures, on établit une chaussée faite de deux couches contrariées de rondins ou de madriers solidement reliés ; un treillage de fil de fer recouvrant la chaussée empêchait

les hommes et les animaux de glisser, les roues des véhicules de patiner[52].

Parvenus en première position, la tâche prioritaire des soldats est de s'organiser.

Travailler aux tranchées

Côté français, les tranchées étaient rares en première ligne. Aux premiers jours de la bataille, on a vu qu'elles manquaient souvent. Ensuite, leur recul avait conduit les Français à se battre sur des positions qui n'avaient pas été organisées. Ils manquaient de tranchées et d'abris. « Il n'y a pas à attendre de terrain organisé puisqu'on a dû abandonner celui qui l'avait été. Donc pas de boyaux, pas de tranchées, des trous d'obus[53]. »

Cette insuffisance provoquait de lourdes pertes. Mais travailler à les creuser était s'exposer à découvert aux obus, ce qui était tout aussi meurtrier. Le commandement multiplie les injonctions. « Les travaux de secteur n'avancent pas suffisamment. Dans certaines parties du front relativement calmes, il n'existe encore ni boyaux ni abris. On ne travaille pas parce que l'organisation cause des pertes, on subit des pertes parce que l'on ne s'organise pas. C'est là un cercle vicieux dont il faut sortir à tout prix. [...] Aucune excuse n'est permise, ni la pénurie de main-d'œuvre, ni l'activité de l'artillerie ennemie, ni la dureté du sol », écrit ainsi Nivelle[54].

Voici par exemple le 140e RI qui prend position en avant du fort de Vaux le 16 mai. La première ligne est constituée par « la réunion et l'aménagement continuel de trous d'obus ». Aucune défense en avant de ces lignes, « peu ou pas de boyaux les reliant à l'arrière. Quelques abris de bombardement existent. L'ensemble du secteur est bouleversé par les gros obus ». Le chef de corps fait donc placer en avant des lignes des barbelés sur châssis, entretenir les premières lignes, créer des boyaux vers l'arrière, « tous ces travaux à exécuter par les sections de réserve des bataillons de 1re ligne[55] », une main-d'œuvre peu nombreuse et mal équipée.

Autour de certains points forts, aménagés en fortins ou en redoutes, des travaux avaient été conduits, mais les tranchées de Verdun sont en général des trous d'obus reliés entre eux (voir photo p. 135), pour deux raisons. La première est le bouleversement du champ de bataille, que les soldats ne reconnaissent pas d'un jour à l'autre tant il est labouré ; aucune tranchée ne résiste à ce pilonnage, et d'ailleurs les photographies aériennes du champ de bataille en montrent très peu : le sol est criblé de trous d'obus jointifs comme une peau d'orange. La seconde raison a été moins souvent relevée, bien qu'elle constitue l'une des particularités de Verdun par rapport à la Somme, la Flandre et l'Artois : la dureté du sol calcaire. Il est très difficile à creuser, et il y faut de vraies pioches, pas les outils portatifs du fantassin. Nombreuses sont les notations qui soulignent cette difficulté. Nivelle, on l'a vu, refusait d'en tenir compte. Pourtant, elle est réelle. Serrigny la mentionne : « Sous 30 à 40 cm de terre végétale, le sol de Verdun est fait de craie dure. Ce qui gêne le creusement des tranchées[56]. » Comme le note Delvert : « Ma tranchée n'a pas plus de 40 à 50 cm de profondeur[57]. » Ailleurs, « il faut rester couché toute la journée [dans la tranchée] sans pouvoir se relever pour échapper aux vues de l'ennemi[58] ». Le commandement le sait parfaitement. Un général prenant près de la ferme de Thiaumont le commandement d'un secteur très mal organisé en rend compte :

> Il est donc de première nécessité de pousser, avant tout, les travaux déjà en cours tendant à un minimum indispensable d'organisation. Ces travaux, longs et pénibles en raison de la nature rocheuse et du bouleversement du terrain, comportent principalement la création d'une communication à peu près sûre [...]. Cette communication, en l'espèce un boyau de 1 500 mètres de développement entre la première ligne et la côte de Froideterre, exigera environ 4 nuits de travail[59].

Et le même général se voit ordonner par téléphone, quelques jours plus tard, de creuser dans la nuit une tranchée qui ne sera pas profonde « puisqu'il y a le roc, mais [qui] devra permettre d'abriter une ligne d'hommes couchés[60] ».

C'est ici que les obus jouent un rôle positif. Ils écrasent, mais ils creusent plus profondément et plus vite que les pioches. En reliant les trous d'obus, on réalise à moindre effort une ligne de défense acceptable. Les soldats ne cessent de s'y employer ; ils travaillent tout autant qu'ils combattent.

Le champ de bataille est un vaste chantier où, chaque nuit, on recreuse boyaux et tranchées, on tente de consolider des abris, de poser des barbelés. « Chaque jour, chaque nuit, on endigue, on étaie, on déblaie, on relève[61]. » Voici Gaudy qui prend position près de la ferme de Thiaumont : « Il fallut se mettre à genoux, et l'outil à la main creuser des guitounes. [...] Chacun de nous devait avoir avant le jour son trou pour s'y mettre à l'abri, sinon des coups, du moins des regards de l'ennemi[62]. » Aux soldats qui tiennent le front s'ajoute l'immense armée des sapeurs du génie, des troupes de réserve et des territoriaux qui viennent travailler en ligne et qui transportent jusqu'à l'avant rondins ou madriers, rouleaux de fil de fer, tôles et autres matériaux. Voici par exemple un soldat qui monte avec un paquet de piquets en fer d'environ 20 kg et qui tombe dans un gouffre, de la boue jusqu'au-dessous des bras[63].

La bataille de Verdun, ce sont aussi tous ces hommes qui montent vers le front à la nuit tombée et redescendent avant l'aube, ne se battent pas et pourtant laissent derrière eux bien des morts.

CHAPITRE V

Survivre et combattre à Verdun

Voici, allemands ou français, les soldats qui s'installent tant bien que mal dans ce paysage lunaire, et trouvent les trous d'obus où ils prennent position pour une durée indéterminée. Comment vivent-ils ? Comment se battent-ils ? Entre l'expérience vécue à Verdun par les Français et celle des Allemands, la différence est sans doute faible, tant les deux armées étaient imbriquées. Mais entre le vécu de cette bataille et celui des autres, elle devrait être forte. Pour beaucoup de contemporains, Verdun portait à l'incandescence la violence de la guerre, et c'est ce qui en a fait le symbole et l'emblème même de la Grande Guerre. Il nous faut cependant questionner cette évidence.

Les misères matérielles

Les soldats montent en ligne avec un équipement qui, bien que lourd, reste rudimentaire. La toile de tente, la couverture, deux jours de vivres, deux litres de boisson, parfois quatre, c'est peu pour vivre dans la nature pendant quatre jours au moins, et souvent plus de dix. Les soldats allemands montent, on l'a vu, avec un paquetage réduit, le bagage d'assaut (*Sturmgepäck*) de 24 kg au lieu de 35, et leurs cartouches de part et d'autre du havresac. Leur séjour en ligne est plus long, une semaine, mais deux semaines est très fréquent et certains racontent être restés jusqu'à trois semaines en première ligne. On dit couramment chez les Allemands que les unités restent en première ligne jusqu'à ce qu'elles soient « brûlées en cendres », et beaucoup de soldats français sont persuadés qu'ils sont là tant qu'un taux de pertes fixé par le commandement n'est pas atteint.

Dans ces conditions, leur vie dépend pour une part des corvées censées leur apporter à boire et à manger, pour une autre de leur installation sous d'exceptionnelles contraintes.

La faim, la soif et la merde

Tous les témoins décrivent les souffrances, parfois insoutenables, de la faim et de la soif : comme elles ne mettent en jeu aucune pudeur, elles sont plus faciles que d'autres à raconter. Elles s'expliquent facilement : les corvées ne reviennent pas, ou reviennent plus ou moins à vide. Les roulantes qui viennent apporter le rata, l'eau, le café et le vin – le schnaps pour les Allemands – au plus près des lignes sont malgré tout à 2 km, ou parfois à peine moins. Les boyaux étant ce qu'ils étaient, les hommes de soupe qui remontaient chargés tombaient et glissaient souvent ; ils se jetaient par terre quand sifflaient les marmites, lâchant leur fardeau. S'il arrivait, le rata n'était évidemment plus chaud, et souvent mêlé à de la terre, le pain boueux. Quant aux liquides, il en restait peu… quand il en restait. Les soldats ont donc faim et soif. Les Français montaient en ligne avec 4 boîtes de bœuf en conserve (le « singe »), 48 biscuits et parfois du chocolat ou des restes de colis : c'était peu. Beaucoup se plaignent du manque de légumes verts et de la rareté des pommes de terre, comme de l'odeur des cadavres qui leur coupe l'appétit. Certains soldats n'ont pas mangé pendant quatre jours. Les Allemands disposaient d'une « ration de fer » de 250 g de biscottes, 200 de viande et 150 de légumes en boîte par jour, mais elle n'était pas toujours renouvelée : Beumelburg raconte être resté trois journées sans manger ni boire dans la tranchée[1].

La soif est pire. Les soldats n'ont pas eu soif seulement durant l'été. Ce besoin est plus vif quand il fait chaud, mais boire est une nécessité quotidienne quel que soit le temps. Or, très vite, les soldats en ligne n'ont plus rien à boire, ni vin – du « gros rouge » autour de 9 degrés d'alcool –, ni eau. Comme on sait qu'on aura soif, on se charge parfois d'un bidon supplémentaire ; voici par exemple un soldat qui, sur conseil de son capitaine, prend la précaution d'ajouter deux bouteilles à son barda[2]. Mais elles sont vite bues. Les soldats ont d'autant plus soif que la nourriture est sèche et les conserves salées. Aussi, au fort de Vaux, où la soif est abominable car l'eau est distribuée avec la plus extrême parcimonie – trois quarts de litre par homme, un jour sur deux, début juin –, Raynal et ses hommes ne mangent plus[3]. Barge, qui n'était pas loin de là, note un peu plus tôt, le 20 mai : « Les pauvres qui étaient en première ligne pleuraient la soif et attendaient leurs boissons avec impatience, mais les pauvres porteurs de cette dernière servaient de carrelage dans le Ravin de la Mort. » Quand on envoie dix hommes en corvée d'eau, il en revient quatre ou cinq : « c'était de l'eau payée bien cher[4] ». Elle est infiniment précieuse, et il ne faut pas la laisser perdre. H. Bordeaux part en reconnaissance du côté du fort de Vaux, dans un boyau qui monte et qui descend, comme il se doit à Verdun. Le guide trouve un cadavre de corvée d'eau : il défait ses courroies et récupère quatre ou cinq bidons de 2 litres[5]. C'est peu pour une section de 50 hommes, même décimée, mais cela permettra d'attendre mieux.

Les Allemands souffrent autant sinon plus que les Français : ils disposent d'un bidon de 0,8 litre seulement, et ils boivent eux aussi n'importe quoi n'importe où.

> Depuis huit jours, la compagnie n'avait rien à boire et il est arrivé que des hommes soient sortis de la tranchée la nuit pour boire dans n'importe quel trou d'obus rempli d'eau de pluie sale. Beaucoup en tombèrent malades, car l'eau était pourrie, et elle contenait même parfois un cadavre ce qui la rendait encore plus pourrie[6].

> La soif est plus forte que l'horreur et la peur d'attraper la typhoïde et le choléra. Nous, nous n'avons pas peur de tomber malades, pas ici, dans le royaume de la mort. La vie n'a plus de valeur. Il ne s'agit que de boire, boire, boire[7].

Les hommes sont prêts à tout pour humecter leur bouche ; dans les forts, ils lèchent l'eau qui suinte des murs. Quand il pleut, ils lèchent leur capote. Les soldats du fort de Vaux qui se rendent se précipitent au-dehors pour s'abreuver dans un trou d'obus fangeux. D'autres boivent dans des trous où croupissent des cadavres. Ils boivent même leur urine, de nombreux témoignages l'attestent. « Qui n'a vu des blessés râlant sur le champ de bataille, sans soins, buvant leur urine pour calmer leur soif, [...] n'a rien vu de la guerre[8]. » Le commandement même en est informé : « Il a été rendu compte que les hommes buvaient leur urine[9]. » Les soldats allemands sont soumis à la « formidable tentation de boire l'eau de refroidissement des mitrailleuses. Et de remplir ensuite le réservoir de la mitrailleuse à grand renfort de [leur] urine[10]... ». On peine à imaginer le niveau de soif et de détresse qui explique de tels comportements.

De même, mais ici les témoignages sont rares pour d'évidentes raisons de pudeur, satisfaire ses besoins naturels en ligne pose de gros problèmes. De ce point de vue, la hiérarchie s'efface. Pour la soif et la faim, les officiers de terrain bénéficient généralement d'un statut un peu privilégié : leur planton ou l'un de leurs hommes leur apportent à boire ou à manger. Delvert, épuisé de soif et de faim, reçoit ainsi une gamelle de café dans laquelle il trempe un biscuit qu'il ne voulait pas manger, de crainte d'aggraver sa soif. Mais, comme le dit une remarquable chanson de soldats :

> *On n'est pas égaux d'origine*
> *ni d'galett, ni d'chic, ça d'accord ;*
> *mais on est frèr' pour deux machines :*
> *c'est pour la merde et pour la mort*[11].

Il faut distinguer selon les situations concrètes. Dans les trous d'obus, il est probable que les soldats satisfaisaient leurs besoins sur place, ou utilisaient un vieux récipient, boîte de conserve, gamelle, pour rejeter hors du trou l'urine et la merde. On cite même pour sa lâcheté un officier allemand qui se fait tenir par un subordonné une boîte de conserve vide pour se soulager plutôt que de sortir de la tranchée[12]. Beaucoup se retenaient aussi longtemps qu'ils le pouvaient, mais c'était parfois très difficile, car la dysenterie était fréquente : « Tout le monde y passe », écrit un soldat, et Delvert, qui n'est pas prude mais courageux, note, le 24 mai : « Mes coliques sont tellement violentes qu'il faut m'arrêter au-delà du parapet[13]. » Dans un abri en revanche, la vie en groupe obligeait à une certaine organisation. On fait ses besoins et l'on s'efforce d'évacuer les excréments : « Il faut se passer sous le nez et de main en main (quel délice !) les gamelles où chacun a été contraint de satisfaire un besoin qu'il ne pouvait satisfaire au-dehors, et pour cause. Et Dieu sait si, de ces gamelles, il en passe[14]. » Dans le tunnel de Tavannes, un système de tinettes très rudimentaire avait été mis en place : « Au milieu de ces espaces vides, des tinettes, des mares infectes d'urine. L'air est fétide, lourd d'une odeur de sueur et d'excréments à se trouver mal. Une nuit passée là et les hommes sont pâles, les traits tirés, ne pouvant tenir sur leurs jambes. » Quand le bombardement des entrées du tunnel par de gros calibres faiblit, des territoriaux vidangeurs les tirent, vident leur contenu dans des boîtes rectangulaires à brancards, munies de couvercles rarement ajustés, et emportent leur marchandise à l'extérieur : « – C'est la m… qui passe dans le couloir – Ôtez les gamelles. Le jus coule partout ! La blague ne perd jamais ses droits. Le cri le plus fréquent, néanmoins, est "Attention ! la m… !" lancé d'une voix triomphante. Et la m… passe[15]… »

Vivre en ligne

Comme les soldats de toutes les batailles de 1914-1918, la plupart de ceux de Verdun vivent dehors, exposés aux humeurs du climat. C'est une donnée fondamentale, qui joue un rôle décisif dans leur moral. Le mauvais temps aggrave les souffrances des soldats et les déprime ; ils saluent le retour du beau temps : « Vois-tu, avec le soleil, on ne s'en fait plus[16]. » Avec la nourriture, le courrier et les colis, qui arrivent évidemment moins bien en ligne qu'au repos, les permissions, dont le rétablissement en mai « est salué par des explosions de joie[17] », le temps qu'il fait compte beaucoup pour les soldats. Le soleil réduit la boue, et donc limite les affaissements de boyaux et de tranchées. La pluie est une calamité quand elle dure. À tout prendre, mieux vaut le gel, qui solidifie la boue.

Également dépendants des caprices de la météo, les deux camps ne sont pourtant pas logés à la même enseigne. Les Allemands sont moins mal installés que les Français ; ils ont de meilleurs abris. C'est le cas au début de la bataille, quand les Français improvisent leur organisation alors que leurs adversaires ont construit de grands *Stollen*, comme on l'a vu. Il semble que cet effort se soit maintenu. Après leur offensive d'octobre, les Français identifient, à 200 mètres environ de la ligne qu'ils ont atteinte, trois « camps » allemands qu'ils bombardent copieusement. L'offensive du 15 décembre leur permet de les occuper. L'un d'eux, dit « de Cologne » – était-ce le plus important ? –, comprenait 15 grands abris, 20 moyens et deux postes de secours. Creusés en sape, ils avaient résisté aux bombardements, à la différence des abris légers, moins profonds. Les officiers étaient séparés des hommes. L'un des abris contenait une grande quantité de munitions d'artillerie[18]. Pour trouver l'équivalent du côté français, il faut se rendre dans les forts proches de Verdun et à la citadelle.

Les abris français sont relativement sommaires : une sape plus ou moins grande et plus ou moins profonde, à laquelle on accède par des escaliers. Le plafond est fait de madriers et de rondins, surmontés de 2 ou 3 mètres de terre, ou parfois plus, avec éventuellement des tôles, des pierres, des sacs de sable. L'entrée est fermée par une toile de tente. D'autres abris sont organisés dans les caves des maisons détruites. En général, la pluie n'y pénètre pas, on peut y dormir sur des châlits en bois ou en grillage, et même y faire du feu et donc de la cuisine. Un mobilier hétéroclite permet de s'asseoir et d'étaler des cartes : ils sont occupés essentiellement par les PC et les postes de secours. C'est là qu'on trouve les téléphonistes et les coureurs. Ils sont encombrés de téléphones, de cartes et de paperasse. Mais on y vit presque normalement ; Delvert est très courroucé d'y voir son colonel jouer au bridge en pleine bataille non loin du fort de Vaux : cela lui donne par contraste « l'impression d'être la bête à tranchée, l'animal qu'on pousse à l'abattoir, peu importe comment[19] ». Les PC des compagnies en ligne sont plus sommaires : celui de Delvert est une niche sous un pan de mur détruit par un gros obus.

Les abris des soldats sont beaucoup plus précaires, quand ils existent, et ils protègent rarement des obus ou même de leurs gros éclats : un trou, couvert par quelques branchages et un peu de terre, ou seulement une toile de tente contre la pluie. Le plus souvent, ils n'ont pas d'abri. Ils vivent dehors, comme ce soldat relevé « après cinq jours sous la pluie, sans un abri, car ces tranchées ont été faites hâtivement sous le coup de l'avance boche sur Avocourt[20] ». Un sous-lieutenant note, en juin : « C'est la désolation sous la pluie qui coule et qui vous transperce les os quand on a [*sic*] que son cœur pour vous tenir chaud et que les vêtements sont froids. Les hommes sont lamentables[21]. » Le pire, en effet, ce n'est pas le début de la pluie, quand elle s'infiltre progressivement derrière le cou et que tout le vêtement devient humide comme une éponge, malgré la toile de tente dont on s'enveloppe ; c'est ensuite, quand le vêtement épuise la chaleur du corps pour sécher. Vivre sous la pluie, c'est aussi vivre les pieds dans l'eau, malgré les caillebotis jetés sur la boue. Les pieds enflent dans les chaussures. En plein été, mais après six jours de pluie, « en raison des nombreux cas d'enflure des pieds, on a donné le conseil, impossible à suivre, de desserrer souliers et molletières[22] ». Les soldats atteints de « pieds de tranchées » ont ordre de se faire immédiatement soigner au poste de secours.

Vivre dehors, c'est aussi subir le froid et la neige en février puis de nouveau dans la première quinzaine de mars, et la chaleur en été, avec la poussière. Il est inutile de s'attarder ici sur les effets du climat, notamment sur les pieds gelés qui ne sont pas rares. Inutile aussi de rappeler les rats qui sévissent à Verdun comme ailleurs, ni la saleté, la crasse et tous les inconvénients entraînés par l'impossibilité non seulement de changer de linge, mais même de toute toilette. « Me suis passé quelques gouttes d'eau sur la figure, luxe que je ne m'étais permis qu'une fois depuis un mois », note laconiquement Delfaud[23]. Tel autre témoin est resté dix-huit jours sans pouvoir se nettoyer[24]. L'eau est trop rare pour qu'on la gaspille à se laver. Les poux prolifèrent de ce fait, qui ajoutent leur irritation permanente à ce qu'endurent les soldats, d'un côté du front comme de l'autre. On en retrouve même parfois sur les pansements des blessés.

À ce tableau, il faut ajouter le manque de sommeil. À Verdun, dormir dehors n'est pas dormir à la dure, mais plutôt dans la boue, tant le sol est spongieux, dans une niche vaguement creusée dans la partie d'un trou d'obus la moins exposée aux tirs. Mais le bombardement ne cesse pas durant la nuit ; une activité fébrile règne sur tout le front, on l'a vu ; en outre, il faut rester vigilant. « On dort peu, ou l'on ne dort pas dans les tranchées. Et nous avons éprouvé parfois qu'on se passe mal, quelque temps, de manger, plus mal encore de boire et plus mal enfin de dormir. Dormir, boire, manger[25]. » Delvert note le 3 juin qu'il n'a pas dormi depuis soixante-douze heures ! Dans la journée, on somnole cependant plus ou moins, tout en gardant un œil ouvert, une heure par-ci, deux heures par-là. Le rythme du sommeil est complètement rompu : avec la nourriture sommaire et le manque d'eau, c'est l'une des grandes raisons de l'épuisement des soldats. « Les hommes se déclarent exténués et fatigués, obligés de travailler la nuit, ils ne peuvent se reposer de jour par suite de la violence des bombardements », observe sobrement le contrôle postal[26]. Mais il leur faut en outre combattre.

Le combat

Le paysage lunaire

Vu du ciel, le champ de bataille n'est qu'une suite de trous d'obus. Aujourd'hui encore, les photographies aériennes prises avec des techniques sophistiquées, permettant de montrer le sol sous la couverture végétale, sont impressionnantes : on cherche en vain la trace d'éventuelles tranchées dans cet immense désert grêlé de trous d'obus jointifs. C'est bien ce que voyaient en 1916 les aviateurs :

> Sur vingt kilomètres de large et dix de profondeur le sol est une plaie ouverte, couleur de glaise et de terre fraîche ; les villages sont détruits et effondrés, les forts ne sont plus que des fantômes géométriques rongés par les entonnoirs […]. Les deux infanteries sont perdues dans ce décor lunaire. Sans abris, sans tranchées, coupés pendant le jour de toute liaison avec l'arrière, les fantassins sont couchés dans les trous de marmite suivant une ligne indécise que les combats déplacent chaque jour[27].

Vu de près, des différences apparaissent. Dans certains endroits, des fortins, des réduits, des blockhaus existent. Ailleurs, les trous d'obus reliés entre eux faisaient tranchée, ce qui ressemblait beaucoup aux restes d'une tranchée qui aurait existé autrement que sur une carte. Ailleurs encore, l'organisation était moindre. Mais généralement, c'est un lieu où l'on s'est déjà battu et qui en conserve les stigmates. Ainsi, à l'ouest du fort de Vaux, en juin, la tranchée de Delvert, profonde de 40 à 50 cm :

> L'aspect de la tranchée est atroce. Partout les pierres sont ponctuées de gouttelettes rouges. Par places, des mares de sang. Sur le parados, dans le boyau, des cadavres raidis couverts d'une toile de tente. Une plaie s'ouvre dans la cuisse de l'un d'eux. La chair, déjà en putréfaction sous le grand soleil, s'est boursouflée hors de l'étoffe et un essaim de grosses mouches bleues s'y presse.
>
> À droite, à gauche, le sol est jonché de débris sans nom. Boîtes à conserve vides, sacs éventrés, casques troués, fusils brisés éclaboussés de sang. Une odeur insupportable empeste l'air[28].

Bien d'autres témoins ont relevé l'importance des cadavres en putréfaction, l'odeur qu'ils dégagent et les grosses mouches bleues (Delvert) ou vertes (Delfaud et Méléra) qu'ils attirent et qui « arrivent de partout », ou sont « posées en paquets »[29]. Les cadavres sont partout. On vit avec eux. « Je suis resté 10 jours près d'un homme coupé en deux ; il n'y avait pas moyen de le transporter ; il avait une jambe sur le parapet et le reste du corps dans la tranchée : c'était une infection et j'ai été obligé de chiquer tout le temps pour supporter ce supplice », écrit un soldat français, auquel répond un soldat allemand : « Dans le trou d'obus gisaient au sol un soldat du 10e mort et un autre avec une grave blessure par balle au crâne. L'homme a encore vécu 24 heures, la plupart du temps inconscient ; on ne pouvait rien faire pour lui, constamment on entendait son râle profond et de l'écume et de la bave lui couvraient le visage[30]. » Sous le bombardement, les hommes, les objets et la terre ne font plus qu'un :

> Les obus déterrent les cadavres, les réenterrent, les déchiquettent, jouent avec eux comme le chat avec la souris. En première ligne,

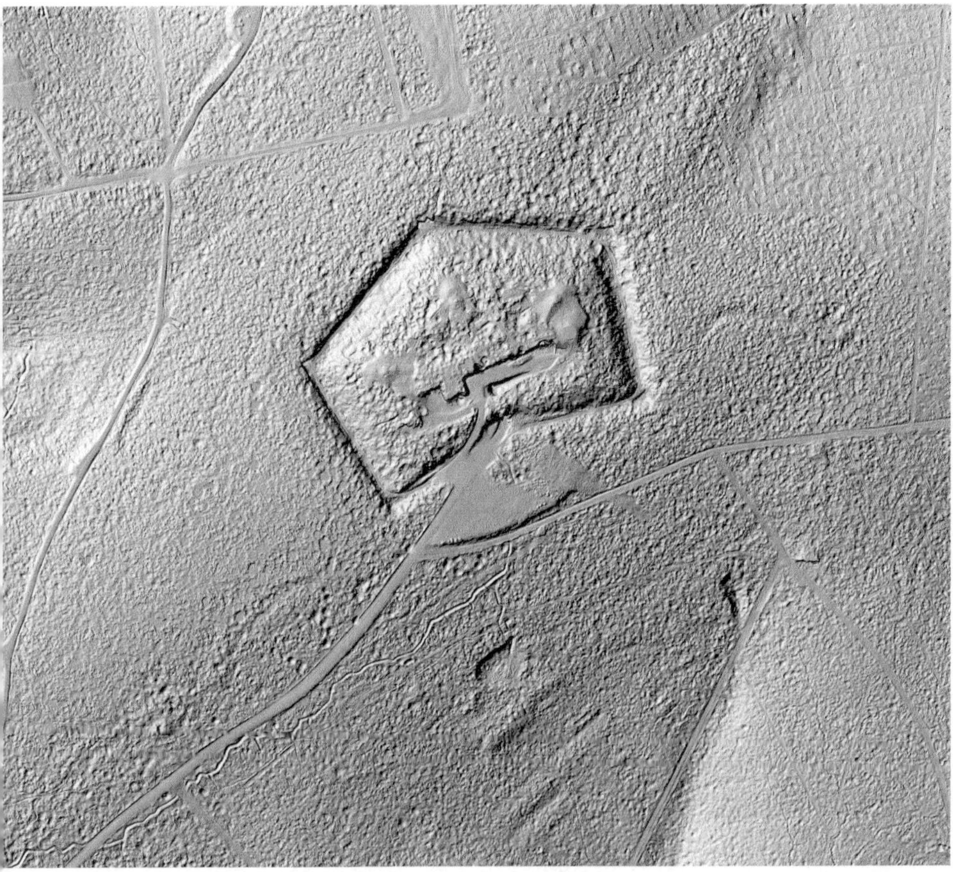

Le paysage lunaire créé par les trous d'obus, tel qu'il est aujourd'hui encore. Cette photo a été prise en 2013 à une longueur d'onde qui rend transparente toute la couverture végétale et montre donc le sol nu. On notera l'absence de toute trace de tranchée, sauf le long de la route d'accès au fort.

> nous piochons dans des corps. [...] Une odeur de cadavre fade flotte dans l'air, si écœurante qu'elle donne presque du charme au parfum que les obus asphyxiants laissent dans les bas-fonds[31].
>
> L'artillerie ennemie bouleverse la terre à un point tel que beaucoup de gens morts ou blessés disparaissent sans qu'il soit possible de constater s'ils sont morts. En plusieurs endroits, il était impossible d'enterrer les morts ; dans les trous d'obus de première ligne, combattants, blessés et mort gisent souvent côte à côte plusieurs jours durant[32].

On ne peut donner un coup de pelle sans tomber sur des débris humains. « Mon lieutenant, on creuse dans la viande ! » s'écrie ainsi un soldat[33]. Et Mornet, en termes plus choisis, ne dit rien d'autre :

> Ce n'est point dans de la bonne terre qu'on creuse [...] c'est dans un amas informe de choses inertes et de choses qui furent vivantes : armes ou outils brisés, pieux et poutres renversés, sacs à terre éventrés, vêtements pourrissants, cadavres encore fermes et musclés, pourriture de cadavres décomposés, sombres racines enchevêtrées de la forêt d'hommes et de choses dont tous les troncs sont abattus[34].

Il arrive même qu'on utilise les cadavres : « Au PC 119, on avait une muraille de cadavres pour nous protéger des balles ; quelle odeur, surtout le matin quand venait le jour[35]. » Les trous d'obus sont ainsi indissociables des cadavres : c'est le résultat des bombardements qui imposent leur loi.

Le bombardement

Les bombardements sont responsables de l'immense majorité des morts français de Verdun, 80 %[36], et la proportion est analogue du côté allemand. On doit à Arnold Zweig une description saisissante des soldats sous le bombardement :

> Ils [les soldats] ont souffert la faim, sont restés accroupis dans la boue jusqu'à mi-corps, ils s'y sont terrés parce que c'était le seul moyen de se couvrir ; ils n'ont pas dormi, ils ont lutté contre la fièvre à force d'aspirine, et ils ont tenu. Et maintenant ils sont déchiquetés. L'air n'est plus qu'un roulement de tonnerre, la foudre tombe dru. Impossible de quitter les tranchées, qui ne sont plus des tranchées ; impossible d'y rester, car elles se sont mises à bouger ; houleuses, elles jaillissent vers le ciel et retombent dans les gouffres d'un enfer qui s'ouvre sans répit. On se réfugie dans les abris et ces abris croulent, les obus bouchent les souterrains profonds, ensevelissant les occupants déjà à bout de nerfs s'il leur reste quelque vitalité physique. En deçà des tranchées, le barrage des canons de campagne fait gicler l'acier tranchant comme des couteaux ; dans les tranchées mêmes, les tirs verticaux des plus forts calibres et des mortiers plongent sans arrêt. Les mitrailleuses sont balayées, les nouveaux lance-mines sont ensevelis dans la boue et fracassés, et les fusils s'enrayent dans ce déluge d'argile et d'éclats d'acier[37].

L'intensité de ce combat d'artillerie donne aux soldats, des deux côtés, le sentiment d'avoir été conduits dans les trous d'obus de Verdun pour s'y faire écraser par les bombes. Et c'est aussi l'avis de certains officiers : « Les choses sont simples. Des positions sont écrasées sous des projectiles énormes. Des troupes d'infanterie ont ordre de rester là. Elles y restent et s'usent[38]. » Et Mangin lui-même, l'homme de l'offensive, le constate : « Le bombardement est effroyable et les abris à peu près nuls : quoi qu'on fasse, on perd beaucoup de monde[39]. »

Ce constat objectif met à distance, et de fait relativise, ce qui fut sans doute l'épreuve la plus terrible et la plus terrifiante pour les soldats. Ils ont acquis très vite un véritable savoir sur les obus. Non seulement ils connaissent les calibres des deux camps, mais ils identifient les obus qu'ils reçoivent au bruit qui les annonce – le vrombissement des marmites ou le sifflement sec des 75. Ils repèrent les axes de tir ; ils savent que les artilleurs encadrent leur objectif par un coup long et un coup court, et ils repèrent la cible visée en voyant où tombent les premiers obus. Ils sentent comme instinctivement s'ils sont directement menacés : « Nous reconnaissons tout de suite l'obus qui veut nous ensevelir. Dès que l'oreille distingue le funèbre ululement [*sic*], nous nous regardons avec angoisse[40]. » Certains doivent la vie à un changement opportun de trou d'obus, comme Méléra : « Une idée soudaine : je me mets dans le trou d'à côté. [...] Un 105 tombe dans celui quitté cinq secondes auparavant[41]. » C'est de la chance, en effet, mais pas seulement. Ce saut de côté, que les soldats expliquent par leur instinct ou le hasard, résulte en fait d'une analyse instantanée d'indices, d'un savoir inconscient fruit d'une expérience. La guerre est un métier qu'il vaut mieux apprendre vite si l'on veut lui survivre.

Subjectivement, le vécu du soldat livré aux obus a fait l'objet d'une ample littérature, passablement redondante. Il existe pourtant des différences suivant que les soldats sont sur le champ de bataille ou dans un abri. Voici un sergent pris sous un tir de barrage :

> Oh s'en aller, se sauver, fuir droit devant soi les lèvres serrées, fuir comme une bête traquée, se sauver à l'arrière n'importe où ; dans les couloirs de Souville, au ravin du Bazil, n'importe où, mais ne pas rester là. Ils vont nous tuer tout à l'heure, dans une seconde l'obus sera sur moi, près de moi sur cette pierre petite qui brille au soleil. Il y aura une grande flamme, un cri, puis je serai là, les cuisses brisées, le ventre déchiré, tout sanglant, les yeux grands ouverts et la face toute blanche[42].

Ce désir de fuite peut aussi, lors d'une attaque, pousser les soldats vers l'avant, mais il caractérise des unités en mouvement. La réaction des soldats en position dans une suite de trous d'obus est tout autre ; ils se terrent dans leur trou d'obus, se protégeant la tête de leur sac. Dans un abri, c'est encore différent : « On croit vivre sous un marteau-pilon. Le béton sonne, les portes se soulèvent, s'ouvrent et se referment violemment, les bougies s'éteignent, les papiers volent, la poussière emplit l'atmosphère. Vous recevez comme un coup de poing au creux de l'estomac[43]. » Mais, dans tous les cas, les secondes qui précèdent l'impact voient culminer l'anxiété :

> Lorsque nous percevions le souffle dans le lointain, le corps tout entier se contractait pour résister aux vibrations trop amples de l'explosion, et à chaque reprise, c'était un nouvel assaut, une nouvelle fatigue, une nouvelle souffrance. À ce régime, les nerfs les plus solides ne peuvent résister longtemps ; le moment arrive vite où le sang monte à la tête, où la fièvre brûle le corps et où les nerfs, usés, deviennent incapables de réagir[44].

Delfaud a décrit avec une précision quasi chirurgicale la tension insoutenable qui se renouvelle avant chaque impact :

> Chaque obus qui arrive nous cause une angoisse indicible. On le sent arriver comme une flèche, la trajectoire tendue. Les muscles se contractent douloureusement, et l'oreille tendue vers le sifflement qui approche cherche à discerner la direction probable et le point de chute de l'obus. Puis c'est le soulèvement de la terre, dans laquelle on sent l'obus pénétrer profondément comme une vrille, et enfin le déchirement de l'explosion qui fait mal à l'oreille. Enfin, c'est la chute des moellons, des éclats qui tombent en grêle sur la façade et dans la porte, et l'irruption de la poussière et de la fumée dans la cave.
>
> [...] Quelles secondes d'angoisse que celles pendant lesquelles, l'oreille tendue, on entend le sifflement d'abord à peine perceptible, rapidement grandissant, dominateur ! Comme on se recroqueville ! Comme on est petit et chétif ! Où va tomber l'obus ? On sent, dans un espace d'un dixième de seconde peut-être, que le coup sera long, ou à peu près juste. Et puis c'est l'éclatement formidable, qui assomme, déchire les nerfs et arrache les entrailles. Il est difficile de s'habituer à ce tintamarre[45].

Le plus douloureux, c'est la suite, les cris pitoyables des blessés, distingués au milieu des morts, à travers la fumée et la poussière[46]. Puis, quand les obus cessent, la recherche des camarades blessés ou morts, de ceux qu'un obus a enterrés et que l'on peut espérer encore sortir de la terre éboulée. Et quand on ne peut rien, une revanche de l'humanité dans cet enfer inhumain :

> Hélas ! Lorsque la mort a fait son œuvre, il faut porter la main et les yeux sur ce misérable bagage intime que le soldat garde partout sur lui [...]. Quelle tristesse que cet inventaire des portefeuilles et des sacs, où l'on semble violer les pauvres secrets de ceux qui ont vécu et souffert avec vous, alors même que leurs corps mutilés ne sont pas encore raidis ! Les photos jaunies de « vieux », on les met pieusement de côté dans le mouchoir noué aux quatre coins. La montre, le briquet, la bague d'aluminium vont les y rejoindre. Mais les lettres, n'est-il pas nécessaire de les lire une par une pour ne pas laisser, dans le dépôt envoyé à la tendre promise, le billet doux qu'un « flirt » très poussé a dicté à une autre ? Les paquets achevés, on voudrait ajouter quelques lignes. On voudrait dire à ceux qui recevront, après la visite tant redoutée du maire de leur village, ce bric-à-brac funèbre : « Ne pleurez pas ! Soyez fiers de lui ! Il n'a pas souffert, il parlait de vous. » Mais on a les mains pleines de boue, la pluie efface le crayon-encre, et surtout, surtout, on manque de courage. On craint d'écrire la lettre même qu'un autre écrira peut-être pour vous dans un instant[47].

Les soldats ont le sentiment d'avoir été abandonnés. C'est un immense sentiment de déréliction qui s'impose. « Il est des secondes – des siècles – épouvantables entre toutes, celles où les arrivées se sont rapprochées, où l'on pressent, d'après la méthode de tir, que les coups prochains vont être pour nous[48]. » Cependant, il faut rester en place. À ce régime, beaucoup sont choqués – c'est le *shell shock* –, abasourdis, hébétés, incapables de réaction. Certains deviennent même fous : « Le 18 juillet, le pauvre Leduc, un vieux de la classe 1901 ou 1902, se met à errer dans la plaine, complètement fou de peur[49]. » Ou encore ces quatre hommes fous, dont le médecin, dans le fort de Moulainville[50].

Le bombardement ne fait pas seulement des blessés et des morts. Il isole. Tant qu'il dure, impossible de sortir de son trou, sauf pour sauter dans un trou voisin. « Nous ne recevions plus d'ordre de personne. Nous ne savions pas qui occupait le trou à côté. Nous étions livrés à nous-mêmes », raconte un soldat qui n'a pas 18 ans[51]. On les a placés là pour se faire tuer. Du coup, les sections et les compagnies en ligne ont les plus grandes difficultés à faire connaître au commandement leur situation. Les moyens de communication sont coupés : les lignes téléphoniques tirées en surface ne résistent pas aux obus. Les téléphonistes ont beau sortir, dès que le bombardement se relâche, pour réparer les coupures ou débobiner de nouvelles lignes, en prenant de gros risques car les coupures se produisent souvent aux lieux les plus bombardés, le travail est sans cesse à refaire. Les renseignements ne remontent pas et les ordres ne parviennent pas toujours à leurs destinataires en temps utile.

Restent les hommes, les agents de liaison, qu'on appelle alors « coureurs ». Les officiers hésitent à les envoyer quand les obus tombent trop dru, mais ils finissent par le faire malgré tout. Beaucoup ne parviennent pas au but, soit qu'ils s'égarent dans le paysage lunaire, soit qu'ils aient été blessés ou tués. Un colonel signale ainsi avoir envoyé 20 coureurs dont aucun n'est revenu[52]. Leur courage touche parfois à l'héroïsme. On trouve ainsi dans le *Verdun* de Péricard l'histoire d'un coureur blessé à 200 mètres du fort de Vaux, où se tenait le PC du régiment qu'il devait joindre, et qui se traîne sur les mains en portant son pli entre ses dents avant de succomber, mission accomplie[53].

De ce fait, le commandement, lui aussi, se trouve parfois isolé de ses troupes. Dans les moments paroxystiques de la bataille, il ne parvient pas à savoir ce qui se passe. « On n'arrive pas à savoir la vérité sur 304 », note Barescut le 8 mai. En juin, dans le secteur de Thiaumont, le même colonel qui sacrifiait 20 coureurs ignore ce que sont devenus deux de ses régiments[54]. Pendant vingt-quatre heures, « personne ne savait où était notre ligne, ni celle de l'ennemi », écrit le chef de la IIe armée[55]. Cette ignorance intermittente renvoie au caractère particulier des combats dans la bataille de Verdun.

Le combat

Si, au début et à la fin de la bataille, les offensives de Falkenhayn en février et celles de Nivelle en octobre et en décembre ont engagé des effectifs importants sur un front relativement large, les attaques et contre-attaques de Verdun ont porté sur des fronts limités et ont été menées par des effectifs bien moindres. En mai, Mangin ne met en ligne, pour tenter de reprendre le fort de Douaumont, que 16 bataillons, dont 7 en première ligne. Fin juin, l'ultime tentative de Falkenhayn contre Froideterre, Fleury et Souville est plus étoffée : 39 bataillons, dont 14 en première ligne. D'autre part, des deux côtés, l'artillerie lourde est organisée aux échelons supérieurs, armée et corps d'armée, qui prennent en charge le front dans son ensemble, en distinguant cependant les deux rives de la Meuse. Faire de la bataille de Verdun une juxtaposition de combats locaux serait donc excessif. Mais la plupart des attaques et contre-attaques qui se succèdent, parfois dans la même journée, sont montées par un régiment, un bataillon, voire une seule compagnie, avec des objectifs réduits, alors que dans les autres grandes batailles de 1914-1918, des objectifs plus larges sont assignés à des unités beaucoup plus puissantes. Du fait du terrain cloisonné par de multiples ravins, surtout rive droite, du fait aussi de la tactique adoptée par Falkenhayn, la bataille de Verdun est une suite de combats de petits groupes, qui se gagnent ou se perdent au niveau des compagnies, et parfois des sections. La différence est frappante avec la bataille de la Somme.

Les attaques, sauf celle du 21 février, ne partent pas de très loin, mais une centaine de mètres sur ce terrain, c'est déjà extrêmement long.

> Nous allons, tantôt debout, tantôt agenouillés. Nous courons, insaisissables [...]. Nous rampons, courbés, craintifs, accroupis au fond des trous comme des taupes. Jetés à terre brusquement,

en groupes, nous nous relevons d'un bond, tandis que quelques-uns, le ventre ouvert, retombent inertes, sans un cri. Nous n'avons plus conscience d'être des hommes. Nous marchons, nous courons comme des ombres, comme une procession de fantômes qui, tour à tour, passent, disparaissent, s'enfuient, pour renaître plus loin dans le brouillard enflammé.

Nous sautons de trous en trous, éparpillés au hasard par petits groupes tassés : les plus avancés se collent à terre, disparaissent, se fondent dans ces larges cratères qui jalonnent notre chemin comme des stations sur la voie douloureuse. On se rallie pour repartir en petits bonds rapides. Tout cela rampe, grouille comme une multitude de vers gris. D'énormes obus entourent, écrasent, dispersent les groupes. Tous avancent cependant, lentement, méthodiquement, en sauts de puces. Quelques taches grisâtres restent en arrière, disséminées, immobiles : les morts[56].

Au coin dangereux nous sommes arrêtés par les shrapnels. Puis j'avance en courant, jusqu'à une pente étroite ; nous avançons en petits groupes et par bonds en montant la côte. Une grenade miaule dans ma direction, me voilà couché *in extremis* par terre ; à côté de moi la flamme qui chuinte. Une balle fait crever la semelle de ma botte. En avant ! En avant ! On passe à côté d'un dépôt de munitions explosé, terre déchiquetée, hommes morts, chevaux morts, affûts et canons détruits ; on passe à côté d'obus non explosés et de grenades éclatées. Enfin on arrive en première ligne. C'est une fosse à hauteur de genou, pas question d'abris. Les grenades hurlent autour de nous, dans toutes les directions, tout le temps[57].

Les armes les plus efficaces, pour repousser l'attaque comme pour la mener à bien, sont les mitrailleuses et les grenades. La baïonnette sert en de très rares occasions, et la tranchée des baïonnettes repose sur une légende : ce n'est pas une section attendant héroïquement l'attaque ennemie baïonnette au canon qui a été enterrée là par les obus ; comme les fouilles l'ont montré, il s'agissait d'une sépulture collective dont des baïonnettes plantées dans le sol délimitaient l'emplacement. Les soldats utilisent beaucoup leurs fusils, mais ils ne sont pas toujours en état de fonctionner, car dans la boue ils se salissent facilement. Les mitrailleuses, elles, sont généralement protégées par une gaine durant leur transport, et leur installation est aussi soignée, aussi protégée que les circonstances le permettent. C'est une arme redoutable en raison de sa cadence de tir et de la stabilité que lui donne son affût : il est quasiment impossible d'avancer quand on est dans son champ de tir. Les grenades sont l'arme la plus simple et la plus efficace : elles ne s'enraient pas, elles sont simples d'emploi, et, à une dizaine de mètres, elles tombent dans le trou d'en face, là où les balles ne peuvent atteindre l'ennemi. La consommation de grenades augmente rapidement pendant la bataille de Verdun. Au départ, côté français, les soldats montaient avec trois grenades ; ce fut très vite deux fois plus, et on les réapprovisionna en ligne :

> Les Boches attaquent de nouveau au petit jour (2 heures 30). Nouvelle distribution de grenades.
>
> Hier, on m'en a vidé vingt caisses, il faudra être plus modéré.
>
> Du calme les enfants ! Laissez-les bien sortir ! On a besoin d'économiser la marchandise. À vingt-cinq pas ! Tapez-leur dans la g… ! À mon commandement.
>
> Feu
>
> Et allez donc !
>
> Un craquement d'explosions. Bien ensemble. Bravo ! Une fumée noire s'élève. On voit les groupes boches tournoyer, s'abattre. Un, deux, se lèvent sur les genoux et s'esquivent en rampant. Un autre se laisse rouler dans la tranchée tant il est pressé.
>
> Quelques-uns cependant progressent vers nous, pendant que leurs camarades restés dans la tranchée et leurs mitrailleurs nous criblent de balles. En rampant, un Boche arrive même jusqu'à mon réseau Brun[58].

Ce témoignage aurait pu aussi bien être écrit par un Allemand ; inversement, voici un témoignage allemand qui vaudrait également pour un Français :

> On sort des tranchées, on avance rapidement en passant par des trous d'obus de 1 à 2 mètres. Il n'y a pas un mètre carré qui ne soit remué. L'ennemi a tenu courageusement. Les mitrailleuses font un bruit de ferraille, le feu de l'infanterie roule. Un bruit diabolique. On avance. Ici, un homme tombe, là un autre. En avant ! On se repose dans un trou d'obus. Avançons ! Les trous augmentent en profondeur, il y en a de 15 m de profondeur, des puits raides. Et voilà les bleu-gris, ils restent sur place et tirent. Nous aussi. Sortons du trou ! – En avant ! Devant, un trou avec quatre Français. On les vise. Ils lèvent les bras[59]...

Le combat s'achève par la retraite de l'adversaire ou sa reddition, comme on vient de le voir, ou par un corps à corps entre le petit nombre de combattants qui restent debout dans la tranchée bouleversée. Le plus souvent, les obus, les grenades et les mitrailleuses n'avaient plus laissé sur la position attaquée que quelques survivants dans le vacarme, les fumées, les odeurs, les cris et la fureur du combat. Des deux côtés, il y eut des combats à l'arme blanche ; des soldats sortaient d'un trou ou d'un fortin résolus à vendre chèrement leur peau. Mais ils furent rares, ce qui n'enlève rien à l'horreur sanglante de ces combats rapprochés.

Nous sommes loin de l'idée que se faisaient les arrières des charges en ligne, baïonnette au canon. Cette représentation qui hantait les journaux suscitait la colère des soldats : « J'ai vu cent fois des combattants déchirer les journaux avec rage en lisant la pensée de ceux qui, sans avoir partagé nos souffrances, ont pourtant sur nous une opinion à placer[60]. » En effet, « ce n'est pas beau, la guerre », comme l'écrivait plus tard un journaliste mutilé en colère. Et, pour l'essentiel, c'était la même guerre des deux côtés du front. Pourtant, Verdun fut encore marqué par deux catastrophes symétriques qui n'ont pas d'équivalent dans les autres batailles.

Deux tragédies symétriques

L'une des particularités de la bataille de Verdun fut en effet de donner une importance exceptionnelle à des lieux privilégiés, parce que capables de résister aux plus gros calibres. Les forts désarmés de Verdun ne pouvaient plus jouer le rôle déterminant pour lequel ils avaient été conçus. En revanche, ils constituaient, comme le tunnel de Tavannes, sur la voie ferrée de Verdun à Metz, des havres de sécurité où les unités pouvaient trouver quelque répit et où, surtout, le commandement pouvait stocker les munitions de toutes sortes à proximité relative des secteurs où le combat faisait rage. Or, deux de ces lieux privilégiés, le fort de Douaumont pour les Allemands, le tunnel de Tavannes pour les Français, ont connu des catastrophes mémorables.

8 mai 1916 : le fort de Douaumont

Le 8 mai survint ce qui fut pour les Allemands la plus grande catastrophe de toute la bataille. Un événement dont le récit domine la littérature de guerre des années 1920. Il est significatif que le livre le plus répandu sur la bataille de Verdun, le *Douaumont* de Werner Beumelburg, ne parle aucunement de la prise du fort le 25 février, mais commence précisément par le récit terrible de la catastrophe du 8 mai. Depuis, la recherche menée par le Reichsarchiv dans les années 1920 et – surtout – l'initiative tout individuelle d'un historien amateur ont permis de rassembler les témoignages les plus directs sur cette tragédie[61].

Beumelburg ouvre son *Douaumont* par un récit parfaitement désenchanté de cet épisode macabre :

> Le matin du 8 mai 1916 sur la lisière est de l'Herbebois, au nord du fort de Douaumont, on trouva un capitaine des uhlans, l'uniforme déchiré, le visage noirci de poudre, les yeux vacillants et erratiques, les cheveux échevelés, entièrement couvert de boue.

Il était accompagné de quelques hommes. Qui l'arrêtait et lui posait des questions ne reçut pour réponse qu'un mot bredouillé : "Douaumont"[62].

De fait, ce matin-là, vers 6 heures, se produisit dans le fort une énorme explosion. Il était bondé de soldats de passage, au repos, et surtout de blessés qu'on y avait amenés à la suite des atroces combats qui avaient eu lieu dans les alentours la veille même. On estime qu'il abritait alors en tout 4 000 personnes ; il était plein ! À 6 heures 10, le 8 mai, il en sortit une énorme fumée noire que les Français, curieusement, n'ont guère remarquée. Des observateurs allemands ont d'abord cru que le fort avait subi une attaque française particulièrement réussie, d'autant plus que partout couraient dans le champ de bataille des figures criant de douleur, méconnaissables, les uniformes en lambeaux et les visages, bras et corps si noircis que des soldats des régiments voisins firent courir la rumeur que des soldats noirs (donc français) sortaient déjà du fort. Dans la panique d'une attaque supposée, certains de ces « Noirs » ont même été abattus…

On ignore aujourd'hui encore les raisons précises de l'énorme explosion qui s'est produite dans une casemate du fort ce jour-là. Selon les investigations menées le lendemain, il est vraisemblable que des soldats inattentifs aient tenté de faire chauffer leur café à grand renfort de poudre de grenades à main, comme on le fit très souvent dans les tranchées, et qu'ils n'aient pas pris la précaution de retirer la mèche… Cette « gaffe » aurait entraîné une très forte explosion dans un dépôt de grenades à main ; le feu se serait propagé ensuite dans un dépôt voisin de lance-flammes, avec leur pétrole, si bien que tous ces explosifs ont sauté au même moment, surprenant des centaines de soldats qui avaient trouvé abri dans les casemates et les couloirs avoisinants. Le rapport très détaillé du docteur Hallauer, établi deux jours plus tard, signale que les soldats arrivés sur les lieux du drame ont trouvé des centaines d'hommes qu'ils ont d'abord cru en train de dormir, et qui en vérité étaient bien morts. Des scènes effroyables semblent avoir eu lieu dans d'autres couloirs menant vers la seule sortie : la foule des soldats se ruant hors du fort a piétiné à mort des blessés et des soldats tombés dans la bousculade. Hallauer ajoute qu'il était impossible d'entrer dans le fort par cette porte parce qu'elle était obstruée par les cadavres enchevêtrés.

Le nombre de morts varie selon les estimations entre 600 et plus de 1 000. Hallauer parle de 600 à 800 morts qu'il a comptés rapidement. On ne put les enterrer décemment car il était très dangereux de les sortir du fort, l'entrée étant sous le coup de l'artillerie française. On décida donc de transformer une casemate entière en caveau mortuaire ; les cadavres y furent déposés par couches et aspergés de chaux. Peu furent identifiés, en raison des énormes blessures qu'avait produites cette gigantesque explosion. On érigea un mur pour fermer la casemate. Un drapeau et une plaque commémorative y furent installés. Personne n'y a plus touché depuis. L'endroit est resté sacré jusqu'à nos jours.

Quatre mois plus tard, l'armée française connut une tragédie analogue.

4 septembre 1916 : le tunnel de Tavannes

Ce tunnel, long de 1 200 mètres et large de 5, avait été construit avant 1870 pour la ligne, alors à voie unique, Verdun-Metz. Il se situait entre le fort de Vaux et celui de Tavannes, un secteur très disputé. Ses entrées étaient très dangereuses si l'on repérait mal la fréquence des obus allemands, mais il offrait des garanties de sécurité maximales. Aussi avait-il été utilisé pour répondre aux besoins les plus divers au fur et à mesure qu'ils se présentaient.

À l'entrée ouest, protégée par des sacs de terre, un groupe électrogène tournait en permanence ; suivaient, alignés le long du mur droit pour laisser à gauche un passage où l'on avait installé une voie ferrée de 60 cm, une douzaine de cabanes en bois ou en tôle, avec le bureau, la popote et la cuisine de l'état-major du lieu, trois étages de couchettes pour les téléphonistes, brancardiers, coureurs et autres, la baraque du colonel – 2 mètres sur 3 –, le central téléphonique et les pigeons voyageurs. Dans une obscurité grandissante, venaient ensuite les latrines sur un terre-plein avec deux lunettes seulement, un magasin de matériel et de munitions avec des caisses de grenades et de cartouches, une lampisterie. Le tunnel était alors coupé en deux dans le sens de la hauteur sur une vingtaine de mètres, pour accueillir le poste de secours, avec des chirurgiens opérant sous des lampes noires de mouches. Enfin, le « bureau d'eau », où l'on répartissait à raison d'un litre par homme l'eau amenée dans de grands bidons de laitier, puis des chambrées[63].

L'activité ne cessait pas dans ce tunnel où toute distinction entre le jour et la nuit était abolie. Une circulation intense : « des corvées d'eau, de munitions, de vivres ; des troupes qui montent, d'autres qui descendent, des brancards de blessés qui reviennent de la bataille, puis sont évacués[64] ». Le bruit constant du groupe électrogène. Des odeurs puissantes, de sueur, de cuisine, d'éther, d'ordures.

> La boue s'étale gluante, des milliards de mouches volent en tous sens et tapissent les parois du tunnel ; dans tous les coins et sur les multitudes d'immondices, accumulées partout, grouillent les asticots et les contorsions de leurs petits corps blancs amènent des nausées de dégoût ; l'air, chargé de chaleur humide et imprégnée d'odeur de cadavres, de putréfaction, de sécrétions acides, de corps en sueur et de fientes humaines, est irrespirable ; les gorges se contractent en un réflexe nauséeux[65].

Si répugnant fût-il, ce caravansérail en forme de cloaque pestilentiel ne l'était pas davantage que la plupart des vrais abris comme les forts, et l'on s'y engouffrait avec un profond soulagement, puisque les obus n'y tombaient pas. L'effectif vivant dans le tunnel variait en fonction des relèves, mais il dépassait facilement le millier[66]. Les territoriaux qui assuraient les corvées et cantonnaient dans le tunnel travaillaient au-dehors.

Or, le 4 septembre, autour de 21 heures 30, un accident mal élucidé survint à l'entrée ouest, où un convoi de mules apportait des caisses de grenades et de fusées. La cabane du groupe électrogène prit feu, plongeant le tunnel dans l'obscurité. L'incendie se propagea aux baraques voisines, provoquant la panique. On sait mal ce qui s'est passé ensuite, car l'explosion des munitions a tué la plupart des officiers et soldats qui se trouvaient entre le dépôt et l'entrée du tunnel. On sait seulement que ce fut d'une violence extrême. Les corps des victimes furent réduits en poudre. Le feu dura deux jours entiers, et « l'on ne put tenter la traversée du tunnel que le 11 septembre[67] ».

Le nombre officiel des victimes, donné par le commandement, est de 8 officiers et 466 hommes dont une centaine du service de santé. Il est possible que Nivelle ait minimisé ces pertes, car le chiffre semble faible. Mais les corvées de territoriaux étaient sorties à la nuit tombante. Le 24e régiment de territoriaux avait deux compagnies cantonnées dans le tunnel et, s'il y a perdu 191 hommes, 170 étaient au-dehors et ont échappé à la tragédie[68]. Il est donc impossible de donner un chiffre. Il reste que ces morts auraient pu être évitées.

Moins frappante que la catastrophe allemande de Douaumont, car survenue dans un lieu moins symbolique, la tragédie française de Tavannes achève le tableau des horreurs de la guerre. On peut donner sens à la mort au combat, si affreuse soit-elle, et les discours s'y emploient avec un succès inégal suivant ceux qui les prononcent, ceux qui les reçoivent et le moment où ils se tiennent. Mais comment justifier ces morts somme toute « accidentelles » ? Elles font pourtant partie, elles aussi, de la guerre : celle-ci met en œuvre trop d'engins de mort, dans des conditions trop improvisées et trop précaires, pour qu'on puisse conjurer les accidents. À la guerre, la mort rôde partout, et c'est dans les refuges les plus sûrs qu'elle est sans doute la plus horrible…

CHAPITRE VI

Sortir de l'enfer

L'enfer de Verdun n'est pas éternel, même s'il a paru bien long à ceux qui y furent jetés. Mais enfin, les soldats conservaient l'espoir d'en sortir, et d'en sortir vivants. Quelles qu'aient été leurs souffrances, ce fut le cas d'une grande majorité d'entre eux. Pourtant, les groupes clairsemés qui descendaient du front étaient bien différents des unités constituées qui montaient en ligne. Beaucoup d'hommes étaient restés là-haut, et d'autres avaient déjà quitté la ligne de feu : certains s'étaient évacués eux-mêmes ou l'avaient été parce que blessés ; d'autres, moins nombreux, étaient tombés aux mains de l'ennemi. Quand elle ne s'achève pas par la mort, la bataille se termine, pour les soldats, par la relève, la blessure ou la capture qui, comme la désertion – mais celle-ci est trop rare pour qu'on s'y attarde –, pose toute la question du moral des soldats.

La relève descendante

La relève est une délivrance, et les soldats l'attendent avec impatience, comme le terme – provisoire – de leur calvaire. Cet espoir est excessif, ils le savent au fond d'eux-mêmes, mais il faut fractionner le temps pour affronter souffrances et risques. La relève est l'échéance rapprochée à laquelle il s'agit de parvenir vivant. Aussi l'impatience redouble-t-elle quand un événement imprévu, une relève montante qui se perd ou arrive trop tard, une attaque ennemie, obligent les soldats à rester en ligne un jour de plus.

L'annonce de la relève exerce un effet magique : la fatigue n'a plus d'effets. Voici le téléphoniste Delfaud, qui revient de réparer une ligne en avant. La compagnie hors rang à laquelle il appartient est un peu plus en arrière du front, moins exposée. L'urgence de décamper s'impose pourtant :

> À Moulainville, le lieutenant et le reste de l'équipe téléphonique nous attendaient pour partir. Dès notre arrivée, et sans prendre le temps de nous laisser mettre nos sacs, voilà que tout le monde se sauve comme une bande de lapins, avec une hâte assez compréhensible[1].

Les Allemands sembleraient partir moins vite et mieux respecter les consignes. Telles ces deux compagnies qui reçoivent l'ordre de partir, longtemps attendu : « Là on ne vit plus la fatigue dans les visages. À la hâte on a rassemblé le fusil et le paquetage et en marche régulière nous sommes descendus du mont de Vaux – que nous appelions mont des Oliviers. Premier arrêt au ruisseau de Vaux pour boire[2]. » Ou encore d'autres compagnies relevées qui se préparent à quitter la première position :

> Quelques mots, une poignée de bons conseils et peut-être même une bonne blague avant de partir. Et puis les soldats relevés descendent rapidement dans le ravin. [...] Mais combien est fatigante cette marche qui ne finit pas heure après heure [...]. Même l'espoir de trouver du repos ne compte plus. Au mieux, le repos sera de 4 jours, dans de mauvais quartiers. Et puis ce sera comme avant. On aimerait ne plus se planter ici, et dormir enfin, ne faire que dormir[3].

S'agit-il d'un secteur moins harcelé que d'autres ? Ou la relève est-elle ici devenue une routine ? Il se pourrait que la noria induise ici des différences de comportement : les soldats allemands qui quittent la première ligne savent en effet qu'ils y reviendront, tandis qu'à tort ou à raison, leurs adversaires vivent au contraire la relève comme une délivrance définitive.

En première ligne, il arrive pour eux qu'elle prenne une allure de « sauve-qui-peut ». Dès son annonce :

> Des ombres surgissent de tous les trous ; le bois Nawé en est plein et les voilà qui s'enfuient, s'enfuient courbés sous les fulgurations et comme chassés vers les ténèbres par les clameurs du jugement dernier. Alors nous nous sommes échappés comme des forcenés à travers les cratères, les abatis et les cadavres, escaladant les parapets, roulant dans la boue et rouspétant toujours. Des éclats de souche, des morceaux de roc à chaque instant nous déchiraient les jambes : nous ne sentions rien. Nous allions, nous allions emportés devant nous par une furie d'allégresse. Jusqu'au matin nous avons couru vers le sud, passant dans des villages en ruine sans même nous arrêter, sans même les nommer[4].

Ce témoignage dit bien les sentiments des soldats relevés, mais il oublie leur passage par le boyau : courir sur le champ de bataille troué d'obus, sans protection contre ceux qui tombent, est prendre le risque de se faire tuer ou blesser au dernier moment. René Naegelen est plus bref, mais plus réaliste : « 23 heures. Ils ont couru comme des fous, tout droit, enjambant les cadavres, jusqu'au boyau, à travers le plateau retourné où s'abattent sans trêve les percutants[5]. » Mais le boyau du retour est le même que celui de la montée, avec un peu plus de boue et un peu plus de cadavres. Il est tout aussi encombré de corvées diverses et d'unités montantes.

> Le courant qui monte cache sous une apparence résolue et martiale un peu d'anxiété, dont on ne le saurait blâmer. Le courant qui descend est heureux de vivre, bien que fiévreux encore de ses durs combats : loqueteux, amaigris et fatigués[6].

Le spectacle des « revenants » est en effet impressionnant. Par leur petit nombre tout d'abord. Ceux qui montent savent à quoi ressemble une compagnie, un bataillon, et ils mesurent l'ampleur des pertes au premier coup d'œil, comme ces hommes qui regardent « avec des yeux effrayés » un groupe qui se révèle être le reste d'un régiment, quand ils le prenaient pour une compagnie[7]. Ou encore ce groupe de soldats allemands relevés : « Leur apparence est lamentable. Ils sont au trot, couverts de glaise et de boue, les vêtements déchirés, abattus et affamés. Ils font partie du 15e régiment d'infanterie bavarois et sont sous les ordres d'un sous-officier. “Compagnie halte-là !” crie-t-il après un moment. Et là on peut compter qu'ils ne sont que 53 hommes. Voilà ce qui reste de la “compagnie”[8]. »

Mais leur aspect physique est tout aussi parlant. Les témoignages abondent. « Les habitants regardent défiler avec stupeur nos colonnes de spectres. De jeunes garçons effarés suivent le cortège de nos hommes, examinent leurs lambeaux sordides, leurs visages creux marqués de fange[9]. » Georges Gaudy n'a rien vu de plus poignant que le défilé de deux régiments redescendus du front :

> Ce furent d'abord des squelettes de compagnies, que conduisait parfois un officier rescapé s'appuyant sur une canne ; tous marchaient ou plutôt avançaient à petits pas, les genoux en avant, ployés sur eux-mêmes, et zigzaguant comme pris de boisson. Puis vinrent des groupes qui étaient peut-être des escouades, peut-être des sections, on ne savait pas[10] ; ils allaient, la tête penchée, le regard morne, accablés sous leur barda, tenant à la bretelle leur fusil rouge et terreux. C'est à peine si la couleur des visages différait de celle des capotes. La boue avait tout recouvert, avait séché, et d'autre boue avait à nouveau tout souillé. Les vêtements comme la peau en étaient incrustés. [...] Eux ne disaient rien, ne geignaient plus. Ils avaient perdu jusqu'à la force de se plaindre. On voyait dans les regards un abîme inouï de douleur quand ces forçats de la guerre levaient la tête vers les toits du village. Et dans ce mouvement, leurs traits apparaissaient figés dans la poussière et tendus par la souffrance ; il semblait que ces visages muets criaient quelque chose d'effrayant, l'horreur incroyable de leur martyre[11].

Nous ne nous attarderons pas sur les épisodes qui marquent le retour à l'arrière, l'appel que font plus ou moins tôt les gradés, et les hommes joyeux qui répondent présent ou répondent qu'un tel est resté là-haut, ou qu'il a été blessé, les premiers repas et les premiers sommeils, la toilette, l'épouillage, le courrier reçu et envoyé. La fatigue se fait sentir.

> Une faiblesse extrême s'appesantit ; les membres sont mous, flasques ; la poitrine vide, la respiration profonde, toujours insuffisante ; le cerveau comme anéanti : plus de mémoire, plus d'attention ; impossible de lier deux idées. La sensation de faim s'impose aussi avec anxiété. [...] Notre premier repas fut pris avec avidité ; ce fut un vrai repas de fauves[12].

Quelques jours plus tard, et plus loin du front, là où les obus ne tombent plus, voici le spectacle d'une division relevée :

> Nos soldats se promènent à travers les prairies odorantes, heureux de flâner, de causer, de respirer librement. Il y a de bons sourires au fond des yeux qui se disent bonjour. Sur ces physionomies reposées se lit la satisfaction de se revoir après avoir traversé le même drame, la joie de se rappeler et aussi la joie d'oublier. On se raconte ses émotions, et l'on se hâte de parler d'autre chose pour n'y plus penser, après quoi l'on revient encore aux grands souvenirs[13].

Cette immense décompression est dominée par un sentiment unanime, que résume un témoin : « La joie coule dans mes veines, la plus grande joie peut-être depuis que je suis né. Je suis vivant après Verdun[14]. »

Les blessés

Tous n'ont pas cette chance. Les blessés sont entre la vie et la mort. La vie, s'ils ne sont pas trop gravement touchés et s'ils sont évacués à temps, la mort dans le cas contraire. C'est pourquoi mieux vaut être blessé en fin de journée qu'en début : les chances d'être secouru sont moins faibles car les brancardiers ne relèvent les blessés que la nuit, à la fois par nécessité du fait des bombardements et, en France, par ordre du commandement qui fixe des horaires[15]. Mais de toute façon, les blessés vivent un véritable calvaire, pour reprendre le titre du remarquable chapitre que leur a consacré Gérard Canini[16]. Ce chemin de croix comporte généralement trois stations après la blessure, le poste de secours, l'ambulance[17] et l'hôpital, même si les nécessités de la bataille modifient souvent ces distinctions.

La blessure est un choc, dont le blessé ne réalise pas toujours immédiatement la nature :

> Et voici que moi aussi, je suis tombé. Je suis tombé sans un cri, sans un geste, là, dans la boue. Je suis tombé sans même comprendre que je tombais : un petit choc sec, brutal à la poitrine et puis un brouillard devant mes yeux. Des bras rudes et forts m'ont soutenu, ont couché dans un trou d'obus mon pauvre corps inerte. Des mains ont calé ma tête. Des yeux amis m'ont interrogé[18].

Celui-là est un officier qui a la chance d'être immédiatement soutenu. Beaucoup doivent attendre, parfois longtemps, d'être relevés. Certains même, dans les boyaux, sont ignorés ou même involontairement piétinés. Delvert passe à côté d'un blessé qui a la jambe brisée : « Personne ne se porte à son secours. On sent que les hommes sont abrutis par la préoccupation de ne pas quitter leur compagnie et aussi de ne pas s'attarder dans un endroit où pleut la mort[19]. »

Le sort des blessés fut certainement pire côté français au début de la bataille, en raison de l'impréparation et du bombardement, qui obligea à abandonner les hôpitaux de Verdun. Effroyable est le spectacle des ambulances de division ou de corps d'armée installées à la hâte dans les faubourgs de Verdun, à Glorieux à l'ouest, dans les caves des casernes Marceau au nord, dans celles d'un hôpital militaire tout neuf, détruit par les bombes, à Saint-Michel. Ces premiers jours furent épouvantables. L'intensité du bombardement multipliait et le nombre et la gravité des blessures, submergeant des postes de secours mal équipés qui se trouvaient eux-mêmes sous le feu. À Bras, le 22 février, le médecin-chef est tué ainsi que la moitié des brancardiers. Les blessés affluent, qui veulent tous partir, et les voitures d'ambulance trop peu nombreuses où ils s'entassent sont ralenties par la pagaille et les embouteillages. On improvise. Il faut préciser – c'est une conception du GQG qui fera des ravages en 1917 au Chemin des Dames – qu'en France le service de santé n'avait pas alors communication de l'effectif et de la répartition des troupes[20]. L'hôpital de Baleycourt, sur lequel devaient être évacués les blessés, n'était qu'« une hôtellerie de passage » : pas un médecin « n'aurait osé prendre un bistouri », témoigne Mignon, le médecin général qui commande depuis le 1er février le service de santé de la RFV[21]. Il y règne une indescriptible horreur.

Georges Duhamel, l'un des chirurgiens que Mignon fait venir d'urgence, arrive à Glorieux dans la nuit du 27 au 28 février. Des blessés attendaient là depuis quatre jours, couverts de boue, de vermine et de crasse, avec des pansements primitifs :

> Nous ouvrions une porte, et, aussitôt, les hommes qui gisaient là se mettaient à crier de toutes leurs forces. Certains, couchés sur leur brancard, au ras du sol, nous saisissaient par les jambes et suppliaient que l'on s'occupât d'eux. Quelques infirmiers affolés s'élançaient au hasard, mais n'arrivaient pas à satisfaire aux besoins d'une si vaste souffrance[22].

Impossible de les soigner tous, alors que l'épuisement, la fièvre, la gangrène les minent : beaucoup meurent avant d'être soignés. Leur orientation vers les HOE[23], qui sont équipés pour une chirurgie lourde, traitent les inévacuables et font partir les convois sanitaires vers l'arrière, est difficile sur des routes embouteillées et bombardées. Le HOE de Baleycourt, à 9 km à l'ouest de Verdun, reçoit 6 700 blessés en cinq jours, du 22 au 26 février, alors qu'il dispose de 350 lits et de 5 chirurgiens. Un obus qui tombe à proximité le 28 déclenche une panique chez les blessés, et le commandement le fait évacuer et regrouper à Vadelaincourt le 29. La remarquable étroitesse du front, que Mignon relève comme bien d'autres, oblige en effet à implanter les HOE plus au sud, notamment à Landrecourt, Souilly et Vadelaincourt, le centre de chirurgie le plus important[24]. La situation est très différente de celle qui prévaut côté allemand où, au début de la bataille, les blessés sont moins nombreux et moins graves, et les secours mieux organisés.

Sur le front, en revanche, la situation des Allemands se rapproche très vite de celle des Français, au fur et à mesure que s'intensifient les tirs d'artillerie. Les blessés sont partout sur le champ de bataille. Leurs cris ou leurs gémissements se font entendre entre les explosions des obus. Leurs camarades les secourent s'ils le peuvent, mais, à côté de dévouements admirables, les exemples d'indifférence ne sont pas rares. Certains blessés peuvent marcher et tentent de gagner le poste de secours, coûte que coûte ; d'autres y parviennent soutenus par un camarade ; d'autres enfin attendent la nuit et les brancardiers qui – au risque de leur vie, car ce sont des cibles très visibles – viennent les relever, mais parfois n'arrivent pas ou ne les voient pas.

> La relève des blessés n'a jamais pu se faire qu'à tâtons, sans lumière, sans lanterne, au hasard du jugement, n'ayant souvent pour guide que l'appel du blessé. Combien furent oubliés qui ne furent relevés que la nuit suivante[25] !

Il arrive cependant parfois que les combattants laissent les brancardiers faire leur travail en plein jour Le 3 juin, Delvert note : « Les brancardiers allemands viennent relever les blessés. J'empêche de tirer[26]. » Et Beumelburg met en scène des soldats allemands qui, un mouchoir blanc attaché à un fusil, vont chercher un blessé dans un trou d'obus, le trouvent mort et laissent les Français réoccuper l'entonnoir[27].

Les postes de secours sont à quelques centaines de mètres du front. Ce sont des abris sommaires, où les blessés s'accumulent dans des conditions abominables, d'« infâmes cloaques » (Canini). Delvert décrit celui qui accueille ses blessés :

> Le poste de secours est fait pour six ou huit blessés au plus. Et il en arrive de toutes parts, les miens d'abord, ceux des premières lignes ensuite. C'est une vraie boucherie, pleine de sang et de râles. Sur les chairs blanches, des filets de sang vermeil ; des faces décomposées, des lambeaux de linge où restent des lambeaux de chair. Une odeur écœurante dans le fond, près d'une bougie, l'aide-major avec l'aumônier, les mains pleines de sang, ne s'arrêtent pas de panser. Et tout autour, dans les ténèbres, s'écrasent les obus, sans un instant de répit, achevant les blessés qui n'ont pu trouver de place à l'intérieur[28].

L'aide-major Lavy n'est pas très loin de là, à 100 mètres de la ferme de Thiaumont. Son poste de secours est « un trou recouvert de planches et de branchages pourris ». On retrouve ici la difficulté à creuser de véritables abris dans un sol rocheux, une des particularités de Verdun. Le 22 mai, jour il est vrai où Mangin tente de reprendre le fort de Douaumont, il regorge de blessés :

> Nous faisons des pansements sans discontinuer et nous disons par signes ce que nous avons à dire : on ne peut même pas s'entendre. […] Plaies légères et délabrements affreux. Je panse tout de mon mieux. Un malheureux de qui j'essaie de garrotter la fémorale est blessé d'un éclat profond dans la poitrine pendant que je le panse. Un jeune caporal m'arrive, tout seul, avec ses deux mains arrachées au ras des poignets. Il regarde ses moignons rouges avec des yeux exorbités. [C'est un sculpteur…] Pansements toute la nuit, souvent en pleine obscurité, en « tâtant » les plaies. La moindre lueur de lampe électrique provoque une rafale de mitrailleuse. Avec cela nos mains sont sales, pleines de terre et de sang. […] Nous sommes exténués : depuis le 17, nous n'avons pas dormi une heure par

> nuit. Un camarade, commotionné, devient brusquement fou. Nous sommes obligés de nous battre avec lui [...]. Enfin nous arrivons [...] à le ligoter sur un brancard.
>
> Ceux qui peuvent se traîner partent seuls. Les blessés légers servent de brancardier. L'un d'eux, qui vient d'avoir le thorax percé de part en part, a l'énergie d'aider à porter un blessé plus gravement touché.
>
> Quand tombe la nuit et que les relations sont devenues possibles avec l'arrière, tous ces pauvres diables vous tendent les mains, vous suppliant de les évacuer : « Ayez pitié de moi, je sens que je vais mourir. – Et moi, je ne peux plus : il y a trois jours que je suis là[29]... »

Il faut passer en effet la journée entière au poste de secours si l'on y est arrivé le matin, car, on l'a vu, les évacuations ne commencent qu'à la nuit. L'attente est longue, des deux côtés du front, et les brancardiers ne peuvent évacuer tous les blessés à leur premier passage. Voici un témoignage allemand, semblable à bien des témoignages français :

> Enfin, au petit matin arrivent les hommes d'une compagnie sanitaire. Ils veulent prendre les blessés graves, surtout le capitaine. Mais celui-ci refuse carrément : "D'abord les blessés graves qu'il faut porter, moi je peux marcher [...]". Nous libérons l'escalier et faisons notre petit paquetage dehors. Les pauvres bougres sont remontés par l'escalier à grand-peine, puis les brancardiers disparaissent avec eux dans le paysage des entonnoirs[30].

Beaucoup de blessés meurent au poste de secours qu'ils encombrent. On n'a pas le temps de les enterrer et on les jette, on les empile parfois au-dehors, où les obus de l'ennemi achèvent de les déchiqueter.

Un peu plus en arrière, quand la distinction subsiste, les postes de secours régimentaires, souvent installés dans des forts, sont plus sûrs mais tout aussi surpeuplés, nauséabonds, encombrés de détritus, entourés de cadavres. Pour installer un poste dans le tunnel de Tavannes, il faut enlever les immondices, les asticots, badigeonner le sol et les murs au crézil[31]. Dans celui des Quatre-Cheminées, on pénètre par un escalier et l'air empesté vous y prend à la gorge[32]. Mais l'abri est moins précaire, le personnel plus nombreux – en principe, 4 médecins, 12 infirmiers, 35 brancardiers –, les soins plus sérieux.

Les pratiques allemandes sont identiques, même si, semble-t-il, les installations sont à peine moins sommaires. Celle-ci comporte plusieurs salles et une liaison par voie ferrée, bien qu'elle ne soit pas très loin du front :

> Près de la ferme des Chambrettes, un médecin de campagne anxieux [...] me panse. Il examine mes blessures et constate que j'ai été touché par des éclats de grenades. De fait il en trouve un dans ma hanche gauche et l'en retire. Puis il me fait une injection contre le tétanos et me déclare incapable de marcher. Il me désigne une salle où il y a plusieurs blessés couchés par terre et me dit que nous serons transportés à Azannes par le chemin de fer de campagne. Nous attendons longuement. Je perds patience. C'est pourquoi je m'échappe et cherche à aller à pied à Azannes, qui est à une heure et demie. Je connais bien le chemin [...]. Depuis le bois de Fosse, j'arrive sur le plateau et ne puis continuer ma marche. Là un soldat du train prussien arrive sur sa charrette et quand il me voit couché sur la bordure du chemin, complètement paumé, vêtements déchirés et couvert de sang, il prend pitié et consent à me transporter à Azannes au poste de collecte des blessés. [...] Le soir, le train des blessés part pour Montmédy. Il y a plusieurs centaines de blessés, dont moi[33].

Montmédy est l'équivalent pour les blessés allemands de Bar-le-Duc pour les Français. On voit bien fonctionner ici les trois stations : poste de secours, ambulance, hôpital.

Du poste de secours aux ambulances divisionnaires, l'évacuation est une expédition risquée. Même si elles ont été poussées au plus près du front, le parcours est parfois de 2 à 3 km. Sur un brancard ou une toile de tente, voire sur une poussette, la descente des boyaux boueux et bombardés, parcourus en sens inverse par les relèves et les corvées, prend des heures. Le blessé est secoué, bousculé, malmené. Les brancardiers – trois ou quatre pour un blessé – ont un dur travail : les boyaux sont aussi pénibles pour eux que pour quiconque, mais le brancard prend plus de place qu'un chapelet de boules de pain ou des bouthéons de rata ; il leur faut contourner les obstacles, et cependant les obus continuent de tomber. Il arrive qu'ils déposent le brancard pour se cacher dans un trou, laissant le blessé exposé, qui parfois meurt d'un obus ou d'un éclat. Quand ils sont arrivés, ils repartent pour le poste de secours évacuer un autre blessé, parfois à plusieurs reprises. Et tout cela dans la nuit…

L'ambulance est mieux équipée. Les blessés qu'y amènent les brancardiers, ou qui y parviennent par eux-mêmes, en repartent en véhicule automobile, des deux côtés du front. Voici une ambulance allemande, dans une maison à moitié détruite dont une fenêtre porte un drapeau de la Croix-Rouge :

> À côté de moi un homme de l'infanterie touché à la poitrine […]. À côté un Bavarois, un tout jeune garçon, dont la rotule avait été enlevée par un éclat de grenade. Il était assis dos au mur, sa tête blonde tournée en arrière, pendant que le médecin tentait d'arrêter l'hémorragie. Il arrivait encore un autre transport de blessés. Le médecin ne savait plus où les mettre. La chambre était pleine. Dehors, il y en avait déjà beaucoup et il en arrivait toujours de nouveaux. L'automobile n'était toujours pas arrivée pour les transporter à l'arrière. […] Enfin arrive une ambulance. Les 12 hommes les plus grièvement blessés, dont moi, sont évacués. […] Nous nous arrêtons face à l'hôpital d'un petit lieu d'étape. On a préparé 12 brancards pour nous recevoir. Alors nous sommes transportés dans la salle des interventions. C'est un lieu où le malheur s'accumule. Supporter ce qu'on vit ici lors d'une journée de grande bataille est hors de portée même des nerfs du guerrier le plus éprouvé. D'abord c'est l'odeur oppressante d'éther de l'anesthésie, et puis l'on voit des corps allongés sur de longues tables, l'un à côté de l'autre, le médecin penché sur eux, pour réparer ce qui est encore réparable. Et les cris des blessés[34]…

C'est aux ambulances que se fait le triage principal, entre blessés transportables et ceux qu'il faut diriger vers tel ou tel HOE, suivant la nature de la blessure. En France, le service de santé s'est rapidement organisé et, en mai, les 80 équipes chirurgicales qui exercent dans la zone de la IIe armée disposent de groupes électrogènes – les blessés arrivent la nuit – et d'installations de radiographie. Les HOE de la région de Verdun ressemblent à ceux des autres fronts. Ce sont les mêmes tentes ou baraques, les mêmes tables d'opération, les mêmes odeurs, les mêmes souffrances. Les témoins y découvrent le même spectacle qu'ailleurs. En septembre, Barescut visite l'un d'eux, et il est impressionné :

> Un docteur impassible coupait la jambe à un malheureux petit soldat, je vois et quelques minutes après, un infirmier sort portant la jambe à bout de bras avec quelques linges sanglants et jette le tout dans une grande caisse en zinc remplie de détritus de corps[35].

Guy Hallé est frappé par le spectacle et l'odeur « d'une meule de pansements souillés que deux hommes en calot chargent à la fourche dans un grand four de brique[36] ». Mais ce n'est que la routine macabre des HOE, de même que le cimetière voisin où l'on enterre, jour après jour, les blessés qui n'ont pas survécu[37].

Malgré l'horreur et la mort qui les hantent, les services de santé, français comme allemand, représentent cependant des îlots d'humanité. Des deux côtés, on soigne les blessés ennemis, comme si la blessure faisait passer l'adversaire du statut d'ennemi qu'il faut tuer à celui de semblable qu'il faut respecter, soigner et si possible guérir. En général, on n'achève pas les blessés, et si on le fait parfois, c'est par pitié, pour abréger une agonie sans espoir. Les blessés que l'ennemi soigne et guérit, comme Charles de Gaulle, deviennent alors des prisonniers.

Les prisonniers et le moral des soldats

La capture

La vie des prisonniers de guerre dans les camps, après leur capture, ne nous intéresse pas ici. Notons cependant qu'il y avait des prisonniers allemands au travail à Verdun. Il existait en effet à Souilly un camp de prisonniers, qui travaillaient 11 heures par jour à proximité du front, dans des conditions de vie sans doute moins dures que celles des soldats, mais non conformes aux conventions de La Haye de 1907. Ils déchargeaient des vivres, des munitions, du matériel[38], creusaient des abris, et tout cela à moins de 30 km du front, ce que les Allemands dénoncèrent[39]. Nous ne savons pas si ces prisonniers avaient été capturés sur le front de Verdun. Symétriquement, on l'a vu, les Allemands utilisèrent un nombre important de prisonniers pour les travaux de préparation de l'attaque du 21 février.

Les prisonniers de guerre sont plus mal considérés en France qu'en Allemagne ou en Grande-Bretagne[40] : quand *La Marseillaise* déclame « Sachons vaincre ou sachons mourir », elle assigne aux prisonniers la place des lâches. Celui qui se rend est toujours suspect de n'avoir pas voulu mourir. La réalité, comme toujours, est moins simple. Quand des soldats se laissent capturer par centaines, c'est qu'en effet leur volonté de se battre fléchit. Mais il arrive aussi que des soldats soient débordés par un ennemi plus rapide, qu'ils n'ont pas vu venir, ou qui manie des armes si terribles – les lance-flammes – que toute résistance semble inutile. Voici certains chasseurs de Driant, encerclés dans un abri ; un Allemand apparaît à l'entrée qui demande, revolver à la main : « Y a du monde là-dedans ? » Réponse : oui. Demande : « Camarades ? » La réponse ne peut être qu'un oui. Et l'Allemand de répliquer : « Bonjour, camarades ; beau jour pour vous ; guerre finie pour vous, camarades, tandis que nous, tous kaputt[41] ! » Et pourtant, la réputation des chasseurs de Driant n'est plus à faire.

Le moment de la capture est critique : celui qui sort de l'abri ou de la tranchée en levant les bras, et en disant le même mot : « camarade ! » dans l'une ou l'autre langue, craint toujours le coup de feu qui l'abattrait. C'est pourquoi les redditions sont généralement collectives : le premier qui se montre prend pour lui les risques. Il est même des redditions spectaculaires, comme celle du fort de Vaux, le 9 juin, où les Allemands rendent les honneurs militaires au commandant Raynal et à ses hommes. Mais parfois l'attaquant tombe sur des soldats tellement hébétés par les bombardements, l'épuisement et la fatigue, ou simplement sous le coup de l'onde de choc provoquée par l'explosion proche d'un gros calibre – on en a vu qui tordaient les fusils ou les cartouches –, qu'ils sont comme évanouis et qu'il n'y a qu'à les ramasser. Il est aussi des unités plus ou moins petites qui, à bout de munitions, sont contraintes à la reddition, et des soldats qui se rendent individuellement, des déserteurs passés à l'ennemi, sources précieuses de renseignement pour lui.

Une fois capturés, les prisonniers ne sont pas à l'abri du danger. Comme les soldats ennemis qui les entourent, ils sont sous le feu de leur propre artillerie et doivent se cacher dans des trous, attendre que la canonnade s'interrompe pour partir à l'arrière sous la conduite d'un ou deux plantons, ou de blessés légers. On en voit aider les brancardiers à transporter des blessés et descendre avec eux au poste de secours où ils seront évacués, comme le raconte un Allemand, au bois de Fosse :

> Il arrivait toujours des blessés. Puis des prisonniers. Ils marchaient comme des flâneurs bons enfants. Quelques-uns parmi ces Français marchaient sans aucun contrôle dont ils n'avaient pas besoin en effet. Ils étaient contents d'avoir fui l'enfer. Derrière la forêt ils firent une petite pause. Car ils avaient dû beaucoup courir sous le même feu qu'avaient traversé nos blessés. Arrivaient des brancardiers, morts de fatigue : « Hé, Français, tu ne veux pas nous

aider un peu ? » C'est ce que les Français firent bien volontiers. Car sur ces chemins-là personne n'est plus l'ennemi de l'autre, et toutes les souffrances sont égales[42].

Le comportement des prisonniers varie suivant les individus, mais aussi selon les grades. Les hommes de troupe fraternisent volontiers, donnent aux ex-ennemis des trophées de guerre, bouton d'uniforme, épaulette, etc. Inversement, ils reçoivent parfois à boire ou à manger. La curiosité l'emporte sur la haine. Voici par exemple des soldats allemands qui descendent du fort de Vaux et qui donnent à boire à des tirailleurs sénégalais[43]. Les officiers ont intégré les valeurs militaires et tiennent à honorer leur grade, parfois avec une certaine arrogance. Il leur faut se montrer digne, sous le regard de l'ennemi. Morel-Journel, au soir du 24 octobre, interroge dans le tunnel de Tavannes une vingtaine d'officiers pris avec leurs hommes. L'un d'eux, un *junker*, se tient le poing sur la hanche. Il lui fait prendre la position militaire « et chaque fois qu'il la quitte, je l'y remets d'un ton sec, et, comme il se plaint qu'on l'ait gardé sur le même plancher que ses hommes, je l'y fais reconduire[44] ». Les hommes sont heureux d'en avoir fini avec la guerre. Voici une colonne de prisonniers qui arrive à proximité du PC d'un colonel, en arrière des premières positions :

> À 18 heures, un détachement de prisonniers allemands comprenant une cinquantaine d'hommes encadrés par des gendarmes à cheval apparaît sur la route. Naturellement, tout le monde descend du bois pour les voir. Un officier marche en tête. Figure intelligente, plutôt sympathique. Passe sans tourner la tête, sans jeter un regard sur la foule des badauds qui se pressent pour voir passer le convoi. Tenue très martiale et très digne. Mais derrière l'officier qui se raidit pour ne rien laisser voir de sa fatigue ou de ses sentiments, suit la troupe des soldats qui ne dissimule [*sic*] ni leur joie d'être pris, ni la fatigue qui les fait trébucher à chaque pas[45].

Quoi qu'il en soit, le commandement est très attentif aux captures : il y voit un indicateur du moral de ses troupes. Mais comme son regard est commandé par le souci de prévenir et de réprimer toute baisse du moral, les conclusions qu'il en tire ne peuvent être acceptées sans réserve par les historiens. Or ceux-ci ne disposent guère, pour apprécier le moral, que de témoignages marqués par la personnalité des témoins. À partir de ces traces, l'on doit pourtant tenter, avec la prudence requise, d'approcher le moral des soldats pendant la bataille.

L'évolution du moral

Tous les soldats, allemands comme français, étaient conscients de l'importance de la bataille dans laquelle ils étaient engagés. « Je sentais au fond de moi que je vivais un des grands moments de ma vie[46] », écrit un prêtre-soldat. On n'est pas dans un secteur ordinaire aux combats, certes meurtriers, mais sans enjeu majeur. Dans une bataille capitale comme celle-ci, la question du moral revêt une importance décisive.

Or, le moral change beaucoup, d'un moment de la bataille à l'autre et, au même moment sur le même lieu, d'une unité à une autre. L'image d'Épinal du soldat de Verdun, inébranlable dans sa volonté de combattre, aussi bien du côté des poilus que des *Frontsoldaten*, est un aspect de la mythification de Verdun : la sacralisation de la bataille entraînait celle de ses acteurs. Et il est vrai que, d'un côté comme de l'autre, dans les conditions inimaginables que nous avons décrites, les soldats ont tenu. Dans l'ensemble, le tableau qu'en dresse Pétain semble exact : « soldat expérimenté, confiant en lui-même et dans ses camarades, orgueilleux de sa réputation, il montait en ligne, assurément sans enthousiasme, mais sans faiblesse, sentant peser sur lui l'exigence des nécessités supérieures de la patrie ; il accomplissait son devoir jusqu'à la limite de ses forces[47] ». Mais on a aussi chanté à l'automne la chanson dite « de Craonne », dans les camions de la Voie sacrée : « Adieu la vie, adieu l'amour /

Adieu toutes les femmes [...] C'est à Verdun, Douaumont ou Vaux / Qu'on va laisser sa peau. » Et l'on a vu au début d'un chemin montant vers le front une pancarte indiquant : « Chemin de l'abattoir »[48]. En fait, il y eut des hauts et des bas. De quoi dépendaient-ils ?

Le moral dépend d'abord de l'enjeu du combat : quand les enchères montent, il se durcit. Au début de la bataille, le moral des soldats allemands est au plus haut, car ils avancent, et dans la perspective mobilisatrice d'une victoire qui mettra fin à la guerre. Cet espoir déçu fait place assez vite à une sorte de résignation. Le mitrailleur Heinrich Koch perd ses illusions au bout d'une semaine[49], mais Franz Marc « ne doute pas une minute de la chute de Verdun et de la percée qui s'ensuivra dans le cœur du pays[50] ». À la mi-mars, l'enthousiasme initial a disparu. Quant aux Français, galvanisés par la nécessité d'arrêter l'avance ennemie, ils se battent avec une conviction et un courage incontestables. Nous avons donné plus haut l'exemple du 95e RI, et cité l'admiration du général Guillaumat pour ses soldats début mars (voir p. 62-63). Le 16 mars, un général écrit à Bazelaire qui commande la rive gauche : « j'ai eu l'émotion de constater qu'une proposition de relève était mal accueillie. [...] Tous comprennent parfaitement la situation et sont décidés à tenir jusqu'au bout[51] ».

Pourtant, au même moment, d'autres unités craquent. Bazelaire aurait été avisé de désertions le 14 mars[52], et une semaine plus tard, deux régiments formant brigade s'effondrent devant l'attaque : le colonel qui les commande est fait prisonnier avec plus de 2 800 soldats et 15 officiers. Pétain a l'impression que leur défense a été « presque nulle[53] ». Cet épisode inspire des craintes dont Poincaré se fait l'écho, parlant même d'un régiment, le 111e, qui serait entré en pourparlers avec les Allemands, Pourtant, le 29 mars, une note destinée à tous les officiers n'hésite pas à affirmer : « Rarement le moral des troupes avait été aussi bon. On remplirait cinquante pages des extraits de lettres où éclatent d'une admirable façon les vertus les plus belles du soldat français[54]. » Alors, que croire ? Il semble que les redditions de Malancourt, imputables à la surprise et à la terreur provoquée par les lance-flammes, aient été à tort mises au compte d'un refus de combattre. À la mi-avril, en tout cas, les craintes sont dissipées. Le 19, Poincaré se dit rassuré, et Tardieu, qui revient de Verdun, déclare à la commission de l'Armée de la Chambre que le moral est superbe : « J'ai vu des compagnies réduites des quatre cinquièmes s'empresser à la contre-attaque[55]. »

Une véritable baisse du moral français semble se produire de la mi-mai à la mi-juin, malgré le rétablissement annoncé des permissions. C'est une période de combats intenses, notamment autour de 304 et du fort de Vaux. Elle est marquée par des événements graves : le refus de monter en ligne de deux compagnies du 140e RI, à Haudainville – une mutinerie – le 14 mai, d'autres refus de monter en ligne rive gauche à la 40e DI, les 23-24 mai à Froméréville, l'embarquement difficile d'un bataillon pour Verdun, à Mourmelon le 26, et l'affaire du 347e RI les 9-10 juin à Thiaumont. Nous reviendrons sur ces événements qui se produisent dans des unités très éprouvées[56]. Le 15 mai déjà, Nivelle relevait une lassitude qu'il attribuait à l'insuffisance de la nourriture, et à celle des tranchées, des boyaux et des abris[57]. Le 17, Barescut pense que des soldats qui devaient faire une petite attaque « ne sont pas sortis ». Les 22-24, l'attaque manquée contre le fort de Douaumont aggrave les choses. « Pour la première fois, écrit Madelin, je vis ce bel état-major de Souilly ébranlé dans son admirable foi ; les troupes allaient, de leur côté, au combat, avec une sombreur insolite[58]. » Le 30, une longue note signée André analyse une crise du moral « dont les conséquences peuvent être très graves ». Des hommes sont montés au front en rechignant ; quelques-uns ont même hurlé *L'Internationale*[59]. Des bruits de « bras croisés » pour le 1er juin circulent[60]. Nivelle s'inquiète[61]. Le rapport du contrôle postal du 3 juin cite des lettres alarmistes : « Je voudrais que tu vois [*sic*] le moral, il est bien changé, nous avons des déserteurs, pas mal et il y en a beaucoup qui ne veulent plus remonter au

Mort-Homme », ou encore : « Je te dirai que lorsqu'il a fallu remonter ici pour la 4e fois, les hommes n'en voulaient plus, car il y a assez longtemps que nous sommes ici sur le front de Verdun, le plus sanglant, carnage infernal, boucherie qui n'a jamais existé. » Pourtant, le 16 juin, Charles Humbert rapporte à la commission sénatoriale de l'Armée que Nivelle aurait évoqué devant lui, à l'imparfait, des « actes de révolte » dans quelques régiments, au pluriel. Ce qui provoque un commentaire plein de bon sens du sénateur Gervais :

> L'affaire de Verdun a provoqué dans l'armée une dépression qui n'est pas douteuse : ceux qui vont à Verdun pour la première fois en sont très contents, ils veulent y être allés ; la seconde fois, ils hésitent ; la troisième, on ne « marche » pas[62].

De toute façon, à la fin du mois, quand la prise de Verdun par les Allemands semble possible, on ne signale plus de défaillance. Madelin note au contraire la fierté des soldats : « Le séjour est horrible, mais on n'en est pas moins fiers pour autant et l'on peut élever la tête d'avoir fait son devoir[63]. »

Une seconde période d'extrême lassitude semble succéder en revanche à ces intenses combats de fin juin-début juillet. Elle concerne surtout des unités en ligne depuis longtemps et se marque notamment par des fraternisations. Marc Delfaud raconte que le 12 juillet des Allemands sont venus jusqu'à une tranchée :

> Du parapet, ils serrent la main aux Français. Ils apportent des cigares, un journal allemand, du pain noir. On leur donne du pain blanc en échange. Ce sont des hommes âgés de plus de 40 ans. Ils promettent de ne pas tirer si nous ne tirons pas – ou du moins, comme ils sont astreints à faire feu de temps en temps, ils tireront en l'air[64].

Cinq jours plus tard, ils font passer un billet aux Français, leur demandant d'envoyer des grenades à 6 heures car leur colonel doit passer. On n'est certes pas dans le secteur le plus incandescent de la bataille, mais cet incident n'est sans doute pas isolé, car le 12 septembre Pétain note des contacts répréhensibles : « Sur certains points du front, des relations se sont établies entre des militaires français et allemands[65]. »

La lassitude est alors extrême. Delfaud – dont l'unité est à Verdun depuis février, il est vrai – écrit, le 8 septembre :

> Le 4e bataillon est remonté hier soir en ligne avec des compagnies qui ne disposaient pas de plus de 50 fusils. Énormément de malades et d'évacués. Les officiers incitent les hommes à se faire porter malades et le major évacue sur Verdun tout ce qui se présente. La démoralisation est aussi profonde chez les officiers qui restent que chez les hommes, et du colonel au dernier sous-lieutenant, l'objectif avoué, c'est de se tirer vivant et le plus tôt possible de cet enfer[66].

Les rapports du contrôle postal enregistrent cette lassitude « qui se traduit même chez des hommes d'un excellent esprit[67] ». Dans une division qui vient de descendre de Verdun, le 22 juillet, on a « l'impression d'une lassitude physique et morale telle que depuis un mois aucun sondage ne nous a suggéré des conclusions aussi défavorables[68] ». Fin août, beaucoup de lettres sont « empreintes d'une grande mélancolie et d'un découragement profond[69] ». Avec les succès de l'automne, le climat change dans le camp français. C'est l'enthousiasme, si l'on en croit les autorités. « L'enthousiasme des troupes est indescriptible », écrit Mangin le 15 décembre[70].

Mais il est bref. L'effet des victoires s'estompe, note Louis Gillet le 18 novembre[71]. Dans son rapport du 25, il cite une lettre significative :

> Il est bien bas notre moral, malgré nos succès. Pour moi, je tiens encore, mais qu'est-ce que j'entends autour de moi ? Rien que dans ma section, sur 45 que nous sommes avec les chefs, il y a 35 antimilitaristes ? C'est assez ennuyeux pour moi, mais ils ont la majorité,

> on n'a qu'à les laisser faire… C'est honteux vois-tu, mais ils ont raison malgré tout. Ce sont les Chefs qui font cela. Trop d'injustice règne. Tous ont été portés à la bonne volonté, mais on a abusé de la bonté de ces hommes et cela casse partout. Tous en ont assez de la guerre, mais on nous tient, et bon gré mal gré, il faut y rester.

Deux thèmes apparaissent dans les correspondances. D'abord, l'idée que la guerre est sans fin : l'Allemagne n'est pas victorieuse, mais elle est invincible. On n'en viendra pas à bout, et en attendant, on va continuer à se faire tuer. La guerre finira quand il n'y aura plus d'hommes et plus d'argent. Ensuite, la mise en accusation, pêle-mêle, de tous les responsables : les embusqués, le gouvernement, et les riches à qui la guerre profite. « Si ceux qui sont à la tête du gouvernement étaient à notre place, la paix serait vite signée[72]. » Cet état d'esprit est certes le fait d'une minorité, et le commandement l'impute, comme on s'y attend, à une propagande qu'il faut combattre. Mais les cadres mentaux des mutineries de 1917 semblent déjà largement en place dans les derniers mois de la bataille de Verdun. Elle a décidément trop duré, et la guerre semble ne jamais pouvoir se terminer.

Au même moment, le moral des soldats allemands semble plus qu'ébranlé, si l'on en juge par le nombre de soldats faits prisonniers, de l'ordre de 6 000 le 24 octobre et 11 000 en décembre. Mais nous sommes très mal informés sur l'évolution de ce moral, faute de sources. Les témoignages sont beaucoup moins nombreux pour Verdun que pour la Somme, et les sources officielles ont brûlé dans les bombardements de 1945. Matti Münch, comme Paul Jankowski, ont relevé quelques traces, trop erratiques pour autoriser des conclusions générales, mais dont la chronologie concorde avec celle que nous venons de suggérer. Début mai, le ministre de la Guerre prussien note dans son journal que, dans le secteur du fort de Vaux, « la troupe refuse parfois de sortir des tranchées[73] ». Début juin, il mentionne le comportement ordurier de fantassins bavarois qui refusent de quitter leur cantonnement[74]. D'autres notations signalent ici des officiers qui ont dû forcer l'arme au poing leurs soldats à sortir des tranchées, là, plus grave, des exécutions capitales, comme dans le secteur de Damloup en juillet :

> Pour la première fois, l'humeur des gens se dégrade. [...] Il n'y a rien d'étonnant si tel soldat déjà découragé s'effondre et si les cas de refus d'obéissance dans notre secteur vont se multipliant. Le général commandant le secteur condamne même à la peine de mort, mais ici elle ne fait même plus horreur. Une de nos compagnies, postée un peu plus à l'arrière, a dû par deux fois fusiller des hommes appartenant à d'autres troupes[75].

Il semble que l'armée allemande ait connu les mêmes formes de lassitude et de désobéissance, sinon de refus de la guerre, que l'armée française, mais à un moindre degré.

Le commandement et le moral

Face à ces comportements, le commandement a sans doute réagi de la même façon des deux côtés. Ce sont l'incompréhension et la répression. L'incompréhension est partielle : les généraux comprennent la lassitude des soldats et l'extrême violence qu'ils subissent, bien qu'ils ne la partagent guère, bénéficiant de conditions de vie incomparablement meilleures et d'une moindre exposition aux dangers. Mais ils ne peuvent l'admettre véritablement. Ils croient que l'offensive est la meilleure méthode pour relever le moral des troupes : « Le moral d'une troupe orientée dans l'offensive grandit dans une proportion qui dépasse les évaluations les plus optimistes », déclare même Nivelle[76]. Joffre voit dans l'offensive la seule façon d'« imposer sa volonté à l'ennemi » et de maintenir un moral élevé, tandis que, pour Pétain, une attitude strictement défensive ne manquerait pas d'amener la dépression des troupes[77]. Pour eux, la guerre est une affaire de volonté. « On ne doit pas permettre à l'ennemi de substituer sa volonté à la nôtre », écrit Nivelle ; Mangin surenchérit : « Une fois la supériorité morale acquise, le succès est assuré[78]. » Et l'on pourrait multiplier les citations.

Ce volontarisme requiert de réprimer les comportements suscités par la lassitude. Le général commandant le conseil de guerre de la 40e DI fait comparaître pour les incidents de Froméréville pas moins de 90 soldats : 22 sont condamnés à mort et 5 exécutés. Nivelle exhorte les officiers à relever le moral des troupes qu'ils commandent et il les en rend responsables[79], ce qui se traduit au bas de la hiérarchie par des comportements caricaturaux. Le 12 juin, Delfaud note ainsi, non sans ironie :

> Au rapport de ce matin, le général de division s'élevait avec véhémence contre l'affaiblissement du moral de la 68e division, la lassitude générale, la résignation qui a remplacé l'enthousiasme du début. Suivaient un certain nombre de considérations à l'usage des gradés sur les mesures propres à relever le moral de la troupe. Avec infiniment d'à-propos, le capitaine Bouneau nous dit que tout homme qui donnera des signes de lassitude sera envoyé incontinent dans la tranchée. Le remède est simple[80].

Il est des incompréhensions plus graves que ces menaces. L'affaire du 347e RI en témoigne. Ce régiment était en butte à des attaques très dures dans le secteur de Thiaumont depuis la nuit du 4 au 5 juin. Au cours de la journée du 8, ses pertes (tués, blessés et disparus) se montent à 31 officiers et 767 sous-officiers et hommes de troupe. Le 9, débordés et à court de munitions, les sous-lieutenants Herduin et Millant se replient sur Verdun avec les hommes qui leur restent. Ce sont de bons officiers qui se sont bien battus. Le 10, un message téléphoné signale qu'on voit devant l'abri des Quatre-Cheminées des hommes du 347e accompagnés de leurs officiers qui s'en vont, disant qu'ils devaient être relevés la nuit précédente par un bataillon de chasseurs qui n'était pas venu[81]. Herduin a la conscience tranquille ; il écrit à sa femme le 10 qu'il va venir en permission et il rejoint spontanément le 11 juin son régiment qui a été retiré en deuxième position dans le bois de Fleury. Sur ordre du colonel qui commande la brigade, Herduin et Millant sont fusillés le 11, sans avoir été déférés à un conseil de guerre. C'était un assassinat[82]. On en discuta en haut lieu. Le ministre demanda des explications. Pétain et Joffre ont couvert ces « mesures de rigueur, nécessaires en la circonstance[83] ». Le 347e fut dissous les jours suivants. L'historien ne peut affirmer que c'était à juste titre.

Il arrive cependant que le commandement soit plus compréhensif. La mutinerie du 140e RI le montre. Ce régiment était sur le front de Verdun depuis le 10 mars, et il était monté en ligne pour la troisième fois. Le 14 mai, il est relevé et cantonne au petit matin à Haudainville. Mais une urgence se déclare du côté du fort de Vaux. Laissons le général qui commandait la division raconter la suite :

> On me prescrivit ainsi de faire remonter en première ligne le 140e régiment le soir même où il descendait du front d'Eix. Hommes et officiers étaient un peu égaillés dans le cantonnement pour prendre un repos très nécessaire. Je fis ressortir l'inconvénient qu'il y avait à demander un nouvel effort à une unité qu'on venait de relever le jour même et je proposai une autre unité à sa place. Ma suggestion fut rejetée et l'ordre de remonter en ligne fut maintenu pour le 140 [...]
>
> La dispersion dans le cantonnement était telle que l'ordre de marcher le soir même surprit tout le monde. Il se produisit en conséquence un très regrettable mouvement d'indiscipline chez un grand nombre d'hommes qui refusèrent de marcher[84].

En fait, deux compagnies refusèrent d'obéir ; il fallut en envoyer d'autres, que les mutins finirent par rejoindre.

L'événement est doublement révélateur. Il met d'abord en évidence une certaine solidarité entre les hommes et leurs chefs. « L'attitude de tous ces hommes a été excusée par tous leurs chefs jusqu'au commandant de la brigade inclus », note le rapport André déjà cité. C'est que les chefs immédiats trouvent absurde de faire remonter en ligne, d'où ils venaient ou presque, des soldats relevés le matin même. Le commandement impose à la division de traduire 35 soldats devant son conseil de guerre, qui en fait fusiller un seul. Et Legrand de conclure : « On le taxa généralement de faiblesse[85]. »

En second lieu, ces hommes n'expliquent pas leur indiscipline par la seule absurdité de l'ordre qu'ils refusent : ils invoquent une justice égalitaire où l'on peut sans doute voir une spécificité française. Il est injuste, à leurs yeux, que ces deux compagnies soient renvoyées en ligne, plutôt que la troisième du bataillon, relevée avant elles. Ce sentiment d'injustice alimente bien des récriminations ; en matière de permissions par exemple, que les officiers aient droit à davantage de permissions que les soldats constitue un privilège choquant, qui sera supprimé en 1917. Qu'un tel parte avant son tour, que tel autre, qui n'a rien fait, soit cité ou promu, et non tel autre qui a fait preuve de courage ou de solidarité, suscite récriminations ou revendications. Un général explique la lassitude de son corps d'armée par sa fatigue et ses combats, mais aussi « par le départ des unités voisines après un séjour beaucoup plus court[86] ». Cette atteinte à l'égalité formelle de 1789 constitue une intolérable injustice, un saut dans l'arbitraire, le déni d'un droit fondamental. Le conflit avec la norme hiérarchique de l'armée est sous-jacent. La note André voit à juste titre une raison de la contestation dans « L'idée que quand une troupe a fait une ou deux relèves, elle a *le droit* d'aller au repos et de ne plus paraître ici[87]. » La noria des divisions trouve dans ce droit à une égalité de traitement à la fois une justification très profonde et l'explication de son importance, subjective tout autant qu'objective.

Au total, les défaillances restent très limitées. Rien de comparable à la crise du moral de 1917. Les correspondances des soldats montrent une fierté de soi retrouvée : les Français sont plus tenaces que ne le croyaient les Boches ; ils sont tombés sur un bec. « Oui, les poilus grognent, souvent même, mais ils marchent toujours[88]. »

Conclusion

L'expérience de la bataille est incommunicable. Les combattants en étaient convaincus, et cela créait entre eux une solidarité d'initiés. Certains pourtant, parce que leur éducation et leur culture le leur permettaient, ont éprouvé comme un devoir de témoignage – on ne disait pas alors de mémoire – et ils ont tenté de faire partager ce qu'ils avaient vécu. Par-delà une certaine fierté, ils obéissaient à la conscience très vive que la réalité de la guerre dépassait tout ce que l'on avait pu imaginer, et que leur devoir était de la faire connaître dans toute son horreur à leurs contemporains, et en particulier aux jeunes, pour qu'elle ne se reproduise jamais plus. En nous appuyant sur leurs témoignages, nous avons tenté de reconstituer, de représenter ce que fut Verdun, dans son effroyable répétition. Quelles conclusions en retenir ?

En premier lieu, l'expérience des soldats français et allemands est fondamentalement identique : le paysage lunaire règne uniformément de part et d'autre d'une ligne de feu dont il ne conserve aucune trace. Le système de relève entraîne certes quelques différences entre les Français, à qui la noria laisse espérer une rapide délivrance, et les Allemands qui remontent en ligne à plusieurs reprises dans les mêmes secteurs. De même, la relative impréparation des Français, puis leur recul, qui les oblige à se battre sur un terrain non organisé à l'avance, expliquent la mauvaise qualité de beaucoup de leurs abris, et entraînent des pertes qu'on aurait évitées en creusant plus profond ou en utilisant plus souvent le béton. Mais ces différences sont finalement peu importantes : français ou allemands, les soldats de Verdun ont bien été jetés dans le même enfer.

Fut-il plus terrible, plus brûlant que d'autres ? On l'a déjà signalé, cette bataille fut moins meurtrière que la Somme ou d'autres. Le paysage est désolé comme partout, et si la boue y est peut-être plus envahissante, c'est avant tout parce que les obus l'ont pilonné plus longtemps. Les misères matérielles qu'endurent les soldats n'ont rien d'original. Le calvaire des blessés a peut-être été un peu plus long, côté français, que dans d'autres batailles, du fait de l'éloignement des HOE et des difficultés de circulation, mais on n'a pas parlé de désastre sanitaire comme au Chemin des Dames. Quant aux bombardements, les témoins disent n'avoir jamais rien subi d'aussi violent auparavant, et de quel droit leur donner tort ? Mais ils ne les comparent pas aux bombardements qui suivent et qui sont incomparablement plus puissants par le nombre de pièces, leur calibre et la consommation d'obus. Pourtant, la sacralisation de Verdun est telle que même les auteurs qui écrivent bien après la bataille continuent à dire que jamais les bombardements n'ont été aussi massifs que là. L'incontestable intensité du combat d'artillerie n'aurait pas suffi à faire de Verdun une bataille exceptionnelle, si elle n'avait déjà acquis ce statut. Il faut chercher dans d'autres directions ce qui lui donne son caractère propre.

Comme toutes les batailles, celle de Verdun est marquée par le terrain sur lequel elle s'est déroulée, le relief et la nature du sol. Ils ont beaucoup pesé. Les innombrables ravins qui entaillent le champ de bataille, surtout rive droite, rendent d'abord les relèves beaucoup plus fatigantes qu'ailleurs : il faut monter et descendre, on glisse, on tombe dans la nuit comme sur un sentier de montagne détrempé. Le relief raviné entraîne surtout une fragmentation de la bataille. Il complique l'alignement du dispositif et facilite au contraire les infiltrations, la prise à revers des bastions de résistance. On est très loin des manœuvres de grandes unités à partir de fronts étendus relativement linéaires, comme en Champagne en septembre 1915 ou sur la Somme le 1er juillet 1916. La bataille de Verdun est un combat de proximité entre petites unités, jusqu'au corps à corps, sur des fronts locaux très limités, mais sous un bombardement continuel, ce qui en fait à certains égards une bataille totale.

Le sol rocheux, signalé par les témoins et le commandement dans certains secteurs, souvent les mêmes, rend très difficile le creusement d'abris et de tranchées profondes. À la veille de la bataille, devant Azannes, les Allemands creusaient au marteau-piqueur. Pas question évidemment d'utiliser en ligne de tels outils, tout au plus des pioches et des pics de terrassier, ce qu'on appelle des outils de parc (*Schanzwerkzeug*), par opposition aux outils portables dont sont dotés les fantassins. De fait, les corvées de travaux et les sapeurs du génie montent en ligne travailler la nuit avec de tels outils. Mais, pour creuser un sol rocheux, il y a beaucoup plus efficace que les pioches : les obus. Ils font des trous profonds d'autant qu'ils explosent plus sûrement en percutant un sol dur que la boue. Les fantassins utilisent ces trous pour se protéger, et ils les relient entre eux par des esquisses de tranchées pour assurer à leur front un minimum de continuité. Comme en outre le bombardement continuel ne cesse de bouleverser le terrain, transformant en trous d'obus ce qui commençait à ressembler à une tranchée, le paysage lunaire atteint à Verdun une ampleur – pour ne pas dire une perfection – sans égale. Presque partout ailleurs, les photographies aériennes font apparaître le tracé de tranchées. À Verdun, elles existent certes sur les cartes de travail des états-majors au 1/10 000e. Dans la réalité, elles disparaissent sous les trous d'obus qui couvrent des milliers d'hectares, comme les photos lidar l'attestent aujourd'hui encore en nous montrant le sol sous la forêt qui le couvre.

Ces deux particularités suffisent-elles à expliquer le statut emblématique de Verdun ? Rien n'est moins sûr. Affirmer, comme on l'a fait couramment en France, « Qui n'a pas fait Verdun n'a pas fait la guerre » n'est pas revendiquer une différence mais une supériorité. Nous ne sommes pas dans l'ordre de la diversité, mais dans celui, vertical, d'une hiérarchie : cette bataille fut pire que les autres dans le sacrifice et la souffrance, ce qui implique, en retour, un sommet de courage et de patriotisme. L'héroïsme du soldat est l'envers de l'enfer qu'il a traversé.

Le discours combattant français, plus que celui des combattants allemands, n'hésite pas sur ce point ; pour lui, la bataille de Verdun fut la pire de toutes. L'examen ne permet pas aux historiens de souscrire à cette affirmation : cette bataille fut très dure et très longue, mais elle n'est pas fondamentalement différente des autres. Pourtant, témoins et contemporains sont persuadés du contraire. Leur conviction partiellement erronée est un fait vrai. Comment expliquer cette contradiction apparente entre le récit objectif des historiens et la mémoire subjective des contemporains ? Comment cette bataille a-t-elle pu être à la fois comme les autres et pire que toutes ? C'est l'histoire même de la construction du mythe de Verdun qu'il nous faut aborder maintenant.

Troisième partie
LE MYTHE

CHAPITRE VII

Comment Verdun est-il devenu un lieu sacré pour les Français ?

Dans son mémorandum « de Noël », écrit plus tard pour justifier la poursuite de la bataille, Falkenhayn prétend avoir choisi cet objectif en raison de son importance symbolique, conduisant les Français à se saigner à blanc pour sa défense. C'est bien ce qui s'est passé ; mais pour l'importance symbolique, il se trompait, car rien n'indique qu'avant la bataille les Français tenaient autant à une place qu'ils avaient failli évacuer en septembre 1914 et dont ils avaient désarmé les défenses un an plus tard. Les journaux français, au contraire, estiment que les Allemands attaquent Verdun parce qu'ils lui accordent la valeur emblématique qu'eux-mêmes lui refusent. Voici, à titre d'exemple, *Le Temps* du 26 février. À la question « Pourquoi Verdun ? », il ne répond pas par des considérations militaires, la menace du saillant pour les lignes allemandes, ou la difficulté de défendre une place aussi mal desservie, mais en évoquant la force des symboles : « Verdun exerçait une sorte de fascination sur l'imagination allemande. » Et *L'Écho de Paris* du même jour est plus explicite :

> Il faut atteindre un objectif qui ait du prestige. Verdun exerce sur l'imagination de nos ennemis une sorte de fascination. Deux ou trois fois déjà la fausse nouvelle de sa prise répandue en Allemagne à son de cloche avait produit un enthousiasme extraordinaire. La chute simultanée de Toul et de Belfort n'aurait pas, dit-on, pour les Allemands un retentissement comparable à la prise de la vieille

ville que Goethe a fait connaître à tous les enfants par le récit du séjour qu'il y fit au cours de sa Campagne de France.

Les Allemands accordaient beaucoup d'importance à la place forte de Verdun. Le 31 juillet 1914, en même temps qu'ils adressaient à la Belgique un ultimatum pour qu'elle laisse leurs troupes la traverser, ils en adressaient un autre à la France pour lui demander si elle resterait neutre en cas de guerre entre l'Allemagne et la Russie, et dans ce cas ils exigeaient comme gage de sa neutralité qu'elle leur remette les places de Toul et de Verdun pour la durée du conflit. Comme Metz était alors allemande, les trois évêchés historiques seraient revenus, pour le temps de la guerre, dans l'Empire germanique. Mais, par-delà ces souvenirs, Verdun constituait pour l'état-major allemand une forteresse redoutable, et pour la défense de la France, et pour d'éventuelles offensives.

Verdun ne semble pas, initialement, susciter en France la même « fascination sur les imaginations ». Son prestige est incomparablement moins fort que celui de Reims, la « ville martyre », celle du sacre des rois. Dans les premiers jours de la bataille, ni les militaires ni les journalistes n'en font un enjeu majeur. Sans doute s'agit-il pour les seconds de rassurer leurs lecteurs, mais c'est ce qu'ils disent. « Il ne faut pas s'imaginer que si Verdun était pris notre situation deviendrait grave[1]. » Et Barrès d'affirmer : « Même si Verdun passait aux mains des assaillants, notre ligne reportée intacte, en deçà de la vieille forteresse délaissée, nous laisserait toutes nos chances[2]. » Pourtant, le fait est là, si Verdun n'était pas une sorte de ville sainte à la veille de la bataille, elle l'est très rapidement devenue. Comment et pourquoi ?

Le moment fondateur

La décision de défendre Verdun sur la rive droite

Le choix qui a conféré à Verdun ce statut emblématique a été de relever le défi de Falkenhayn, au lieu de l'esquiver. Si l'armée s'était repliée sur la rive gauche de la Meuse, Verdun ne serait jamais devenu le haut lieu qui résume et symbolise la guerre de 1914.

Or abandonner la rive droite n'avait rien de scandaleux. En septembre 1914, le commandement avait ordonné d'évacuer Verdun menacé d'encerclement[3]. En février 1916, défendre la ville sur la rive droite imposait d'approvisionner et de relever plusieurs divisions sur un périmètre étroit, avec la rivière à dos : c'était très difficile et risqué. Herr, qui s'attend à l'attaque et n'a pas encore de renforts, déclare le 9 février au médecin général Mignon : « Je serai obligé de me replier sur la rive gauche[4]. » Barescut, le chef d'état-major de la IIe armée, regrette presque que ce choix n'ait pas été fait : « Nous serions beaucoup mieux installés sur la rive gauche de la Meuse. Mais nous ne pouvons pas lâcher[5]. » Pourtant, les députés qui mènent campagne contre Joffre lui reprochent d'avoir sérieusement songé à abandonner la rive droite.

L'affaire éclate début mai, signe qu'à cette date le statut exceptionnel de Verdun ne se discute plus. *Le Petit Parisien*, puis *Le Matin*, des journaux à grand tirage, publient chacun un article qui fait scandale[6]. Abel Ferry connaît l'auteur du second, un normalien de l'état-major de Pétain, qui lui fournit quelques détails supplémentaires. Voici comment il résume l'affaire :

> Le 24 février, au reçu des nouvelles qui arrivaient de la progression de l'attaque allemande, Joffre admit sans le consulter [Castelnau] l'hypothèse de l'abandon de Verdun, puis il alla se coucher.

> Castelnau, au milieu de la nuit, reçut communication des ordres déjà envoyés. Il bondit chez le général en chef. Celui-ci dormait. « Il a un si bon sommeil ! », comme disent les journaux. Une scène ridicule se passa à la porte [...]. Enfin Castelnau put lui faire passer un petit mot. Joffre, réveillé, se retourna en disant : « Qu'il fasse comme il veut. » Puis il se rendormit.
>
> Castelnau sauta en auto, courut à Châlons-sur-Marne, révoqua par télégraphe les ordres et, au petit matin, tomba à Verdun où il remit tout en place, rétablit le moral, arrêta la retraite et donna tous pouvoirs au général Pétain[7].

C'est un peu moins simple. On l'a vu, au soir du 24 février, le front craquait, les renforts arrivaient à peine, une débâcle s'annonçait. C'était « Sedan le 1er septembre 1870[8]. » Vers 19 heures, de Langle de Cary donne à Herr l'ordre d'évacuer les positions tenues en Woëvre et il en rend compte à Joffre. Celui-ci lui répond à 21 heures 14 qu'il approuve par avance ce repli : « Vous êtes seul juge des nécessités du combat. » Il ajoutait cependant : « Mais vous devez tenir face au nord, sur le front entre Meuse et la Woëvre, par tous moyens dont vous disposez. Employez-y tout le 20e corps sans hésiter. » Le 20e CA était en effet en train d'arriver, mais – Joffre l'ignorait – Langle avait interdit téléphoniquement de le faire passer sur la rive droite. Au même moment, Joffre convoque pour le lendemain à 8 heures le général Pétain, qui se trouve disponible avec son état-major, mais l'ordre qu'il rédige alors pour lui est : « 1 – De recueillir les troupes engagées sur la rive droite de la Meuse au cas où elles seraient contraintes de se replier sur la rive gauche ; 2°– D'interdire à l'ennemi le franchissement de la rivière[9] ». Son commandement se limite à la rive gauche.

Rentrant d'inspection, Castelnau lit les télégrammes du jour, juge la situation critique, fait réveiller Joffre, et obtient son accord pour se rendre sur place avec pleins pouvoirs. Il part vers minuit, arrive au QG de Langle vers 4 heures du matin. À 4 heures 20, Langle annule par téléphone son ordre de ne plus faire passer de troupes sur la rive droite[10]. Castelnau téléphone ensuite à 5 heures 45 au général Herr, « de la façon la plus formelle », de tenir coûte que coûte de Douaumont à la Meuse : « La défense de la Meuse se fait sur la rive droite. Il ne peut être question que d'arrêter l'ennemi à tout prix sur cette rive[11]. » Puis il poursuit sa route jusqu'au QG de Herr à Dugny, près de Verdun. Il le trouve effondré, avec un état-major débordé[12]. Il modifie donc les ordres de Joffre et confie à Pétain le commandement de l'ensemble de la IIe armée et de la RFV. Castelnau a une grande confiance dans cet état-major ; il l'a lui-même commandé et il en apprécie le chef, le colonel de Barescut, qui restera à ce poste pendant toute la bataille, sous Pétain puis sous Nivelle. Joffre approuve les décisions de Castelnau et les confirme au soir du 25 par un télégramme à Pétain : « J'ai donné hier 24 février l'ordre de résister sur la rive droite de la Meuse au nord de Verdun. Tout chef qui, dans les circonstances actuelles, donnera un ordre de retraite sera traduit devant un Conseil de Guerre[13]. »

Du point de vue militaire, opposer Joffre et Castelnau serait excessif. L'ordre donné par Joffre à Langle, le 24 au soir, d'utiliser le 20e CA pour défendre la rive droite interdit d'affirmer qu'il était décidé à l'abandonner. Mais il aurait sans doute accepté un repli si Castelnau l'avait jugé inévitable. Les ordres initialement donnés à Pétain montrent qu'il s'y préparait. Castelnau lui-même ne l'excluait d'ailleurs pas si Pétain ne réussissait pas à rétablir rapidement la situation. En lui confiant le commandement des deux rives, Castelnau adaptait la décision de Joffre à la situation plus qu'il ne la démentait. Les militaires ont bien décidé de défendre Verdun sur la rive droite.

Et les politiques ? Dans sa biographie de Briand, Georges Suarez prétend que, « sans prévenir personne », celui-ci, alors chef du gouvernement, serait parti pour Chantilly et aurait discuté dans la nuit du 24 au 25 avec Joffre et son état-major. L'échange aurait été vif : « Pour vous, l'abandon de Verdun ne sera pas une défaite, c'est entendu ; mais pour le monde entier c'en sera une [...]. » Briand aurait même crié : « Si vous abandonnez Verdun, vous serez des lâches, vous entendez ! Et ce n'est pas ce jour-là que le général en chef me donnera sa démission. Il me la donnera aujourd'hui même[14]. »

Cette scène nocturne est peu vraisemblable. Les sources de Suarez ne justifient pas son récit[15]. Mais il est certain que Briand est venu à Chantilly : il le revendique lui-même, et il affirme avoir poussé Joffre à donner le commandement à Pétain[16]. Les généraux Joffre et Castelnau, dit-il, qui ont envisagé la situation

> dans son ensemble, sans négliger le côté moral et politique que le gouvernement avait pour devoir de leur faire connaître – c'est pour cela que je suis allé à Chantilly, c'était mon devoir – ont été d'avis qu'on devait défendre le terrain pouce à pouce et qu'on ne devait laisser prendre Verdun à aucun prix ; que, vu la valeur stratégique de Verdun, si Verdun était pris, étant donné les conditions dans lesquelles les Allemands avaient engagé l'attaque, les espérances qu'ils avaient conçues, cela pouvait être une catastrophe.

Plusieurs témoignages convergents confirment le propos de Briand. Son intervention date du 24 février, elle a été vigoureuse et il a menacé Joffre de le renvoyer. Pierrefeu évoque un repas où il aurait dit nettement à Joffre et à ses jeunes officiers, « avec une certaine véhémence », que pour Verdun, « le point de vue moral primait tout[17] ». Escholier tient de Briand lui-même un récit de cette visite à Chantilly. « J'ai donné de la voix, comme je suis capable de le faire à de certaines heures : Abandonner Verdun ! Mais ce serait déserter devant l'ennemi... Ce jour-là, le commandant en chef n'aurait pas à me donner sa démission. Je l'aurais démissionné avant... » Joffre aurait conclu : « Le président [du Conseil] a raison. Je partage absolument son point de vue. Pas de repli sur la rive gauche. On se battra jusqu'au bout[18]. »

L'intervention de Briand est donc attestée. Il n'a pas vraiment imposé sa décision, et s'ils l'avaient jugé militairement inévitable,

Castelnau et Joffre lui auraient probablement fait accepter le repli sur la rive gauche. Mais le gouvernement a clairement fait savoir sa position en temps utile. La responsabilité de la décision de défendre Verdun sur la rive droite est partagée entre le pouvoir militaire et le pouvoir civil.

Or cette décision était capitale. Du point de vue militaire, elle engageait des mois de combats meurtriers. Mais surtout, défendre la ville coûte que coûte lui conférait une valeur exceptionnelle : Verdun s'identifiait à la France elle-même. Bien plus, défendre à tout prix la place sur la rive droite faisait de celle-ci un espace sacré. Le mythe de Verdun s'est construit sur cette décision fondatrice. Si Verdun résume la guerre, et Douaumont Verdun, c'est parce qu'au moment où menaçait la défaite, ce choix, politique et militaire, a été fait. Jamais la rive gauche ne pourra prétendre à un tel statut.

L'angoisse des premiers jours

L'attaque du 21 février était la première grande offensive lancée sur le front ouest par les Allemands depuis la Marne ; imprévue, brutale, puissante, elle s'annonçait décisive ; elle faisait apparaître le spectre de la défaite. C'était en outre une bataille purement française, où n'était en ligne aucun soldat allié. Pendant quelques semaines, les Français ont redouté d'être vaincus. C'est cette angoisse collective qui a conféré à Verdun une valeur symbolique sans égale.

La presse en témoigne. Elle hésite quelques jours à nommer la bataille, parlant de combats acharnés, de bataille au nord ou autour de Verdun, mais dès le 25-26 février, c'est « la bataille de Verdun », voire « la bataille[19] ». Patriote et responsable, elle se voulait rassurante ; la censure y veillait d'ailleurs. Tirant leur information des communiqués officiels, soigneusement dosés, et de la presse suisse qui publiait les communiqués allemands, les journaux présentent la situation avec sérénité et, pour apaiser leurs lecteurs anxieux, ils déclinent trois arguments.

Ils minimisent d'abord l'importance des reculs : « Ne nous troublons pas si nos communiqués annoncent que nous rectifions par-ci par-là notre front, là où il serait stupide de nous maintenir sans nécessité[20]. » Il s'agit « d'un repli méthodique, qui n'excède pas, aux dires mêmes des Allemands, trois ou quatre kilomètres[21], et d'ailleurs, si ceux-ci s'emparaient de la 1re ligne, ils se trouveraient devant une seconde plus puissante. Puis encore une autre[22] ».

Cet habillage des reculs oblige la presse à minimiser les enjeux. Elle dénie toute valeur décisive, militaire ou politique, à une ville qui risque de tomber. Verdun perd toute importance : « Il y a plus de six mois que la place forte de Verdun est déclassée. Il y a plus de six mois que ce fort de Douaumont, qui n'a jamais contenu plus d'une compagnie, ne renferme ni un canon ni un fantassin. Il y a plus de six mois que Verdun, ancienne forteresse, n'est plus qu'une coquille vide[23]. » On peut donc, en utilisant le conditionnel, dédramatiser l'éventualité de cette perte : « Même la prise de Verdun, et l'abandon des Hauts de Meuse jusqu'à Saint-Mihiel, n'aurait rien de décisif[24]. » « Même si Verdun passait aux mains des assaillants, notre ligne reportée intacte, en deçà de la vieille forteresse délaissée, nous laisserait toutes nos chances[25]. » « Si des événements, que je ne veux pas prévoir, nous obligeaient à nous retirer de Verdun, écrit Clemenceau, notre front n'en demeurerait pas moins inexpugnable, mais nous aurions subi un échec moral[26]… » Comme le communiqué, la presse commence par nier la perte du fort de Douaumont, et se gausse des Allemands qui l'annoncent à son de cloches, puis elle en minimise l'importance : « Comme on le voit dans le communiqué, le fort de Douaumont […] ne représente plus aujourd'hui qu'une simple position, munie de fortifications de campagne[27]. » Elle reconnaît ensuite implicitement sa chute en annonçant à tort sa reconquête : « Nos troupes ont dépassé la position dans l'élan de leurs contre-attaques[28]. »

Un troisième argument se retrouve dans la presse française comme dans la presse allemande, car il permet à chacun des deux camps de justifier la bataille et d'espérer la victoire : les pertes de l'ennemi sont très supérieures aux nôtres ; elles sont si monstrueuses qu'il devra céder. On parle de monceaux de cadavres, de pertes effroyables, d'hécatombes. Des chiffres fantaisistes sont avancés, « 110 000 à 120 000 hommes, soit environ le tiers de ses effectifs engagés[29] », des pertes « dix fois supérieures au maximum de celles qu'ils [les Allemands] avaient prévues[30] ». Clemenceau estime les pertes allemandes « triples des nôtres[31] ». Certains journalistes franchissent même hardiment les bornes du vraisemblable : « En certains points, les cadavres [allemands, bien sûr !] étaient tellement serrés les uns contre les autres qu'ils n'ont pu trouver assez de place pour tomber à terre et qu'ils sont restés debout, s'étayant entre eux en phalanges sinistres[32]. » L'ennemi ne pourra donc longtemps maintenir un effort aussi sanglant : « Le spectacle des hécatombes humaines accumulées dans les rangs de son infanterie et la certitude que la continuation de l'offensive [...] en accumulera de plus grandes encore[33] » l'obligeront à renoncer.

Et pourtant, l'inquiétude transpire. Les Français ont su immédiatement la gravité de la situation. Le 23 février, une mère de deux soldats écrit déjà qu'on se bat avec acharnement au nord de Verdun ; elle y revient le 25 et le 26. Le 28, sa fille écrit à l'un de ses frères : « Quelle bataille que celle qui se livre à Verdun ! Je suis bien heureuse que vous [ses deux frères] n'y soyez pas[34]. » Et Verdun continue à hanter cette correspondance familiale où l'on s'indigne le 14 mars de l'usage par les Allemands de liquides enflammés, une « abomination ».

Les efforts pour rassurer l'opinion attestent une anxiété qui atteint en quelques jours une intensité sans précédent. La bataille avait commencé le lundi 21 février. Le lundi suivant, Barrès écrit dans *L'Écho de Paris* : « Dans la journée de samedi, Paris, toute la France vivait [*sic*] dans l'angoisse. Nous nous demandions si nos armées arriveraient à temps pour enrayer l'offensive allemande[35]. » C'était en effet la bonne question... *Le Figaro* du dimanche 27 le confirme : « La journée d'hier comptera parmi les plus angoissantes de cette guerre. On semblait être revenu aux jours tragiques d'août et de septembre 1914, tant l'émotion était profonde et dans le public et dans les milieux parlementaires[36]. » *L'Humanité* note cette inquiétude et la quête d'informations qu'elle suscite en évoquant « l'attention angoissée avec laquelle l'opinion suit, depuis une semaine, la lutte terrible qui se déroule autour de Verdun et le désir passionné du public de se renseigner à toutes les sources[37] ». Cette attention angoissée se prolonge au moins jusqu'à la mi-mars, quand l'élan initial de l'attaque semble contenu par des forces considérables et un chef capable. *Le Temps* résume bien l'état de l'opinion : « L'attente, ce mot caractérise en effet l'état de la France et même celui du monde entier. [...] on attend, anxieux[38]. » Et quand Clemenceau s'écrie : « Verdun ! Verdun ! En ce moment, il ne peut y avoir d'autres pensées. Toutes les âmes, tous les cœurs, sont tendus vers ces champs tragiques[39] », il ne fait que constater l'émotion générale.

Plus près des responsabilités, les parlementaires et le gouvernement sont particulièrement inquiets. Avides d'informations que le GQG, lui-même plus ou moins bien informé, ne leur donne guère, ils redoutent que la situation ne soit plus grave qu'il ne l'avoue. Poincaré, qui n'arrive pas à savoir si le fort de Douaumont est pris ou non, note le samedi 26 février[40] : « Journée d'angoisse... Nouvelles vagues et obscures. Je fais vainement téléphoner au GQG. » Et un peu plus loin : « L'émotion à la Chambre a été cet après-midi, indicible. Il a fallu que Briand allât la calmer. » Au Sénat, Chéron demande à Clemenceau de réunir la commission de l'Armée le dimanche 27. Avec Bérenger, il voudrait qu'elle siège tous les jours[41]. Elle met en place un contact quotidien avec le cabinet du ministre de la Guerre pour s'informer. Ces caciques de la République ne minimisent pas les enjeux : « Si Verdun est pris par les Allemands, ce sera la rafale. Les Hauts-de-Meuse devront peut-être évacués [*sic*] et Nancy sera en péril. Verdun est en effet une des clefs de la France[42]. » La commission ne cède pourtant pas à l'affolement. Le 28, Paul Doumer se félicite : « On pouvait craindre un désastre à Verdun. Ce désastre a été évité, réjouissons-nous-en, mais sans oublier que nous avons encore perdu dans ces derniers jours de 250 à 300 kilomètres carrés de sol français[43]. »

Verdun devient ainsi, en quelques jours, le lieu où se décide l'avenir de la France. Ce qui se joue là est capital. Le 2 mars, le Conseil des ministres adresse ses félicitations aux défenseurs de Verdun. Poincaré bout de s'y rendre lui-même. Castelnau l'en dissuade le 28 février, mais le 1er mars il part, accompagné d'officiers du GQG qui ne le laissent pas aller jusqu'à Souilly. D'autres visites suivront, le 24 mars à Souilly, QG de Pétain, puis le 19 avril, le 28 mai et le 16 juillet. Et d'autres visiteurs, des hommes politiques, des journalistes, des académiciens. Verdun est devenu le symbole de la France. C'est là que se passent les choses importantes, là qu'il faut être allé et le faire savoir. Et Pétain est devenu son sauveur.

La révélation de Pétain

Verdun fait de Pétain un autre homme, en effet. D'abord, pure coïncidence, il est envoyé à Verdun au moment même où il retrouve Eugénie Hardon, qu'il épousera en 1921. Elle a vingt ans de moins que lui, et un projet de mariage avec elle avait avorté quinze ans plus tôt. Ils nouent à la fin de janvier 1916 une relation passionnée. C'est avec elle qu'il passait la nuit du 24 au 25 février, quand Serrigny le cherchait pour lui dire que Joffre l'avait convoqué à Chantilly le lendemain à 8 heures. Pétain prend d'infinies précautions pour que cette relation reste ignorée, retrouvant Eugénie hors de Verdun, et sans faire mine de la connaître s'il est accompagné. Le sexe et le sentiment pouvant aller de pair, peu importe lequel l'emportait chez Pétain alors que la bataille faisait rage, mais ils semblent tous deux très forts, même si Eugénie s'inquiète de sa fidélité. Les lettres, fréquentes[44], que Pétain lui adresse ne laissent aucun doute : « Ta lettre du 18 [mars] reçue ce matin me dit des choses tendres et passionnées. Tu ne peux imaginer les frissons que j'ai éprouvés en me retrouvant dans tes bras. Oui, je l'avoue, j'aime aussi ta chair. Le souvenir de tes caresses me fait défaillir[45]. »

Plus que ces enjeux privés, c'est la figure publique du général qui se transforme. Lui qui fuyait les journalistes se trouve sous le feu des projecteurs. Dans les premières semaines de la bataille, la presse parle peu de lui : les journalistes n'ont pas encore de fiches le concernant. Mais il devient célèbre : le 11 mars, par exemple, il a les honneurs de *L'Illustration*, qui le montre en couverture marchant dans une rue et publie en pleine page son portrait en couleurs. C'est déjà le Pétain de 1940, avec sa moustache, ses cheveux blancs et surtout son regard d'acier, comme disent les commentateurs. Son comportement change. Il accueille ses nombreux visiteurs et les invite volontiers à sa table. À Eugénie, il écrit le 19 mars : « C'est toute la journée, des ministres, des parlementaires, des officiers étrangers qui défilent chez moi. Si tu voyais avec quelle indifférence j'écoute leurs boniments. Je reçois des lettres dans toutes les langues ; j'en remets la centaine à plus tard… » Et le lendemain : « J'ai reçu aujourd'hui un tas de parlementaires qui m'ont fatigué à l'excès[46]. »

Malgré ces dénégations, Pétain est flatté de l'intérêt qu'il suscite. Le 5 mars, de Barescut, qui travaille quotidiennement avec lui, note déjà : « Il en est très mécontent et un peu flatté. » Le 19, la célébrité acquise se fait davantage sentir, alors que la situation est moins critique et que Pétain a revu Eugénie, ce qu'ignore Barescut : « Le général Pétain qui avait été très pessimiste devient très optimiste. Sa joie est celle d'un enfant. Il est si content d'être célèbre, de voir et de savoir qu'on parle de lui, de voir sa photographie reproduite dans les journaux, lui qui n'a jamais [un blanc] voulu se faire photographier. » Quelques jours plus tard, les flatteurs ont eu raison de la modestie du général. Barescut, témoin d'un échange surprenant, en est affecté : « Ce matin, Flameng[47] était à table. Le général lui a dit qu'il voulait se présenter à l'Académie française, et Flameng de lui dire que ce serait un grand honneur pour l'Académie. Voilà où nous en sommes[48] ! » Bref, « Le général Pétain est très fier de sa notoriété, de recevoir des lettres de toute sorte ; il en parle souvent. C'est la gloire[49]. » Il se préoccupe désormais de ne pas être inférieur à sa réputation et se soucie de son image. La construction du statut symbolique de Verdun va ainsi de pair avec celui de Pétain. Le premier mois de Verdun a donné naissance au Pétain de 1917, de l'entre-deux-guerres et de Vichy.

La consécration de Verdun

Pendant la bataille

L'intérêt pour Verdun ne faiblit guère en 1916 : jusqu'à la bataille de la Somme, c'est le sujet central des préoccupations. La population suit « ses » soldats avec angoisse sur ce lieu qui en devient mythique. Voici par exemple le témoignage du maire de Mende, préfecture de la Lozère, dont le fils unique est lui-même au front. « La population est anxieuse », note-t-il dans son journal le 21 mai, car « depuis le 18, nos soldats du 142e [le régiment local] n'ont pas donné de leurs nouvelles ». De fait, on l'informe « presque officiellement » que du 31 mai au 5 juin le 142e RI a eu 120 tués, 300 blessés et 750 disparus. Le 16 juin, il consigne :

> Depuis quelques jours je vis des heures bien pénibles. Je ne sais rien et ces pères désolés, ces mères en larmes, ces sœurs désespérées, ces épouses affolées croient que je sais quelque chose et que, par pitié pour eux, je ne veux rien dire. En ce moment les fonctions de maire sont cruelles à remplir. Il faut consoler ceux dont la douleur est inconsolable. Il faut donner de l'espoir quand on est convaincu que tout espoir est perdu. [...] Oui, Verdun nous aura coûté bien cher[50].

Face à cette inquiétude lancinante, qui suscite une demande impérieuse et avide d'informations, la presse et les autorités répondent par un double discours. D'une part, elles informent pour rassurer. D'autre part, elles glorifient le deuil pour le rendre acceptable autant qu'il se peut. *L'Illustration* multiplie ainsi, semaine après semaine, les cartes, les photographies, les dessins qui montrent le paysage lunaire du champ de bataille et ses réalités. Mais pour rassurer ses lecteurs, elle représente des soldats sans boue et sans souillures ; elle évite les blessures béantes, les corps déchiquetés, les horreurs du poste de secours qui devient au contraire un havre de paix pour des blessés sereins que leurs camarades, héros modestes et souvent ignorés, ont relevés au péril de leur vie. Les seuls morts qu'elle montre sont allemands : « Il est à peine caricatural de dire que pour *L'Illustration* le soldat de Verdun ne meurt pas[51]. »

Ce discours stéréotypé s'accompagne d'une héroïsation des soldats de Verdun. Dans les milieux informés, les critiques du gouvernement et du commandement, qui inspirent le comité secret, renforcent l'admiration pour les soldats. Ce qu'on sait des pertes et des conditions exceptionnellement dures des combats fait d'eux des martyrs et des héros. L'Académie française adresse ainsi le 6 juillet « à la glorieuse armée de Verdun [...] l'hommage de son admiration, de sa reconnaissance et de son respect[52] ». D'autres vont encore plus loin dans le dithyrambe. André Suarès achève le 30 juin un poème à la gloire de « Ceux de Verdun » :

> Tous ils sont grands, tous ils sont beaux comme les chœurs de Phydias et d'Eschyle, les héros de Marathon et de la Marne, les marins de l'Yser et ceux de Salamine, Mais par-dessus les héros mêmes, il y a les martyrs, les saints bonhommes de Verdun[53].

De même, un combattant connu, Jacques Péricard, sur qui nous reviendrons, achève son témoignage de lieutenant du 95e RI, *Ceux de Verdun*, publié en 1916, par un hommage vibrant :

> Tu marches environné d'étoiles ; quand ton nom est prononcé, le monde entier se tait ; la terre paternelle tremble d'amour à ton

> passage. Et tu te grattes, car tu es plein de vermine. Au repos, tu ne connais que les plaintes. La guerre te dégoûte, tes officiers sont des jean-foutre, et tu ne crains pas, à l'occasion, de blasphémer contre la Patrie. [...] Mais qu'on t'envoie en première ligne et voilà un homme nouveau qui s'élance des cendres du vieil homme.

Ces grands mots justifient les pouvoirs publics qui n'attendent pas la reprise de Douaumont pour glorifier Verdun. Le 13 septembre 1916, le président Poincaré remet à la ville la Légion d'honneur et la croix de guerre, ainsi que des décorations équivalentes britannique, russe, italienne, belge, serbe et monténégrine. C'est l'occasion d'une manifestation à laquelle assistent les hautes autorités civiles ou militaires et le corps diplomatique.

Après la reprise des forts de Douaumont et Vaux, Verdun sort de l'actualité et l'on pourrait craindre que son importance symbolique ne s'efface. On est ici à un tournant. Jusqu'alors, la défense de la ville à tout prix avait suscité une mobilisation autour d'elle. Maintenant que l'intérêt se déplace vers d'autres lieux, des acteurs entreprennent de rappeler l'importance décisive de la bataille qui a eu lieu. On passe du spontané au construit, du présent au futur : un travail de mémoire commence.

Monuments et commémorations

Dans ce travail de mémoire, l'État n'intervient pratiquement pas. Le statut exceptionnel de Verdun n'a fait l'objet d'aucune politique délibérée. Il est l'œuvre de multiples acteurs, qui ne se sont pas concertés, ont obéi à des intentions parfois divergentes et ont investi des champs très variés. L'érection de monuments divers, pour marquer en quelque sorte le territoire et lui donner des repères, constitue une première chaîne commémorative.

Premier acteur : la ville de Verdun[54]. Avec la reprise de Douaumont et Vaux, la bataille est terminée pour elle, et le moment est venu de la commémorer. Le 20 novembre, elle crée une médaille pour les soldats qui ont combattu à Verdun et elle lance l'idée d'élever dans la ville un monument commémoratif. En 1920, un comité présidé par le député de Verdun entreprend de le réaliser. Cela prit du temps, car la reconstruction de la ville absorbait les finances locales ; faute de subvention de l'État, il fallut réduire la crypte initialement prévue pour inhumer les sept soldats inconnus qui n'avaient pas été retenus pour l'Arc de Triomphe. Situé dans une brèche des anciens remparts, ce monument emphatique donne à voir, au sommet d'un large escalier de 73 marches, entre deux murailles de pierre, un soldat franc, appuyé sur une épée, qui regarde vers l'est.

Mais le monument ne va pas sans la commémoration. Le 10 janvier 1920, la municipalité décide d'organiser une cérémonie officielle chaque année « pour glorifier sans distinction tous ceux qui sont venus se battre et mourir sur le champ de bataille de Verdun ». Elle en discute la date : le climat meusien fait écarter le 21 février, et le 24 octobre, date de la reprise du fort de Douaumont, n'est pas jugé assez symbolique. C'est donc le 23 juin qui est retenu, date de l'ultime offensive allemande. Les difficultés pratiques entraîneront par la suite le report au dimanche suivant. La première cérémonie a lieu le 23 juin 1920, avec la pose de la première pierre du monument, dans une ville aux rues encore encombrées de moellons et bordées de façades trouées de fenêtres mortes.

Avec les années, les cérémonies prennent de l'ampleur ; malgré les difficultés qui les obligent à trouver des gîtes parfois très loin, les anciens combattants se font plus nombreux, les détachements militaires plus étoffés. L'inauguration du monument dédié désormais *à la Victoire et aux soldats de Verdun*, le dimanche 23 juin 1929, est une consécration. Le président de la République et le président du Conseil sont accueillis par le maréchal Pétain à la crypte du monument. Les présidents de la Chambre et du Sénat, quatre ministres, huit sénateurs, vingt députés, dix ambassadeurs, des généraux qui ont commandé à

Verdun, 1 500 officiers et 4 000 combattants sont là. La mémoire patriotique, la mémoire officielle a trouvé un haut lieu.

Mais on ne pouvait se contenter de célébrer la victoire : la souffrance et le sacrifice avaient trop marqué les mémoires. Les marches grandiloquentes du monument ne disaient pas que Verdun fut un enfer. Elles ne répondaient pas à la mémoire combattante. C'est pourquoi, dès 1921, la cérémonie du 23 juin comporte un moment de recueillement à la nécropole du faubourg Pavé, au centre duquel un carré réunit les tombes des sept inconnus. C'est pourquoi les anciens combattants venus pour l'occasion se rendent souvent sur le champ de bataille. Le président Doumergue lui-même, avant de quitter Verdun, le 23 juin 1929, tint à se rendre à Douaumont. Dès le début existe une tension entre le champ de bataille et la ville. Pour les soldats de Verdun, le lieu consacré n'est pas la cité qu'ils ont traversée, c'est le champ de bataille où ils ont souffert et affronté la mort. Et plus précisément celui de la rive droite. Le traitement mémoriel de la rive gauche est marginal. On a vu d'ailleurs comment, après la reconquête de Douaumont et Vaux, les Français ont considéré qu'ils avaient gagné la bataille, alors que 304 et le Mort-Homme étaient toujours aux mains des Allemands.

De fait, c'est rive droite que s'érigent les principaux monuments, et d'abord celui de la tranchée des baïonnettes. Il se situe dans un des lieux les plus disputés, en haut d'un des « ravins de la mort », celui de la Dame, qui aboutit entre les villages de Douaumont et de Fleury. Érigé en 1920 grâce à un banquier américain qui, impressionné d'avoir vu des baïonnettes plus ou moins alignées émergeant du sol, avait donné un demi-million de francs dans ce but, il est dédié « À la mémoire des soldats français qui dorment debout le fusil à la main dans cette tranchée ». La légende veut qu'une section prête à recevoir l'assaut ait été ensevelie ici par les bombardements. Il s'agit en fait d'un cimetière de fortune, que signalaient des baïonnettes fichées dans le sol, comme les fouilles l'ont prouvé. La distorsion mémorielle n'en est que plus révélatrice de l'héroïsation des soldats de Verdun.

Mais le monument essentiel, celui qui marque le plus la mémoire de Verdun, le centre symbolique du champ de bataille, est l'Ossuaire de Douaumont. L'initiative en revient à l'évêque de Verdun, Mgr Ginisty. Choqué par la façon dont des individus sans respect pour les morts récupéraient sur le champ de bataille non seulement des casques ou des breloques, mais des os divers et des crânes pour en faire commerce, il avait entrepris avec des bénévoles de recueillir des ossements et de les entreposer dans une baraque en bois. C'était mieux que rien, mais ce n'était pas une sépulture digne de ces martyrs. Il résolut donc de construire un ossuaire, qui perpétuerait leur mémoire et où l'on pourrait prier pour eux.

Dans ce but, Mgr Ginisty constitua un comité comprenant le général commandant la place de Verdun, des académiciens, des personnalités de tous bords, dont la plus active fut la princesse de Polignac. Pour faire connaître son projet, il créa des « événements » : une grande réunion publique au Trocadéro, le 16 février 1919, pour lancer l'idée ; la pose d'une première pierre, le 20 août 1920, alors que le projet restait à définir. Le jury du concours retint celui de l'architecte Azéma en mars 1923 et les travaux commencèrent trois mois plus tard, le 23 juin, sans même attendre que l'État eût accordé l'autorisation de construire sur le terrain qui lui appartenait[55].

Le financement de l'Ossuaire est révélateur de la façon dont s'est construite la mémoire de Verdun. C'est un monument national, sans être un monument de l'État. La mémoire de la guerre prend racine dans la société civile, comme l'attestent les monuments aux morts de la plupart des communes. De même, celle de Verdun est inscrite dans le patrimoine local : sur 108 villes de plus de 30 000 habitants en 1936, 11 seulement n'ont pas de rue, de place ou d'avenue dédiée à Verdun, et 8 préfectures sur 90. D'autres, ou les mêmes, ont donné à des voies publiques les noms de Douaumont, de Vaux ou de Driant.

Le comité de l'Ossuaire s'est appuyé sur cette mémoire pour récolter les fonds dont il avait besoin. Il a lancé une vaste campagne de souscription, multiplié les conférences, en France et à l'étranger, créé des comités locaux qui ont organisé des « soirées patriotiques », des « journées des morts de Verdun ». Ils se recrutent dans une bourgeoisie, plus souvent petite que grande, de commerçants, d'artisans, de fonctionnaires : un peuple citadin – sans ouvriers – se mobilise pour l'édification de l'ossuaire. Aux dons des particuliers se sont ajoutés ceux des communes : 122 villes en France et 18 à l'étranger ont contribué à cette entreprise pour près de 14 millions de francs. La contribution américaine a été particulièrement importante.

En 1927, la tour centrale de l'Ossuaire était achevée, ainsi que trois travées de part et d'autre, mais la construction n'était pas terminée. Le comité organisa cependant une inauguration le 18 septembre, pour relancer le projet. Il obtint du ministère des Anciens Combattants qu'il regroupe, devant l'ossuaire, dans une nécropole achevée en 1929, les tombes de 22 petits cimetières militaires. Mais les travaux traînaient, faute de fonds. Pour les terminer, le comité renonça à construire les lieux de culte musulman et israélite initialement prévus, et l'État apporta le million qui manquait. L'inauguration définitive eut lieu le 8 août 1932.

Ainsi, une initiative privée, confessionnelle à l'origine, est-elle parvenue à réaliser au cœur du champ de bataille une nécropole qui réunit les dépouilles de 16 000 soldats français et les ossements de 130 000 soldats français, mais aussi allemands, ce qu'on oublie souvent. La mémoire combattante a trouvé là son haut lieu le plus symbolique. En rendant hommage aux morts, il commémorait aussi une figure du soldat, qu'il n'en est que plus frappant de voir tracée par Pétain lui-même, qui incarnait en même temps la mémoire officielle et participait régulièrement aux manifestations du 23 juin :

> Certes le soldat de Verdun a été un héros, mais sans y prétendre. L'épreuve commençait pour lui en montant en ligne. Les anciens

de Verdun savent ce que l'expression « relever » signifiait déjà de soumission au sacrifice, puisque les unités qui s'engageaient dans la fournaise n'en revenaient jamais qu'impitoyablement décimées. Et, cependant, chaque soir, à la nuit tombante, on voyait de petites colonnes gravir les côtes en direction des plateaux où fumait la bataille : files d'hommes silencieux et graves, conscients du sort qui leur était réservé. Malgré les obstacles du terrain, malgré les barrages d'artillerie et les nappes de gaz, ces petites colonnes progressaient, laissant toujours en chemin des morts et des blessés. L'officier ou le gradé, qui marchait en tête, n'avait pas besoin de se retourner ; il savait qu'aucun homme valide ne voudrait manquer à l'arrivée. Tard dans la nuit, à la lueur des éclatements et des fusées éclairantes, les fractions relevantes finissaient par trouver, au fond de quelques trous d'obus, les débris des éléments à relever.

La consigne était vite passée ; elle était toujours la même : « Tenir à tout prix. » Alors, commençait un drame de quatre, cinq ou six jours. Soumis au pilonnage systématique de l'artillerie ennemie, les combattants voyaient leurs camarades déchiquetés à leur poste de combat ou ensevelis vivants par le bouleversement des terres. Leur poitrine haletait sous l'action des gaz, dont les fumées blanches, jaunes, verdâtres traînaient sur le sol, mêlant leurs parfums nocifs à l'odeur nauséabonde des pourritures remuées. À tant de souffrance, la pluie et la neige ajoutaient trop souvent le martyre de la boue. Dans cet enfer et contre toute vraisemblance, nos hommes tenaient, l'arme au poing, attendant stoïquement l'ennemi ou la mort[56].

La mémoire combattante et la sacralisation du champ de bataille

On le voit, la mémoire officielle et la mémoire combattante sont les deux faces d'une même pièce. Mais l'absence même de l'État dans le financement de tous ces lieux de mémoire, où il se contente d'envoyer ses représentants prononcer des discours, donne à la mémoire combattante le rôle décisif dans l'érection de Verdun en symbole même de la guerre.

Le développement de ce que nous appelons aujourd'hui le « tourisme » des champs de bataille joue un rôle capital dans ce phénomène. Verdun devient un lieu sacré parce que c'est un lieu de pèlerinage, et réciproquement. Dès la fin de la guerre, à côté de curieux, beaucoup d'anciens combattants viennent à Verdun, revoir les lieux où ils ont risqué leur vie. Certains veulent les montrer à leur femme ou à leurs enfants. Des veuves et des mères font le voyage, encouragées par la loi du 29 octobre 1921 qui accordait aux familles des soldats morts un voyage gratuit tous les ans pour se recueillir sur leurs tombes. Pour les accompagner, Michelin publie dès 1919 un guide fort bien fait, illustré de photographies et de cartes précises. Certains sont venus à plusieurs reprises. Mac Orlan, qui se dit « lié à Verdun par des images d'un intérêt personnel puissant », a fait le pèlerinage quatre ou cinq fois avant 1925, de préférence en août pour rencontrer une étrange population de vivants qui « se mêle à la vie d'une cité prisonnière d'un souvenir incomparable : celle des fidèles qui vont à Verdun comme on va vers le temple qu'on a choisi[57] ». Bientôt, les agences de voyages, les cars Citroën, et d'autres proposent des visites collectives ; les associations départementales d'anciens combattants organisent pour leurs membres des pèlerinages. Tous les ans par exemple, à partir de 1927, les Anciens combattants des transports en commun de la région parisienne[58] viennent à Verdun en février pour des « fêtes de la bataille » dont le cœur est une veillée à l'Ossuaire. Bref, le champ de bataille devient une sorte de sanctuaire où l'on vient se souvenir et se recueillir.

C'est même sa définition, car – et ceci distingue Verdun des autres batailles – les destructions étaient telles que la reconstruction et la remise en culture des terres étaient impossibles. Aujourd'hui encore, la moindre fouille met au jour des débris humains et des obus non explosés. L'État décida donc que six villages entièrement détruits ne seraient pas reconstruits, et il dédommagea leurs anciens habitants en leur achetant, conformément à la loi du 19 juillet 1919 sur les dommages de guerre, leurs maisons et 10 000 hectares de terres, lesquels, réunis aux 7 000 hectares qu'il possédait déjà, constituent ce qu'on appelle la zone rouge, où toute construction est interdite. L'espace du champ de bataille devenait ainsi un lieu vide de toute occupation humaine, entièrement livré aux pèlerins.

Pour les anciens combattants, c'est un espace sacré, comme le fit voir en 1930 le débat lancé par le principal journal des anciens combattants, en vente chaque semaine dans les kiosques : faut-il reboiser Verdun ? Les réponses furent publiées sur plusieurs numéros[59]. Le refus du reboisement est un cri du cœur, individuel et collectif. Beaucoup d'anciens combattants veulent revenir sur les lieux de leurs souffrances, y conduire leurs enfants : reboiser serait les priver de leur mémoire. Ils l'envisageraient à la rigueur une fois les derniers combattants disparus. Ils en font aussi un sacrilège : il faut laisser les morts dormir en paix, et surtout il ne faut pas aider la nature à effacer les traces d'une guerre aussi monstrueuse – elles doivent rester visibles pour l'édification des contemporains et l'on devrait même les montrer tous les ans aux enfants des écoles. En faveur du reboisement, certains invoquent des arguments raisonnables : les souvenirs individuels s'estompent et il vaut mieux construire des souvenirs collectifs ; on ne peut conserver au champ de bataille son aspect de 1918, et les arbres valent mieux que des herbes folles ou des ronces. La forêt est en outre un lieu de paix et de recueillement. Bref, reboiser est une autre façon de préserver la sacralité du lieu. Les arguments utilitaires sont négligeables. La question essentielle est celle de la mémoire : les anciens de Verdun ont trop souffert et trop dramatiquement vécu dans les trous d'obus pour accepter facilement qu'ils disparaissent sous les futaies. Toucher au champ de bataille, c'est toucher à leur identité.

Et parce que ce lieu est sacré, il justifie que ses fidèles s'associent. En 1923, le président de la Fédération meusienne des anciens combattants, secrétaire de l'Office départemental des mutilés, Fernand Ducom, et Gustave Durassié, qui avait commandé une section du 95e RI comme Péricard, grand mutilé, éditeur de l'*Almanach du Combattant*, créent l'association « Ceux de Verdun ». Elle réunit des titulaires de la médaille de Verdun, essaime en province et décerne à ses membres des diplômes qu'ils pouvaient encadrer comme les certificats d'études primaires. Le même culte mémoriel inspire la réalisation par Péricard en 1934 d'un grand livre de souvenir collectif, pour lequel il sollicita des témoignages par des annonces dans la presse. Il reçut plus de 3 000 réponses à partir desquelles il écrivit une histoire de la bataille racontée par les combattants eux-mêmes[60], qui eut un grand succès. Les anciens de Verdun y retrouvaient ce qu'ils avaient vécu, au jour le jour, ici et là, précisément. Un livre-mémorial en quelque sorte, que l'on conserve pieusement.

La sacralité de Douaumont explique aussi que les grandes associations d'anciens combattants choisissent ce lieu pour proclamer leurs idéaux. Elles y organisent, le 12 juillet 1936, une manifestation pacifiste spectaculaire. En compagnie d'anciens combattants italiens et allemands, ceux-ci portant leurs drapeaux à croix gammée, ils montent de nuit à l'Ossuaire, formant une retraite aux flambeaux, et, chacun se plaçant derrière une tombe, ils prêtent ensemble le serment de défendre la paix. Politiquement discutable – l'Union nationale des combattants (UNC) se retire au dernier moment –, cette manifestation atteste que Verdun et Douaumont ont acquis, dès cette époque, leur statut exceptionnel : symbole de la guerre, en ce qu'elle a de pire, autant que de la nation, il n'est pas de meilleur lieu pour proclamer la volonté de réconciliation et de paix.

Mémoire combattante et mémoire commune

La mémoire de Verdun ne se réduit pas à celle des combattants, c'est une mémoire nationale partagée. Verdun fait partie du champ d'expérience des Français, il est intégré à leur représentation d'eux-mêmes et du monde. La guerre de 1914 est enseignée aux enfants des écoles à partir de 1923, et au certificat d'études, la bataille de Verdun est la mieux connue, bien avant la Somme, y compris dans le département de ce nom[61]. Dans le secondaire, où la guerre entre au programme en 1925, la plupart des manuels donnent une carte de la bataille et presque tous un portrait de Pétain[62]. Très descriptifs, peu hostiles aux Allemands, ils sont unanimes pour souligner la dimension morale de la bataille et n'abordent le vécu des soldats qu'en termes abstraits : enfer, misère, etc.

Verdun est très présent également dans la production littéraire. Dans les années de la guerre et de l'immédiat après-guerre, beaucoup de témoignages de soldats et surtout d'officiers qui ont combattu à Verdun sont publiés. Celui de Delvert a connu plusieurs éditions, dont un beau livre illustré par Joseph-Félix Bouchor[63]. On peut y joindre *Les Trous d'obus de Verdun* de Gaudy, l'un des plus impressionnants avec ceux de Hallé et de Jubert[64]. Ils transmettent une mémoire combattante de souffrances et de morts particulièrement poignante. Simultanément, une autre mémoire se structure autour des grands épisodes de la bataille, principalement sur la rive droite de la Meuse, à partir d'ouvrages très bien accueillis par les milieux littéraires, à commencer par *La Bataille de Verdun* du maréchal Pétain, qui est élu la même année (1929) à l'Académie française, mais aussi le *Verdun* de Louis Madelin, un officier de son état-major qui le précède de deux ans à l'Académie, ou la trilogie d'Henry Bordeaux, académicien lui-même depuis 1919[65].

Mais le plus significatif est la publication en 1938 des deux romans de Jules Romains, *Prélude à Verdun* et *Verdun*, qui donnent de la bataille une version nourrie des meilleurs témoignages[66] où les combattants pouvaient se retrouver sans se sentir trahis. Il s'agit bien d'une œuvre romanesque, où l'auteur continue à suivre ses personnages dans la bataille sans prétendre porter témoignage ou écrire l'histoire, même s'il la connaît remarquablement. Mais cela lui permet de rendre compte simultanément de vécus différents, ceux des combattants et des états-majors, ceux aussi de l'arrière. Jules Romains donne ainsi « une vision globale, totalisante, des événements que chacun des témoins utilisés n'avait pu percevoir qu'à sa place et de façon particulière, limitée, fragmentaire[67] » ; il laisse son lecteur choisir en quelque sorte la perspective qu'il veut privilégier dans une bataille qui le dépasse et qu'il est peut-être impossible de saisir dans sa totalité. De toute façon, que ce grand romancier ait jugé nécessaire de consacrer à Verdun deux volumes de son immense fresque de la société française est un signe éloquent de la place de cette bataille dans la mémoire nationale.

On pourrait allonger l'inventaire. Il faudrait notamment évoquer la présence de Verdun dans les films de cette époque, avec *Verdun tel que le poilu l'a vécu* d'Émile Buhot (1927), et surtout le film de Léon Poirier, *Verdun, visions d'histoire* (1928), réédité avec une partition musicale en 1931[68]. Tourné sur les lieux mêmes, évitant une perspective manichéenne, relativement réaliste dans son traitement des combats, montrant les héros en victimes, avec une critique pacifiste atténuée dans la seconde version, ce film fut bien accueilli par les anciens combattants qui contribuèrent à sa diffusion.

À la veille de la Seconde Guerre mondiale, la mémoire de Verdun est donc fortement ancrée dans la société française. Elle associe une mémoire officielle, patriotique, victorieuse, et une mémoire combattante, profondément pacifiste, qui est une mémoire de souffrance et de deuil, avec cependant une pointe de fierté : celle d'avoir surmonté une épreuve sans précédent et résisté victorieusement à l'ennemi. En Verdun, ces deux mémoires se nouent intimement : Verdun est en effet une victoire défensive, et donc paradoxalement pacifiste ; la bataille qui empêche l'adversaire de passer permet à la nation de s'affirmer elle-même sans agresser quiconque ; c'est, pour les Français, le symbole même de toute la guerre. Il résume une certaine idée de la France, à laquelle celle-ci adhère et dans laquelle elle se reconnaît non sans fierté, si ce n'est, disent les étrangers, avec une pointe d'arrogance.

Mais le coût humain de cette victoire dépasse toute appréciation : le sacrifice surhumain dont il garde le souvenir a été tellement inhumain qu'il est impensable qu'il se reproduise : il ne le doit pas, il ne le peut pas. À la fin de cette période justement nommée « entre-deux-guerres », Verdun marque, croit-on, une frontière définitivement franchie entre deux époques ; il proclame que ce sacrifice indépassable est le dernier, que le monde capable de surmonter de tels massacres est désormais révolu. L'illusion était belle… Le réveil fut monstrueux.

CHAPITRE VIII

Verdun dans la mémoire allemande, de la Grande Guerre à Hitler

La mémoire française de Verdun s'organise, dès la bataille, autour de deux pôles, l'un, plus officiel, victorieux et héroïque, l'autre, celui des combattants, nourri de souffrances et de deuils. Ces deux mémoires se construisent dans une grande continuité tout au long de l'entre-deux-guerres. La mémoire allemande connaît-elle la même dualité et la même continuité ? L'accession de Hitler au pouvoir marque-t-elle une rupture ?

L'information des Allemands pendant la guerre

Les communiqués officiels

En Allemagne comme en France, le public a vécu pendant toute la guerre à la lumière des informations officielles, diffusées par le GQG ainsi que par quelques rares journalistes accrédités par l'armée, mais qui n'avaient jamais le droit de s'intégrer aux unités combattantes. L'information ne s'aventurait donc jamais au-delà des cantonnements d'arrière-front. Cependant, il y avait une porte ouverte dont profitaient les journalistes : les journaux alliés étaient librement disponibles en Suisse, si bien que le public allemand cultivé a pu connaître les réactions à la guerre des autres nations, à commencer par celles des ennemis.

La source d'information la plus importante pour les journaux allemands fut l'agence de presse « Wolff'sches Telegraphisches

Bureau » (WTB).. Le WTB publiait chaque jour les nouvelles en provenance du GQG allemand ainsi que des agences étrangères, de Havas à Reuters, pour ne nommer que les plus grandes.

Sur Verdun, les informations tombent dès le 22 février où le GQG fait savoir qu'après une période de mauvais temps l'artillerie s'est partout remise en action. Il évoque les événements de La Bassée et d'Arras, de la Somme et de l'Oise, avant d'en venir aux combats d'artillerie « des deux côtés de la Meuse » et de mentionner aussi de nombreux combats aériens, mais c'est tout : le nom de Verdun n'apparaît pas et l'on ne donne aucune précision sur la grande bataille qui s'engage, ses objectifs et ses suites éventuelles.

Le 23 février, en revanche, le WTB publie d'abord un communiqué du GQG qui signale avoir pris l'offensive à l'est de la Meuse, vers Azannes-Consenvoye, où les Français auraient creusé, depuis plus d'un an, d'importantes positions, ce qui aurait entraîné pour les troupes allemandes des « conséquences néfastes » pour les communications dans le nord de la Woëvre. L'attaque sur un front de 10 km aurait permis un gain de 3 km. Les pertes de l'ennemi en hommes et en matériel seraient importantes, et les Allemands auraient fait 3 000 prisonniers. Ce récit est accompagné de la traduction du communiqué français ainsi que d'un plan de la région de Verdun, qui indique le relief, mais non les lignes du front. Le WTB rapporte des informations données par Havas, selon lesquelles les Allemands auraient attaqué vers l'Herbebois et, après une préparation d'artillerie soutenue, auraient pris pied dans un certain nombre des « tranchées avancées » sans cependant atteindre celles de seconde ligne ; les Français les auraient repoussés et pris environ 50 prisonniers. Un jour plus tard, le 24 février, on se borne exclusivement à citer les communiqués français – sans aucun commentaire. L'infanterie allemande aurait attaqué à grand renfort d'unités « en provenance de sept corps d'armée différents ». Les Allemands auraient été arrêtés après de durs affrontements à la sortie du village d'Haumont, sur une ligne allant « d'Herbebois au nord du village d'Ornes », et les Français auraient réussi à tenir dans le bois des Caures.

Le lendemain, le WTB fait état d'une très forte progression. Les Allemands auraient pris six villages et débordé les positions adverses « jusqu'au dos de Louvemont ». Mais il y a plus important : 7 000 Français auraient encore été faits prisonniers, si bien que l'offensive allemande aurait déjà capturé 10 000 soldats. En outre, on publie ici aussi le communiqué français du 25 février, qui concède la perte d'Ornes ainsi que d'une partie du bois des Caures. « La retraite devenue nécessaire pour éviter des pertes inutiles aurait été exécutée en ordre parfait. » L'ennemi, dit le GQG français, se serait trouvé incapable de « rompre notre ligne de front sur un seul point ».

Le 26 février, c'est la fête pour le WTB. Le GQG transmet le communiqué suivant : « La forteresse blindée (*Panzerfeste*) de Douaumont, pilier nord-est de la ligne principale des fortifications permanentes de Verdun, a été prise d'assaut par le 24e régiment d'infanterie de Brandebourg et se trouve définitivement en notre possession. » Ce même jour, on rapporte que le Kaiser lui-même est venu sur le front et a assisté à la prise du sommet à l'est de Louvemont. On encadre le communiqué officiel français du 26 février, qui parle de la neige et de l'artillerie sans la moindre mention des succès allemands, prétendant au contraire que « plusieurs attaques par de grosses formations, dirigées avec une vigueur inouïe vers la côte du Poivre, sont restées sans succès ».

Un jour plus tard cependant, on publie *in extenso* le communiqué français sur la perte du fort de Douaumont, lequel se borne à une seule phrase : « Une lutte acharnée se livre autour du fort de Douaumont qui est un élément avancé de l'ancienne organisation défensive de la place de Verdun. La position a été prise ce matin après plusieurs assauts infructueux[1]. » Et le WTB de publier, le 27 février, une longue note du GQG allemand indiquant que les Français ont tenté cinq fois en vain de reprendre le fort de Douaumont. Les troupes allemandes ont conquis la position fortifiée d'Hardaumont et avancent « d'un pas alerte » en direction des côtes lorraines. On souligne que 15 000 Français ont été faits prisonniers depuis le début de la bataille de Verdun.

On ne suivra plus ici en détail le récit officiel, qui se fait d'ailleurs de plus en plus rare et factuel dans les semaines suivantes. Le 4 mars, on dit avoir arrêté une attaque française sur le village de Douaumont ; le 5, on reparle des combats autour du fort de Douaumont, continuellement attaqué par les Français ; le 8, c'est la prise du village de Fresnes qui rapporte aussi 300 prisonniers. Le 12 mars, après un silence de quatre jours, on dit que les Allemands résistent (!). Les attaques françaises ont échoué et l'on a pris depuis le début de la bataille de Verdun près de 30 000 prisonniers, 189 pièces d'artillerie dont 43 lourdes, ainsi que 252 mitrailleuses. Puis il semble qu'il n'y ait plus rien à dire. La différence est sensible avec les communiqués quotidiens du GQG français. On ne trouve plus une seule nouvelle officielle entre les 13 et 25 mars ! Ce jour-là, rien de nouveau non plus, mais on publie l'ordre aux armées de Joffre, en date du 10 mars :

> Soldats de l'Armée de Verdun !
>
> Depuis trois semaines, vous subissez le plus formidable assaut que l'ennemi ait encore tenté contre nous. [...] Le Pays a les yeux sur vous. Vous serez de ceux dont on dira : « Ils ont barré aux Allemands la route de Verdun[2]. »

La traduction en allemand de cet ordre du jour est parfaitement correcte. Le document semble cependant indiquer aux Allemands que les Français sont presque à bout de souffle ; on insiste sur le caractère « vital » de cette bataille pour eux. C'est la raison pour laquelle on publie également un ordre du général de Bazelaire, chef du corps d'armée qui tient la rive gauche, en date du 16 mars et où il est dit : « Le Français doit se montrer encore plus acharné que l'Allemand. Si tout un chacun a bien compris ce principe on ne laissera plus sur les champs de bataille que des mitrailleuses dont tous les hommes sont morts. C'est à ce moment-là seulement que l'on aura rempli son devoir[3]. »

Il semble bien que l'intérêt pour la bataille de Verdun, côté allemand, se soit rapidement estompé. Entre le 24 mars et le 12 avril, le WTB revient juste une fois sur la bataille en annonçant la prise de positions près du village de Vaux, où l'on prétend avoir encore fait 700 prisonniers (2 avril). Le 12, il mentionne brièvement une attaque sans succès des Français sur la côte du Poivre ; et le 25 il raconte l'attaque française du Mort-Homme, qui a également échoué, évidemment. Il est intéressant de noter que, depuis la fin mars, le WTB ne parle plus du tout d'offensive allemande mais de défense contre les attaques des Français !

Vers la fin d'avril 1916, la bataille de Verdun semble parfaitement banalisée pour le WTB – qui est sans doute la source d'information la plus importante pour la presse allemande. Rien de décisif, rien qui privilégie Verdun par rapport aux autres théâtres à l'échelle mondiale.

La presse

La presse allemande commente abondamment les premières journées de la bataille[4]. La *Frankfurter Zeitung*, quotidien de la bourgeoisie libérale, mentionne la bataille de Verdun pour la première fois dans son édition du 23 février. Elle explique, à grand renfort de cartes indiquant les lignes du front, qu'il s'agit d'interdire aux Français d'utiliser le saillant de Verdun pour attaquer les Allemands, et notamment de désorganiser leurs lignes de communication du front ouest. Le lendemain, ce journal prévient ses lecteurs qu'une très grande bataille qui changera définitivement le visage de la guerre est en cours. Puisque l'offensive allemande est si massive, secondée par un enfer de canons de tous calibres, l'on « se rapprochera » très prochainement de Verdun et l'on avancera définitivement vers Paris, pour éliminer la France de la guerre.

Selon les avatars de la bataille, le journal change beaucoup ses expressions, parlant tantôt d'attaque victorieuse et tantôt de résistance aux attaques françaises. Vers la mi-mars, il insiste fortement sur le fait que l'offensive allemande « saigne » la France, grâce surtout à l'écrasante domination de l'artillerie. D'une manière générale, il continue à évoquer les avances continuelles des armées allemandes ; toute conquête de n'importe quel bois ou ravin est dûment étalée, à grand renfort de cartes, devant le public. Mais il s'y glisse des vérités : tout en notant l'arrêt quasi total des avances sur les hauteurs à l'est de la Meuse, le journal insiste cependant sur les progrès lents mais continuels des Allemands sur la rive ouest. Les journaux, orientés naturellement par la censure et les informations du GQG, ne se lassent pas de signaler au public que l'avance, évidemment pénible, se fera malgré tout et qu'il s'agit surtout de faire perdre à la France beaucoup de soldats[5]. Ils font état du très grand nombre de prisonniers (dont le décompte est cher à l'agence Wolff, on l'a vu) et de la saignée, que les Allemands découvrent au fur et à mesure que se ralentit l'avance. Voici une citation type, *pars pro toto* :

> Ce 21 mai, trois mois ont passé depuis le début de la poussée allemande sur Verdun. Les premières journées et semaines remplies de succès héroïques et rapides furent suivies d'une lutte à mains nues [...]. Dans d'innombrables assauts contre le front allemand, qui avance imperturbablement, l'espoir de la France a été saigné à blanc sur les côtes dévastées de la Meuse[6].

Même tonalité dans le *Kriegs-Echo*, revue hebdomadaire, qui a paru pendant toute la guerre et qui résumait la presse quotidienne ainsi que les informations en provenance du GQG. Le 3 mars, il commente pour la première fois les événements de Verdun : l'assaut de Verdun est un « grand coup » sur le front ouest, l'attaque ayant été concentrée contre le « point le plus fort » des positions françaises. « Verdun, c'est peut-être le bastion le plus redoutable de la France. » Une semaine plus tard, le 10 mars, l'hebdomadaire souligne que la prise du fort de Douaumont a fait l'effet d'un coup de tonnerre sur les Français, mais que, malgré tous les succès que les troupes allemandes avaient remportés, il serait erroné et dangereux de sous-estimer la force et le courage de l'adversaire : « [...] il restera un lourd travail à faire pour briser la volonté des Français, enflammée à un degré d'excitation extrême par le mensonge et la haine ». Le 26 février, *Kriegs-Echo* rapporte le fait que 10 000 Français ont déjà été faits prisonniers devant Verdun[7]. Le 31 mars, face à l'évidente absence de progression des troupes allemandes clouées sur le terrain, la revue insiste pour la première fois sur le caractère de « pompe à sang » de Verdun :

> La France sait maintenant qu'elle va mourir exsangue, sans être secourue par ses alliés. Elle cesse de se moquer de la soi-disant défaite allemande devant Verdun. Il saute aux yeux maintenant que l'attaque allemande avance selon une méthode magistrale. L'Allemagne n'a que des pertes modestes et avance pas à pas contre une défense décidée au sacrifice suprême. Les Français ont subi des pertes gigantesques.
>
> Le soldat allemand sait depuis longtemps que ses généraux ne recherchent pas des succès rapides à tout prix ; il sait qu'ils préparent leurs entreprises avec circonspection et tranquillité, de façon à les réaliser avec un minimum de forces et de sang humain.

La revue y joint une esquisse d'un camp de prisonniers français en provenance de Verdun. Le 7 avril, elle récidive : on a fait 33 000 prisonniers devant Verdun et, elle le souligne, les pertes françaises sont sans commune mesure avec celles des Allemands. Désormais les pertes françaises et le caractère méthodique de l'attaque allemande deviennent, jusqu'en juin, le thème dominant des « reportages » sur Verdun. En réponse à l'ordre du jour de Pétain du 10 avril (« Courage, on les aura... »), *Kriegs-Echo* insiste sur le fait que Verdun « avale comme un Moloch les enfants de la France ». La France a investi 51 divisions « dans le mortier de la Meuse », tandis que l'Allemagne peut se contenter d'en utiliser moins de la moitié en misant surtout sur l'artillerie. Enfin, la prise du fort de Vaux, le 7 juin, suscite l'enthousiasme général. C'est l'aboutissement d'une tactique : « Notre attaque progresse, difficilement mais irrésistiblement ; Verdun, c'est l'immense four où brûle le meilleur des forces françaises. » D'une manière très caractéristique, la seule photo du fort conquis par les Allemands est tirée de *L'Illustration* française...

Il n'y a pas que le récit de Verdun qui soit parfaitement stéréotypé : l'illustration de la bataille l'est aussi de façon régulière. En regardant les trois revues illustrées destinées au grand public, à savoir la *Leipziger Illustrierte Zeitung*, la *Berliner Illustrirte*, et la *Illustrierte Kriegs-Chronik* de la revue très populaire *Daheim*, on ne découvre aucune illustration originale[8]. On montre une pièce d'artillerie française détruite ou capturée, on fait état d'une « position ennemie conquise ». On a recours à des plans montrant le relief des champs de bataille et on prend, à nouveau dans *L'Illustration*, des photos d'un faubourg de Verdun détruit par l'artillerie. Cette parcimonie dans l'iconographie est d'autant plus intéressante que, six mois plus tard, sur les champs de bataille de la Somme, les photos prises sur place abondent dans les mêmes revues et journaux. De même, curieusement, il n'existe presque pas de documentation photographique sur la bataille de Verdun, publiée sur le moment, tandis que là encore, un peu plus tard pour la Somme, les publications foisonnent[9].

Or ceci n'est pas dû à une pénurie de photos prises sur place, comme on pourrait le penser de prime abord, car en fait les soldats allemands ont, eux aussi, beaucoup photographié. Preuve en sont les documentations illustrées publiées après la guerre, sur lesquelles nous reviendrons. Mais les autorités militaires n'ont pas accepté que ces matériaux fussent diffusés au moment même. Par comparaison avec la Somme, quelques mois plus tard, Verdun présente ainsi une très grande particularité. Tandis que pour la première, on publie maintes photos des destructions subies par les villages et le pays du fait du bombardement allié, rien de tel pour Verdun, car là ce sont les Allemands qui attaquent et qui, ce faisant, sont « responsables » du gros des destructions. Sur la Somme, les Allemands sont sur la défensive, et ils ont tout intérêt à faire voir avec quelle brutalité les Français eux-mêmes, en accord avec les Britanniques, détruisent méthodiquement cette région.

Matti Münch a montré, dans son travail sur le mythe de Verdun, que, de fait, le journal de la 5ᵉ armée ne s'occupe presque pas du déroulement de la bataille. Il parle certes de « l'Enfer de Verdun », mais il se tait sur tout détail. Il faut attendre 1917 pour que ce journal officiel de l'armée du Kronprinz qui a le plus combattu devant Verdun revienne sur la bataille, en publiant un poème tout à fait intéressant d'un de ses soldats, intitulé *Nous devant Verdun* :

> Damnés que nous sommes, en ces cent nuits brûlantes
> Comme des taureaux, résolus à nous battre pour cette terre maudite,
> À combattre un ennemi assoiffé de vengeance
> Qui notre position, mille fois prit d'assaut ;
> Il nous semble ici, inlassablement, dans le poison, le fracas
> Défendre les frontières de la patrie allemande.
> […] Toi, patrie radieuse et vous, fiers Vainqueurs.
> Quand se tairont vos louanges de gratitude,
> Souvenez-vous aussi de ce silencieux guerrier
> Et pensez à vos frères, qui, devant Verdun,
> Héroïquement, dans la lutte, le sang et l'abandon,
> Ont tant fait pour votre bonheur[10].

La propagande par le film et les lettres de soldats

En effet, contrairement à ce qu'on aurait pu imaginer au vu de l'ampleur prise par le mythe à la fin des années 1920, la propagande allemande, voire le commerce du livre ne se sont guère occupés de l'offensive sur Verdun.

À première vue, il y a pourtant une exception : un film de propagande, sorti en 1916, au titre suggestif, *Mit der Armee des Kronprinzen vor Verdun* (*Avec l'armée du Kronprinz devant Verdun*)[11]. En fait, ce film, qui prétend montrer la bataille de Verdun, n'en fait rien voir du tout. Il présente des villages détruits, la ville de Longwy, dont les forges n'ont pas souffert du bombardement et où 700 ouvriers travaillent… pour les Allemands. On voit un avion sorti de son hangar et préparé pour un vol, ou encore un avion tombé dont les restes et l'équipage sont rassemblés par des mécaniciens empressés. On voit également la forteresse de Longwy ainsi que la ville, occupée, et dont le château est transformé en hôpital militaire, des canons français capturés, et encore une ville détruite. C'est un pot-pourri de prises de vues ordinaires, mais malgré le titre du film, il n'y a pas une seule prise de vues du champ de bataille de Verdun ni de la bataille elle-même.

Même résultat pour les collections de lettres de soldats, publiées pendant la guerre même, et qui ont eu un tirage important : elles ne parlent pas ou peu de Verdun. La collection très répandue en sept volumes sur « La guerre allemande par ses lettres du front » a publié un volume sur Verdun, mais qui a paru en… 1915, avant même la bataille[12].

En revanche, la collection publiée par Philipp Witkop de *Lettres du front*, qui eut un énorme retentissement sous la République de Weimar, contient des lettres vraiment emblématiques sur le vécu du *Feldgrau* de Verdun. Mais là aussi il faut nuancer : la toute première édition de Witkop est parue en 1916, sous forme d'une mince plaquette, où l'on glisse sur Verdun[13]. L'édition de 1918, considérablement augmentée, ne donne qu'une lettre, très longue et très expressive, d'un soldat devant Verdun, Hans Forster. Écrite le 1er juillet 1916, elle dit crûment tout ce que vivent et souffrent les soldats. En six pages très denses, elle raconte l'attaque du 20 juin, où les Allemands prennent – pour un moment – le village de Fleury après avoir attendu dans des trous d'obus pendant de longues heures sous l'artillerie implacable des Français. Elle évoque la puanteur des morts, la soif inextinguible, les gaz, les avances et replis de quelques mètres dans le sang, les prisonniers et les pertes soudaines de camarades, la blessure et le transport difficile vers l'abri protecteur du fort de Douaumont. Enfin, ce texte décrit la vue qu'on a de Fleury vers le fort de Souville et la ville de Verdun : « Ah, Verdun, quel enthousiasme, les gens rayonnants s'embrassent… c'est une vue si grande et si sublime ! » C'est tout, mais c'est beaucoup.

Cette lettre exceptionnelle est reprise par toutes les éditions suivantes du recueil de Witkop dans les années 1920 et 1930[14]. Ce volume, publié de 1918 à 1935 dans un grand nombre d'éditions successives – l'édition « populaire » de 1933 prétend avoir tiré à 110 000 exemplaires –, est devenu par la suite le « monument » allemand de la Grande Guerre le mieux connu. Mais Verdun n'y occupe nullement une place particulière, même pas dans les éditions parues vers la fin de la République de Weimar, où le mythe de Verdun domina le souvenir. L'édition de 1933 comporte à peine cinq lettres relatives à Verdun tandis que la Somme y est présente par une trentaine de lettres. Johannes Haas, tombé le 1er juin 1916 devant Verdun, dit simplement, le 13 mai 1916 : « Chers parents. Ici c'est la guerre. La guerre sous sa forme la plus cruelle. » Il leur dit aussi qu'il mourra sans doute avant peu, ce qui fut le cas quelques jours plus tard. Otto Heinebach, étudiant de Berlin mort au combat le 19 février 1916, donc deux jours avant l'attaque véritable, raconte la veille que son unité vient d'apprendre que l'offensive générale commencera le 20 février et qu'ils ont l'ordre de ne prendre dans leur sac que le nécessaire. Nous avons déjà évoqué la lettre de Hans Forster. Enfin, une lettre du soldat berlinois Paul Boelicke, envoyée de Verdun dans la seconde moitié de l'année 1918 (!), décrit le paysage de la mort : « Verdun, quel mot horrible... Ici c'est la mort qui a distribué la semence des os. » Et dans sa dernière lettre, datée du 18 octobre, il raconte une marche de 22 km dans le secteur de Verdun et l'énorme frustration des soldats qui savent que la guerre est perdue : « Il ne faut surtout pas réfléchir. En lisant le journal on risque de tomber évanoui. Je ne puis croire que nous serons vaincus, je ne le puis. »

Dans l'ensemble, la célèbre collection des *Lettres de guerre* de Witkop montre à l'évidence que, ni pendant ni après la guerre, on n'a voulu faire de la bataille de Verdun le support d'un mythe particulier. Par rapport à la Somme qui fut pour les Allemands la bataille « défensive » par excellence[15], Verdun joue un rôle manifestement bien moindre dans le souvenir de la Grande Guerre.

Banalisation de la guerre et de Verdun

Il semble en outre que la prolongation imprévue du conflit ait entraîné dans le public allemand une grande lassitude envers les récits de la guerre réelle dès 1916. Ce processus de « banalisation » de la guerre a été peu étudié. Il expliquerait qu'en 1916 les livres sur le vécu du soldat et le déroulement des batailles se soient très mal vendus. Les recueils de lettres proposés au public se firent extrêmement rares. De même, comme l'a montré Martin Baumeister dans une étude novatrice sur le théâtre en guerre, les pièces mettant en scène la guerre n'étaient pas de mise en 1916 : « Au moment où commencèrent les batailles de Verdun, on donna dans la capitale allemande la première de la pièce de boulevard *La Maison des trois filles*. » Au moment où la guerre prenait des dimensions apocalyptiques du fait du moulin à sang des batailles de matériel, ce fut le triomphe, à Berlin, du music-hall et de l'opérette[16].

La guerre fut rendue présente au public principalement par des expositions, organisées un peu partout, qui donnèrent à voir la « réalité du front » et des objets pris à l'ennemi. On y reconstitua les tranchées « comme devant Verdun », et l'on exposa avec fierté les mortiers et les canons de 75 pris aux Français au cours de la bataille. Rien de particulier cependant, et le terrain apocalyptique du carnage ne fut évidemment pas représenté[17]. Retenons cependant une exposition dédiée aux grandes forteresses, qui se tint à Berlin en août 1916. On avait construit un modèle d'une énorme forteresse style Vauban, et on expliqua le système qui avait été appliqué, en particulier à Verdun, après la guerre de 1870. Aucun renvoi cependant à l'actualité de Douaumont et de Vaux, mais, une fois de plus, la mention que les Français n'avaient pas conçu les grands forts de Verdun comme des places de défense mais bien comme des bases d'où risquait de partir une puissante offensive contre l'Allemagne[18].

On était en août 1916 ! Ce manque d'intérêt pour ce qui se passait à Verdun est le résultat d'une lassitude généralisée qui a été remarquée dès la guerre. En 1916, un critique littéraire de renom, Walter von Hollander, nota dans un article :

> L'habitude immunise le public. C'est que dans la guerre, le nombre d'acteurs va grandissant sans cesse, tandis que le groupe des simples spectateurs se réduit considérablement […]. Partir pour la guerre n'a plus rien de particulier […]. On ne fait que hausser les épaules quand on apprend que quelqu'un est mort à la guerre[19].

D'autre part, la censure militaire prit garde à ce que la réalité vécue de la guerre ne soit pas connue du public. Alors qu'en France *Le Feu* d'Henri Barbusse reçut le prix Goncourt en 1916, le public allemand n'eut pas la possibilité de lire une histoire authentique de la souffrance des soldats. Le seul livre qui ait atteint le niveau littéraire et le réalisme de Barbusse fut celui de Fritz von Unruh, *Opfergang* (*Le Chemin du sacrifice*).

Nicolas Beaupré a établi que Fritz von Unruh, un noble d'ancienne souche et ami personnel du Kronprinz, fut chargé par celui-ci dès mai 1916 d'écrire, pour la propagande, un livre sur la bataille de Verdun. L'éditeur Cotta en fut informé par un correspondant de la manière suivante :

> [...] depuis peu le Kronprinz a appelé auprès de l'état-major de la 5e armée à Stenay, le poète Fritz von Unruh alors au front comme sous-lieutenant, et il l'a chargé de rédiger une courte histoire des combats de Verdun destinée à un large public. Le livre doit être populaire et paraîtra éventuellement après la chute de Verdun[20].

Avant la fin de l'année, cette nouvelle, d'un style résolument expressionniste, était prête à être publiée. Mais elle traitait de façon parfaitement véridique le vécu de la bataille de Verdun, et quand Unruh en lut une première version aux officiers de l'état-major, ce fut un scandale absolu : on le menaça d'un conseil de guerre – punition qui fut évitée grâce à l'intervention du Kronprinz.

De fait, ce livre, commandé pour la propagande, s'avérait profondément « défaitiste ». Unruh avait suivi les soldats pas à pas sur le terrain et il faisait voir l'énormité de leur tâche, l'absurdité de la lutte de la chair à canon. Il mettait déjà en scène ceux à qui l'horreur avait fait perdre les nerfs, les conduisant à la folie :

> Descendant de l'église et traversant le village, un troupeau de soldats déments passa auprès d'eux. Quelques-uns tenaient à la main des membres déchirés, et les balançaient comme des matraques, de sorte que les lambeaux de chair volaient. La panique leur découvrait les gencives[21].

Le livre ne fut donc pas publié, d'autant moins que Verdun ne fut pas pris comme on l'espérait, et que le « chemin du sacrifice » continuait. Mais comme le fait était connu et divulgué, *Opfergang* put paraître dès 1919 et eut un excellent succès

– relatif. Selon la statistique établie par Nicolas Beaupré, il fut vendu à raison de 10 000 exemplaires en 1919 et 10 000 encore en 1920. Ce qui fut beaucoup, au vu de l'amnésie qui frappa le souvenir de la Grande Guerre en Allemagne, et sur laquelle nous reviendrons. Il connut également une traduction française en 1923[22].

L'après-guerre

Les années 1920

L'immédiat après-guerre ne fut cependant pas le moment de la réflexion littéraire sur la catastrophe de Verdun, mais bien celui de la mise en accusation et de l'autodéfense des responsables allemands de la guerre et de sa conduite. Au cours de l'année 1919 parurent les mémoires de Hindenburg et de Ludendorff, ainsi que nombre de libelles, où Falkenhayn fut pris à partie pour l'échec de sa stratégie. Pour se défendre, il publia en juillet 1919 un article, dont l'anonymat ne trompa personne, dans la revue militaire renommée *Militär-Wochenblatt.* Il y justifia la bataille de Verdun et ses résultats en disant crûment que son but final avait été « de saigner à blanc les Français », ce qui avait été un plein succès, puisque « plus des deux tiers de l'armée française, à savoir 90 divisions, avaient été brisées devant Verdun ». Et que les pertes allemandes n'auraient représenté qu'un tiers des pertes françaises.

Cet article créa un scandale, moins pour son cynisme que pour la prétention d'avoir « brisé » les Français. Le principal adjoint de Ludendorff, l'Oberst Bauer, lui répondit furieusement dans un article du très renommé journal conservateur *Kreuzzeitung*, où il disait vertement que ce n'était pas l'armée française mais plutôt l'armée allemande qui avait été saignée inutilement devant Verdun[23]. Personne ne connaissait encore, à cette date, les vraies pertes, cependant la supposition de Bauer, à savoir 35 000 pertes allemandes devant Verdun par mois, semblait élevée mais crédible.

Mais dans cet après-guerre allemande, les histoires de batailles et de guerre n'intéressaient que très peu le public. Le traumatisme provoqué par la défaite et la « honte » de Versailles interdisait de discuter ou de commémorer la Grande Guerre. Le fait notable que les *Orages d'acier* d'Ernst Jünger ne trouvèrent pas d'éditeur en 1920 témoigne pour un ensemble : les expositions de la guerre s'arrêtaient, les collections de guerre furent dissoutes ou vendues à l'étranger. Le Bauhaus de Munich cessa toute activité commémorative. Pendant la guerre, il avait créé d'intéressantes stèles ou monuments pour la commémoration des morts – après 1919, il cessa toute activité dans ce domaine ! La plupart des monuments aux morts allemands ont été érigés plus tardivement, et les grandes institutions comme le Bauhaus n'ont pas été sollicitées pour les concevoir.

Les historiques régimentaires et les « Batailles de la guerre » du Reichsarchiv

Le souvenir de Verdun fut donc réduit aux seuls groupes de soldats actifs mais qui ne parlaient que très peu. Le silence de ceux qui avaient lutté sur le front est un fait général souvent signalé. Les seuls médias, ou presque, où la mémoire de Verdun resta vivante furent les historiques régimentaires, qui commencèrent à paraître dès 1922 ; les soldats y réunissaient leurs documents et leurs souvenirs en les faisant passer par la voix d'un scribe plus ou moins doué pour la tâche. Dans la cinquantaine d'historiques des régiments ayant combattu devant Verdun et analysés par Sara-Verena Adamsky[24], la plupart font état du décalage énorme entre ce que la troupe avait voulu faire devant Verdun et le plan absurde de Falkenhayn. Les historiques mentionnent très souvent que les soldats se faisaient l'idée d'une attaque contre Verdun qui déciderait du sort de la guerre ; ils étaient plus ou moins admiratifs des généraux et de leur volonté d'enfin « prendre le taureau par les cornes », comme ils le disaient souvent. Les historiques tendent à expliquer en partie ce qui s'est passé par la volonté de prendre Verdun ou par celle de saigner les Français. Mais tous ou presque sont d'accord pour dire que la saignée a eu lieu et qu'elle a décisivement affaibli les forces françaises. Cela étant, la grande majorité des historiques analysés critique aussi le fait que la stratégie de la pompe à sang a fait subir à l'armée allemande des pertes non moins énormes et parfaitement inutiles d'un point de vue opérationnel. Pourtant, malgré leur nombre, l'influence de ces historiques fut très limitée. Ils n'intéressaient que les soldats et leurs proches.

Dans cette première moitié des années 1920, on ne voit qu'une seule exception à la règle de suppression traumatique du souvenir d'une Grande Guerre si coûteuse et si lamentablement perdue. Ce furent les volumes « populaires » édités par le Reichsarchiv, suivant (ou précédant) les gros volumes de l'histoire officielle de la Grande Guerre. Le nom de cette série fut « Les batailles de la guerre mondiale » et ses 40 volumes parurent entre 1924 et 1930. Écrits par des soldats-journalistes, ces historiques s'appuyaient sur des récits de soldats et les sources rassemblées par le Reichsarchiv. Ce n'étaient pas des histoires-bataille traditionnelles, où les soldats n'auraient été que des pions sur l'échiquier des grands généraux : ils se trouvaient au centre même du récit. Avec leurs angoisses, leurs souffrances, leur héroïsme quotidien face à la destruction universelle. Cette série eut un étonnant succès auprès du public, de gauche comme de droite.

Ce fut surtout vrai pour le premier des volumes publiés, le *Douaumont* de Werner Beumelburg. Paru en 1923, ce livre semble avoir été tiré à 50 000 exemplaires pour chacune des trois éditions publiées jusqu'en 1933[25]. Beumelburg ne s'intéresse nullement aux plans stratégiques, il ne mentionne même pas les débuts de l'offensive ; il commence par l'immense catastrophe du 8 mai, où un magasin de grenades explosa dans le fort de Douaumont, tuant entre 800 et 1 200 soldats, emmurés

– jusqu'à nos jours – dans une des casemates du fort. C'est un formidable récit réaliste, sur un ton de nationalisme exacerbé il est vrai, mais qu'on aurait tort de confondre avec le nationalisme étriqué des nazis. Nous reviendrons plus tard sur la question de l'emprise nazie dans le souvenir de la guerre.

Le tournant des années 1930

1928-1930 : la réactivation du souvenir de Verdun

Sans doute le livre de Beumelburg, nationaliste – mais en même temps terriblement réaliste –, a-t-il ouvert la voie à la focalisation de l'intérêt que les Allemands commencèrent à porter à la bataille de Verdun quand vint, à partir de 1928-1929, la grande vague de remémoration de la Grande Guerre. Ce fut, en vérité, comme la rupture d'une digue, une digue de la mémoire collective traumatisée[26]. L'exemple le plus connu de nos jours et qui éclipse tous les autres, à l'époque comme plus tard, fut *À l'Ouest rien de nouveau*, d'Erich Maria Remarque. Certes, le récit de son héros, Paul Bäumer, et de son groupe, perdus dans le front de l'Ouest, rappelle plus la Somme que Verdun. Mais le million d'exemplaires du livre vendus jusqu'en 1933, où il fut interdit par les nazis, témoigne de l'intensité de cette libération de la mémoire allemande de la Grande Guerre.

Beaucoup d'auteurs profitèrent de cette vague, dont on ne dira pas ici les dimensions[27]. Pour ce qui est du mythe de Verdun, ce furent en effet le *Douaumont* et, plus encore à partir de 1929, le deuxième livre de Beumelburg, le *Gruppe Bosemüller*, qui eut après Remarque le meilleur succès de librairie[28]. On a beaucoup dit que *Gruppe Bosemüller* est « le Remarque de droite », et c'est vrai, car là où Bäumer et ses camarades périssent dans le désespoir de la guerre de matériel, le groupe de Bosemüller, qui combat au fort de Douaumont, vit les mêmes horreurs et les décrit bien, mais il reprend ce qui fut – depuis les *Orages d'acier* d'Ernst Jünger – le *topos* de base de la littérature de droite : cette guerre de matériel démontre que la volonté ne peut être détruite par les grenades. Les corps se déchirent, mais « le corps » du soldat y mûrit, devient impénétrable à la douleur. C'est un corps sur-individuel qui résiste par volonté et par décision à toute destruction, et qui construira à la longue le nouveau corps du peuple allemand. De nombreux auteurs se sont évertués à mettre en vie cette idéologie, dont naît aussi l'idéologie SS. Mais le livre de Beumelburg dut sans doute son énorme succès dans toutes les couches de la population au fait d'avoir décrit l'immense plaie que fut Verdun, en ouvrant l'espoir et en rachetant l'absurdité de la mort des soldats dénoncée par Remarque et les autres auteurs de gauche, sans approfondir pour autant de façon idéologique le lien paradoxal entre destruction individuelle et ascension collective.

C'est donc à partir de 1928-1929 que la bataille de Verdun devint, pour les Allemands, ce qu'elle est restée depuis : le lieu emblématique du souvenir de la Grande Guerre.

Les expositions

Le ravivage du souvenir de Verdun fut d'abord le fait d'expositions sur la Grande Guerre qui virent le jour – après dix ans de silence – à partir de 1928 un peu partout en Allemagne[29]. Christine Beil a retrouvé une dizaine de grandes expositions présentées entre 1928 et 1932 dans au moins trente villes allemandes – en dehors des musées de la guerre –, dans des salles de cinéma, des théâtres ou sur la place publique. Ces expositions constituaient un intéressant parallèle à l'ascension du nationalisme intransigeant, puis du national-socialisme. Elles comportaient presque toutes, par diorama ou relief en carton ou en plâtre, une reconstitution en format réduit du champ de bataille des grands combats du front ouest, avec une préférence certaine pour Verdun. L'exposition la plus connue, intitulée « Le front allemand », montée par un particulier, un commerçant d'extrême droite, Gustav Seyferle, fut visitée par un très large public : on parlait de plus de 150 000 visiteurs pour la seule année 1930. La partie « Verdun » de ce relief mesurait 25 m^2 à l'échelle du 1/15 000. On y avait planté à l'aide d'une pincette plus d'un demi-million d'arbres, déchiquetés bien sûr. Les différents combats furent « illustrés » à grand renfort de petites lampes, qu'on pouvait allumer et éteindre selon la localisation voulue, et qui montraient les marches et engagements des différentes unités sur le terrain. Ces expositions se sont poursuivies et même développées après 1933, et elles ont été vues un peu partout jusque dans les années 1937-1938. Elles ont joué un rôle important de relais dans la « nazification » du souvenir de la Grande Guerre, car le régime les a systématiquement soutenues, comme nous allons le voir.

Évidemment, ces expositions furent aussi un lieu de rencontre entre les anciens combattants et les jeunes générations qui commençaient à s'intéresser beaucoup à la reconstruction d'une forte et « plus grande » Allemagne, libérée enfin des contraintes du « traité de la honte », celui de Versailles[30]. Les récits des soldats, les livres de Beumelburg et de beaucoup d'autres anciens combattants, en reçurent une importance nouvelle ; leur diffusion redoubla. Et cela d'autant plus qu'il n'y avait aucune trace de défaite dans ces présentations de la guerre et surtout de la bataille de Verdun : elles montraient des attaques victorieuses, dont la prise du fort de Douaumont fut et resta l'emblème le plus vivant.

« Douaumont » fut même le sujet d'un des grands films sur la guerre, présenté au public en 1932. Ce film était un mélange de documentaire et de fiction. On y fit participer des formations de la Reichswehr et surtout les deux grands « vainqueurs de Douaumont », le lieutenant Radtke et le colonel Haupt. Ce film n'était pas très nationaliste, car il mettait en scène également les mérites et la valeur de l'ennemi : chacune des deux armées luttait pour la sauvegarde de sa patrie. Et comme on ne pouvait en tirer une leçon nationaliste, il fut jugé pacifiste par les droites et complètement rejeté. Puis interdit, tout comme le film de Remarque, un an plus tard, par les nazis au pouvoir.

Le tourisme de guerre

Le tourisme allemand de Verdun ne prit, lui aussi, un essor notable qu'à partir de l'année 1928 – dix ans après la fin de la guerre. Comme l'a démontré le livre novateur de Susanne Brandt, le Volksbund Deutsche Kriegsgräberfürsorge, seul en charge de l'entretien des cimetières militaires – et cela jusqu'à maintenant –, eut beaucoup de mal à intéresser un public relativement étoffé au pèlerinage en France. Le déplacement était trop coûteux, et l'administration française plutôt chicanière, aussi peu de gens faisaient-ils le voyage. Cela commença à évoluer en 1928, quand l'intérêt renouvelé pour la Grande Guerre rendit la visite de Verdun et du front ouest beaucoup plus régulière.

Revoir le paysage de la mort de Verdun, avec ses sites de la zone rouge, le terrain dévasté et toujours jonché de résidus de la guerre, devint intéressant pour les anciens combattants et leurs familles, tout comme pour les jeunes générations. Et comme le réaménagement des champs de bataille de la Somme ne laissait subsister que les cimetières, l'intérêt se focalisa de plus en plus sur le site de Verdun. Nombre de groupes de voyageurs vinrent alors devant Verdun et dans la ville. Ils visitaient surtout les cimetières militaires puisque la zone rouge restait interdite au tourisme, voire au pèlerinage ! Les guides des champs de bataille se multiplièrent également, notamment le guide illustré « Hier et aujourd'hui sur le front ouest[31] » dont la documentation photographique faisait voir combien – pour nos yeux – les sites avaient peu évolué depuis la guerre. Les visiteurs allemands virent surtout les très grands cimetières militaires français et américains – Romagne-sous-Montfaucon – et l'on en tira la conclusion, selon beaucoup des sources contemporaines exploitées par Susanne Brandt, qu'au vu de tant de morts des autres armées, l'Allemagne n'avait pas vraiment perdu la guerre. Et que le sacrifice des centaines de milliers de soldats allemands, sur le sol de Verdun et d'ailleurs sur le front ouest, n'avait pas été vain. Car, disait-on, un peu comme l'avait répété la propagande allemande pendant la guerre même, les destructions qu'on voyait n'avaient pas été faites en Allemagne, les soldats allemands morts devant Verdun ayant construit une sorte de « digue solide » pour empêcher l'ennemi de venir dévaster l'Allemagne de la façon désastreuse qu'illustrait le champ de bataille de Verdun.

Il y eut une autre et fort importante conclusion que les visiteurs – ou du moins les propagandistes qui commentaient ces visites – tirèrent des monuments français, surtout le Lion mourant de Souville et le monument du Mort-Homme. Comme le dit le journal du Volksbund en 1931 :

> Le monument du Mort-Homme nous renseigne sur le grand nombre de divisions françaises qui ont péri ici même dans la gloire. Mais cela présuppose un adversaire, qui n'a pas été moins courageux et prêt au sacrifice. C'est ce que nous voulons retenir comme enseignement de ces monuments[32].

Le mythe de Verdun sous le régime hitlérien

L'idéologie nazie avait ceci de particulier qu'elle constituait un mélange entre, d'une part, le nationalisme traditionnel et, d'autre part, des excès d'idées nouvelles qui ne furent accessibles qu'aux cadres et aux militants convaincus. Le parti nazi avait signalé, dès 1919, qu'il se comprenait comme « vengeur » du soldat et du peuple face à la trahison judéo-communiste, dont les initiateurs étaient au pouvoir dans le « système » de l'abjecte République de Weimar, née de la trahison et responsable de la défaite d'une armée « invaincue sur les champs de bataille ». Cette « vengeance », Hitler l'articula dans chacun de ses discours. Et les nazis ont durant les années 1920 toujours mis en valeur leur adhésion à l'ancienne armée et au soldat, dont ils prétendaient rétablir l'honneur. Au moment où se réveilla le souvenir de la Grande Guerre, à la fin des années 1920, le parti nazi avait fait depuis 1928 un énorme bond électoral qui allait s'accentuer encore, dans la mesure où la crise économique mondiale sévissait en Allemagne. Nous n'insisterons pas davantage sur les problèmes généraux de cette préhistoire de la prise du pouvoir en 1933. Constatons simplement que le regain d'intérêt pour la Grande Guerre à la fin des années 1920 aida particulièrement le parti nazi à se positionner en détraumatiseur des Allemands. Ce qui fut fait[33]. Et il est sans doute vrai que la crédibilisation des nazis auprès du peuple allemand tint beaucoup plus à ce traditionalisme affiché qu'aux extravagances antisémites de leur idéologie.

Le cas de Verdun servit beaucoup à cette implantation d'une représentation nazie de la guerre, qui ne fut, en réalité, qu'un ramassis idéologique de tout ce que les nationalistes avaient pensé et dit depuis longtemps. Pour donner un excellent exemple de ce mécanisme, il suffit de regarder les expositions sur la Grande Guerre que nous avons évoquées un peu plus haut. L'exposition de Seyferle, qui avait remporté un plein succès auprès du public allemand depuis 1930, fut agrandie et encore plus largement diffusée après 1933. Et en fin de compte, elle fut intégrée dans l'exposition permanente du Zeughaus de Berlin – place emblématique de la gloire militaire allemande – en 1937[34]. Dès 1932, *Der Angriff*, journal du NSDAP, avait dit que la bataille de Verdun avait été, en vérité, le lieu où le sacrifice du soldat avait fondé la *Volksgemeinschaft*, la communauté *völkisch* nouvelle, réalisée intégralement par le national-socialisme. Ce discours fut très suivi dans le récit de la bataille de Verdun au cours des années suivant la prise du pouvoir des nazis. Les livres à grand succès de Josef Magnus Wehner et de Hanns Zöberlein sont là pour le démontrer[35]. Chez ces auteurs et beaucoup d'autres, le soldat de Verdun retrouve sa cohérence dans le groupe de ses camarades qui forment le noyau du peuple nouveau.

Wehner, dont le roman *Sept devant Verdun* avait été publié en 1930, eut un énorme succès quelques années plus tard. Pour lui, Verdun, qu'il fallait reconquérir, n'était en réalité qu'une ancienne ville allemande. Et ceux qui avaient lutté devant Verdun étaient comme des émissaires de la nation qui allait s'agrandir et se compléter au prix d'énormes pertes. Comme il l'a dit dans *Pèlerinage à Paris*, paru en 1935, « Le monument du Lion de Souville est le témoignage le plus concret de notre mort en masse dont résulte la renaissance d'un peuple forgé d'airain et imbattable à l'avenir[36]. »

Ce petit groupe de soldats, qui est comme le gamète de la future « communauté du peuple », est très bien symbolisé par l'épisode de la prise du fort de Douaumont : le succès d'un petit groupe de soldats décidés, sans respect pour les ordres de leurs « vieux » généraux loin du front et de l'élan sans réserve du soldat. C'est la raison pour laquelle, sous le régime nazi, on tenait haut et fort l'histoire de Douaumont. Et Brandis, l'un des vainqueurs de Douaumont en 1916, s'y est réinvesti pleinement après 1933. Suite à un pèlerinage effectué à Verdun en 1935, il publia une plaquette où il raconte ses souvenirs de l'événement de 1916, pour conclure : « Le matériel ne saura jamais gagner une bataille ! La bataille de matériel n'existe pas ! C'est l'esprit qui gagne la bataille[37]. » La formule est caractéristique de l'esprit extrémiste qui se développa dans la littérature de droite sur l'événement « Verdun » pendant les dernières années de la République de Weimar, et qui fut repris et développé dans les années 1930 par les nazis au pouvoir.

La tradition de gauche du récit fut alors interrompue et ne put survivre qu'à l'extérieur, dans l'émigration. Le meilleur exemple en est le livre d'Arnold Zweig, *Éducation devant Verdun*, paru à Amsterdam en 1935[38]. Zweig, soldat-travailleur devant Verdun en 1916, avait beaucoup écrit sur la Grande Guerre, mais jamais rien sur ce qui s'était passé là où il avait travaillé à la construction des chemins et chemins de fer. C'était un livre plein d'observations réalistes sur le déroulement de la bataille, la prise du fort de Douaumont, la destruction de la première ligne par l'artillerie allemande, une bataille éducatrice car elle donnait à voir les intérêts capitalistes dans le militarisme effréné qui s'était manifesté devant Verdun. Et les soldats, tel le protagoniste Bertin, ne sont que les « troupeaux qu'on envoie à la mort », les « travailleurs aux usines de la destruction ». Vu d'aujourd'hui, c'est un livre intéressant et réaliste mais il semble bien que, dans les années 1930, cette pédagogie du matérialisme historique n'ait intéressé personne ou presque.

Le serment de Douaumont

Beaucoup plus que ce récit critique, ce qui marqua le souvenir de Verdun fut le rapprochement des anciens combattants français et allemands. Esquissée à la fin des années 1920[39], l'idée de commémoration commune prit forme sous le régime nazi. L'initiative vint d'anciens combattants membres du parti ; les ministères concernés, d'abord très sceptiques, comprirent que ce mode de rapprochement permettrait de légitimer le régime aux yeux des Français. Il était opportun de souligner que le Führer était un ancien combattant, un soldat courageux, décoré de la *Eiserne Kreuz* première classe, ce qui était rare pour un simple soldat[40].

Les associations françaises d'anciens combattants de gauche, notamment la plus importante, l'Union fédérale des mutilés (UF), avaient très tôt cherché à se rapprocher de leurs homologues allemandes, mais celles de droite, comme l'Union nationale des combattants (UNC), avaient refusé par principe tout contact avec les anciens combattants ennemis. Les choses changent après l'arrivée de Hitler au pouvoir[41]. À l'initiative d'Abetz, un « comité France-Allemagne » est créé en 1935. Les présidents de l'UF et de l'UNC acceptent d'en être les vice-présidents. L'inauguration de la maison de l'association à Berlin est l'occasion, pour Hitler, de recevoir des responsables combattants. En même temps que les Jeux olympiques de 1936, le vingtième anniversaire de la bataille de Verdun offrait une bonne occasion d'accroître le crédit du régime à l'extérieur. Goebbels et Hess, adjoint du Führer, en comprennent rapidement l'intérêt. Aussi accueillent-ils volontiers la proposition française d'une rencontre à Verdun d'anciens combattants non seulement français et allemands, mais de toutes les nations ayant pris part à la Grande Guerre.

Les 12 et 13 juillet, ils furent plus de 30 000 à se réunir, d'abord à Verdun même, où un orateur allemand assura que « tous les Allemands, et d'abord leur Führer, croyaient fermement à la possibilité que les deux peuples puissent vivre désormais en voisins pacifiques[42] ». Puis, au terme d'une marche silencieuse[43], ils se rassemblèrent devant l'ossuaire de Douaumont. La délégation allemande comptait environ 300 personnes, dont le capitaine von Brandis, le « vainqueur de Douaumont » comme on avait coutume de l'appeler. Habillés en civil, portant un grand drapeau à croix gammée, les délégués allemands gardèrent une retenue dûment remarquée par les observateurs français[44]. Ce ne fut pas en effet un moment de propagande – même si elle devait s'en emparer par la suite –, mais un grand temps de recueillement silencieux pour la paix par ceux qui avaient vécu la mort de tant de camarades. Puis, à l'issue de la commémoration nocturne, illuminée par des milliers de flambeaux, ils prononcèrent ensemble un serment sans réserve :

> Parce que ceux qui reposent ici et ailleurs ne sont entrés dans la paix des morts que pour fonder la paix des vivants…
>
> Et parce qu'il nous serait sacrilège d'admettre désormais ce que les morts ont détesté.
>
> La paix, que nous devons à leur sacrifice, nous jurons de la sauvegarder et de la vouloir.

Nous ne reviendrons pas ici sur les suites qu'eut cette manifestation importante : des rencontres franco-allemandes de Fribourg (1937) et de Besançon, la participation d'Henri Pichot, le président de l'UF, à la manifestation des Mutilés allemands à Berlin la même année. Ces contacts prirent fin au début de 1939, quand il devint absolument évident que Hitler voulait tout autre chose que la paix.

1940

D'une certaine façon, Hitler a gagné la Première Guerre mondiale en… 1940. Jamais il n'a été plus populaire en Allemagne que lors de la victoire sur la France cette année-là[45]. On sait qu'il ne négligea aucun effort pour faire signer l'armistice à Rethondes même, où les Allemands avaient signé leur défaite en novembre 1918. La débâcle française de 1940 fut une victoire pour l'Allemagne, où « Verdun » joua un rôle important. La place elle-même ne constitua point un obstacle pour la Wehrmacht, mais le régime nazi, conscient de la signification du mot « Verdun » pour des millions d'anciens combattants allemands, en profita beaucoup pour achever son action de « détraumatisation ». Hitler, qui n'avait pas lutté lui-même devant Verdun en 1916, ne vint pas en personne saluer la victoire quand les troupes allemandes entrèrent dans la ville le 15 juin 1940. Il ne mentionna pas non plus la place de Verdun dans les discours qu'il tint à ce moment historique. Mais la presse le commenta abondamment[46]. Le *Völkische Beobachter*, journal officiel du parti nazi, jubila :

> Le symbole même de la résistance française est tombé. Le drapeau de guerre allemand flotte sur Verdun. 24 heures après la chute de Paris nos soldats sont entrés dans cette ville pour laquelle on avait mené les batailles les plus chaudes de la guerre mondiale. Aujourd'hui le mythe de Verdun est rompu. Où en 1916 la force allemande s'épuisa, notre armée est passée… irrésistible[47].

Et le journal de publier, sur une pleine page, une gravure où l'on voit le soldat de la Wehrmacht rendre le drapeau de guerre à des soldats de la Grande Guerre aux visages rayonnants. Le tout est légendé : « Somme – Marne – Verdun. Et vous êtes vainqueurs quand même[48] ».

Le lieutenant général Weisenberger, chef de la 71e division qui avait pris Verdun par une attaque brusquée, avec une perte de 200 soldats seulement, s'écria, debout sur le fort de Douaumont :

> L'esprit national-socialiste est né dans le sang des camarades du front et dans les cratères de Verdun. [...] Nous avons fait le pont entre les anciens combattants de Verdun en 1916 et les jeunes conquérants de la place de Verdun aujourd'hui. Nous l'avons fait définitivement, poussés par la foi dans notre peuple, la foi dans notre avenir, la foi dans notre Führer[49].

CHAPITRE IX

1945-2016 : les péripéties d'une mémoire en commun

L'Allemagne avait connu, on l'a vu, une sorte de nazification du souvenir de la Grande Guerre et surtout de la bataille de Verdun. Les nazis au pouvoir avaient entretenu la mémoire de la guerre dans son ensemble par des expositions, des pièces de théâtre, et surtout par la littérature de guerre. C'est là qu'est née la figure emblématique du soldat du front au regard d'airain, imperturbable dans les hasards de la bataille et du destin, préfiguration du SS[1].

Paradoxalement, la déroute française de 1940 fit de Verdun un lieu où prévalut brièvement une autre mémoire allemande, celle de soldats qui n'avaient pas besoin d'idéologie. En effet, les soldats de la Wehrmacht étaient en partie des anciens de Verdun, confrontés à leur passé, un passé où tous les morts étaient également respectables. Aussi préservèrent-ils l'espace du champ de bataille des altérations nazies, notamment en cachant derrière une palissade en bois le monument des soldats juifs à Douaumont. La même fidélité au souvenir de 1916 inspira au général Carl-Heinrich von Stülpnagel, commandant militaire de Paris, quand on le ramenait à Berlin en raison de son implication dans l'attentat manqué du 20 juillet 1944 contre Hitler, de faire arrêter la voiture à Verdun et de tenter – en vain – de se suicider, là même où il avait lutté et survécu en 1916[2].

La défaite et la présence de l'occupant à Verdun de 1940 à 1944 semblent avoir entraîné chez les Français une sorte de désaffection collective. Plus de cérémonies ni de discours patriotiques en public, de 1941 à 1944 ; plus de mention de la bataille de Verdun dans *L'Illustration*. Pétain lui-même, qui doit son pouvoir au fait d'avoir été le « vainqueur de Verdun, celui grâce à qui les assaillants n'ont pas passé[3] », n'évoque pas une fois la bataille de 1916 dans ses discours publics pendant toute la période[4].

Mais l'évolution démographique est impitoyable. Les anciens combattants vieillissent. En 1964, ceux qui avaient 20 ans en 1914 en ont 70. Bientôt ils vont disparaître : comment la mémoire de la guerre se transmettra-t-elle sans témoins ?

L'évolution politique n'est pas moins lourde. Du plan Schuman de 1950 au traité de Rome en 1957, puis au traité de Maastricht (1992), l'Europe se construit. L'Allemagne et la France en sont les moteurs. Dans ce contexte, la symbolique traditionnelle de Verdun, celle de la résistance nationale, est en porte-à-faux. Une lente et difficile mutation symbolique s'annonce.

De la mémoire à l'Histoire

À la Libération, l'amnésie imposée par la défaite et l'Occupation aurait pu cesser. Mais de nouvelles mémoires fortes s'imposaient : celles de la déportation, du Struthof à Auschwitz, celles de la captivité. Si le souvenir de la bataille n'a pas disparu, c'est parce qu'il a continué à être porté par les anciens combattants, par leurs associations et notamment « Ceux de Verdun ». Les associations nées de la Seconde Guerre mondiale, comme celle des combattants prisonniers, se sont ici solidarisées de celles de la Première et inscrites à leur suite. Parler de reconstruction de la mémoire de Verdun serait donc excessif, mais elle avait beaucoup perdu de son lustre et de sa généralité. D'où l'importance de son enseignement, un sujet auquel les anciens combattants sont très attentifs.

L'enseignement

L'école primaire en France accordait rarement plus d'une page à l'histoire de la bataille de Verdun avant 1939. Après la guerre, sa place se réduisit à quelques lignes dans les manuels du cours moyen[5]. On y mentionne la « voie sacrée », on n'évite pas le nom de Pétain, on n'oublie pas l'héroïsme des soldats français, mais on est discret sur le nombre des pertes. Le programme de 1945, pour lequel l'enseignement devait se fonder « sur l'observation et le rattacher à l'histoire locale[6] », suscita quelques démarches pédagogiques intéressantes pour exploiter les monuments aux morts et le récit des anciens combattants toujours vivants. En 1969, la transformation de l'histoire en « discipline d'éveil » met fin au récit chronologique dans les classes où elle est appliquée, et Verdun en pâtit. Cette réforme étant abandonnée, la Grande Guerre retrouve à partir de 1985 un chapitre spécifique dans les manuels, mais, constate Hubert Tison, l'héroïsme des poilus n'est quasiment plus évoqué dans les quelques lignes consacrées à Verdun. En revanche, on met l'accent sur leurs souffrances, avec souvent des propositions de lecture, allant de Dorgelès à Delvert… Une nuance fut cependant apportée par les nouveaux programmes de 1995 : Verdun reprend une certaine place dans le dessein de mettre en lumière les « lieux symboliques constitutifs d'une culture et d'une conscience nationale[7] ».

Dans le second degré, l'enseignement de la Grande Guerre se tenait au début de la classe terminale, ce qui lui assurait un traitement confortable où Verdun trouvait une bonne place. Il se poursuit donc sans grand changement, avec un récit de la bataille, souvent accompagné d'une carte[8]. L'introduction des civilisations dans le programme en 1959-1962 en réduit l'importance et en modifie l'orientation. À partir de 1981, l'allongement de la période à couvrir pour atteindre la période contemporaine oblige à reléguer l'enseignement de 1914-1918 dans la classe précédente, et à faire commencer le programme de terminale en 1939, voire en 1945. Verdun souffre cependant relativement peu de cette évolution, car elle privilégie la guerre de matériel et les souffrances des soldats, dont Verdun est l'emblème même.

Après la rupture culturelle totale de l'année zéro, les manuels allemands commencèrent par reprendre simplement ce que disaient ceux de la République de Weimar, qui parlaient peu de Verdun, mais insistaient cependant sur la saignée et l'héroïque défense de la place par les Français : « Les deux armées étaient fortement affaiblies. Elles comptaient toutes deux des centaines de milliers de morts. Ce n'est pas le fait que les Allemands soient passés à l'attaque que le monde admirait mais que les Français se soient défendus avec ardeur[9]. » Alors qu'à l'époque nazie l'enseignement plaçait l'homme au-dessus de la technique, glorifiant ainsi l'héroïsme des *Frontsoldaten*, on insiste désormais sur la « bataille de matériel » dont Verdun fut l'exemple. Les réformes de l'après-68 ont suscité le discrédit de tout récit des batailles et de tout culte de la chose militaire. On privilégie le vécu des soldats, à grand renfort de citations de lettres. Et on demande aux élèves de comparer les lettres de soldats français et allemands.

Dans l'ensemble, la convergence est frappante entre les deux pays. D'une part, les manuels respectent les accords de Mayence (1951) qui les engageaient à s'abstenir de toute expression infamante pour l'adversaire et à reconnaître le courage et le sacrifice patriotique des combattants des deux côtés[10]. Cette directive, dont l'adoption en 1935 n'avait eu aucun effet dans l'Allemagne nazie, ne semble soulever aucune difficulté. D'autre part, des deux côtés la figure de la victime l'emporte sur celle du héros. Une sensibilité européenne s'affirme ainsi, où Verdun peut trouver une place éminente.

L'actuel manuel franco-allemand[11], qui est une première réalisation d'un grand dessein d'unité européenne au niveau de l'enseignement de l'Histoire, dit bien le montant des pertes des deux nations devant Verdun. Il présente aux élèves le tourniquet de la voie sacrée, symbole de la défense du sol français, et l'impact de la personnalité de Pétain. Côté allemand, il explique, à juste titre, que vraisemblablement la soi-disant « pompe à sang » du général von Falkenhayn est un faux. Il donne une image de la guerre de tranchées parfaitement ridicule, qui montre des soldats français et allemands chacun dans une ligne bien claire, drapeaux à l'appui... Mais le texte dit très clairement ce que fut le *no man's land*, ce que les soldats ont enduré dans les tranchées, sous la soif et la faim, exposés aux bruits et impacts des canons et entendant les cris de leurs camarades blessés qu'ils ne pouvaient secourir. Ce manuel présente enfin un seul document en encadré : c'est un collage de deux lettres très connues, où le peintre allemand Franz Marc exprime, le 27 février et le 2 mars, quelques jours avant sa mort, son enthousiasme pour cette offensive majeure et sa certitude de la prise de Verdun.

On ne sait encore ce que ce type d'enseignement apportera à la connaissance de la Grande Guerre et de Verdun en particulier. La bonne volonté est évidente, mais la vision vraiment binationale, voire transnationale, n'est encore qu'amorcée.

Le Mémorial

Le même souci pédagogique a inspiré la création du Mémorial de Verdun. Il s'agissait de pérenniser en quelque sorte le témoignage combattant en édifiant, sur le champ de bataille, un bâtiment qui perpétuerait la mémoire de 1916, et que, pour cette raison, son initiateur, le Comité national du souvenir de Verdun, décida d'appeler « Mémorial ».

À la veille de la Deuxième Guerre, la Fédération meusienne des anciens combattants avait envisagé de construire, comme cela avait été fait dans plusieurs villes, une « Maison du poilu ». La guerre condamna ce projet. De toute façon, il n'avait rien à voir avec un mémorial : la maison était conçue pour accueillir les survivants et leurs familles, les pèlerins ; elle était destinée aux vivants, pas à la mémoire des morts. L'objectif du Mémorial est totalement différent : il s'adresse à ceux qui n'ont pas fait la bataille pour la leur montrer ; il vise à perpétuer la mémoire par les objets, les images et des textes didactiques. La mémoire qui ne peut pas à terme reposer sur le témoignage doit s'ancrer dans l'histoire.

Le Comité national du souvenir de Verdun, qui avait été fondé en 1926, reprit quelque vigueur en 1951 quand Maurice Genevoix en devint président. Et il lança en 1959 l'idée du Mémorial. La construction demanda un certain temps, car le financement reposait, comme quarante ans plus tôt celui de l'Ossuaire, sur les dons des collectivités locales et des particuliers. Les travaux prirent donc quelque retard, si bien que l'ouverture, initialement prévue pour le cinquantenaire, eut lieu un an plus tard, en 1967, fort discrètement d'ailleurs, le gouvernement ne s'étant fait représenter que par le ministre des Anciens Combattants, Henri Duvillard[12].

Érigé au centre même du champ de bataille de la rive droite, sur l'emplacement de l'ancienne gare de Fleury du chemin de fer d'intérêt local, ce bâtiment sobre et fonctionnel présentait plusieurs caractères. Il commémorait le « on ne passe pas » : le récit de la bataille était fait d'un point de vue français très traditionnel, patriotique certes, mais sans rien dissimuler des horreurs de la guerre. Elles étaient au contraire symbolisées par un vaste quadrilatère, au centre du premier niveau, représentant par un modelé en oblique un morceau du champ de bataille, avec trous d'obus et débris divers, armes brisées, barbelés, etc. Ce champ de bataille, reproduit au cœur même du champ de bataille, constituait une mise en abîme inédite, au sens évident : rien n'est plus éloquent que ce terrain bouleversé.

Le Mémorial expliquait à ses visiteurs le déroulement de la bataille, à cette époque où l'informatique et l'internet ne régnaient pas encore sur la communication, par un ingénieux système d'ampoules qui s'allumaient dans une vaste carte. Comme tout musée d'une bataille – car c'était bien un musée sous un nom différent –, il montrait des objets : canons et obus, armes, uniformes, camion et roulante, avions ; mais la plupart de ces objets provenaient de dons, et le terme de *mémorial* prend ici toute sa signification : il réunit des objets qui lui ont été donnés pour faire savoir aux générations futures ce qu'avait été cette guerre. Le but n'était pas touristique mais pieux ; on avait changé de registre mais non d'objectif : le Mémorial est un hommage aux morts de Verdun.

L'historiographie

En Allemagne comme en France, pour de multiples raisons, le retour de la mémoire de Verdun prit du temps. En France, la parole des témoins avait pris beaucoup de place dans la littérature, comme l'indique le succès du grand livre que J.-H. Lefebvre a publié en 1960 ; ce livre, qui n'était rien moins qu'un monument pieusement édifié à la bataille de 1916, venait raviver un souvenir qui s'estompait[13]. En Allemagne, on l'a déjà signalé, les témoignages étaient rares, ce qui rendait plus difficile le travail de mémoire.

C'est une des raisons qui poussèrent un journaliste du *Deutschlandfunk*, German Werth, conscient de la prochaine disparition des témoins, à conduire une série d'interviews avec des anciens combattants allemands de Verdun ; il enregistrerait ainsi leur souvenir vécu de la bataille[14]. Certains de ces récits étaient particulièrement émouvants ; ils restituaient un vécu de guerre indicible jusqu'alors, également saisissant pour les jeunes générations qui reléguaient la Grande Guerre dans l'Histoire mais assistaient à de nouvelles guerres, notamment celle du Vietnam. Toujours est-il que le grand livre de German Werth – nous en avons maintes fois profité – ne put être publié que par un éditeur de tradition militariste, car les maisons d'édition sérieuses, voire universitaires, ont refusé de publier un livre basé sur le vécu de la guerre[15]. En effet, de tels ouvrages étaient suspects de promouvoir la tradition militariste, voire nazie, que ne cessaient de cultiver les anciens de la Wehrmacht dans le récit de leur vécu de 1940.

À dire vrai, le mélange des genres est facile : on passe de l'analyse du vécu au discours nationaliste, voire raciste. Verdun se prête particulièrement bien à cet exercice. Paul Coelestin Ettighoffer en est un exemple frappant. Cet ancien combattant de Verdun où il fut blessé est aussi un écrivain dont le livre connut un grand succès dans les années 1930. Ce fut l'un des auteurs les plus « nazifiés ». Il participe en 1975 au premier grand colloque sur la bataille de Verdun en tant qu'historien, avec une communication sur le vécu des soldats, où l'on apprend que lui aussi est souvent revenu sur le lieu de ses combats, buvant à la source d'Ornes, devenue fontaine, chaque fois avec délectation. En 1977, son livre principal est réédité en français, avec une préface de Maurice Genevoix ! Dans cette nouvelle édition, les expressions trop compromettantes, trop marquées, ont été remplacées par des mots plus acceptables pour les contemporains : « homme-animal », pour désigner les soldats noirs par exemple, est devenu soldats « coloniaux »[16].

Ce colloque de 1975 fut une sorte de point de départ : il marque les débuts de l'historisation de la bataille de Verdun. Pour la première fois, elle était examinée dans ses aspects militaires et politiques par des experts internationaux ; de même, le vécu des soldats et plus encore le retentissement de Verdun dans la mémoire collective des différentes nations étaient abordés[17]. Un programme historiographique précurseur.

Les colloques qui ont suivi ont élargi et précisé la recherche. La vision nationale de l'événement a depuis longtemps cédé la place à un regard comparatif. Ce courant inspira notamment le colloque de 2006, au titre évocateur : « Verdun sous le regard du monde », et il devrait désormais élargir l'histoire de la bataille, comme de sa commémoration. Le colloque prévu en 2016 fera sans doute un autre pas en avant : on peut espérer qu'il intégrera la bataille de Verdun dans le déroulé des autres très grandes batailles de l'année 1916. Une année qui vit la Grande Guerre se transformer définitivement en Moloch, et l'homme devenir matériel humain, parallèlement aux machines dont la production augmenta dans des dimensions que l'on n'aurait pas imaginées un an plus tôt. Il serait souhaitable qu'une histoire économique et technique, qui n'ignore pas la dimension culturelle, s'attache à rendre compte de cette mutation.

L'histoire comparative risque évidemment d'affaiblir le fait de Verdun, ce qui rend d'autant plus nécessaire de renforcer la recherche sur les questions qui restent déconsidérées ou marginalisées. Au niveau du vécu et du mythe, il manque surtout une recherche comparée de la littérature des soldats de Verdun, malgré tout ce qu'ont écrit Nicolas Beaupré et d'autres sur la littérature de la Grande Guerre dans son ensemble. On aimerait aussi qu'une histoire militaire rajeunie fasse enfin, d'une façon méthodique, l'histoire des différentes unités ayant pris part à la bataille, sur le modèle de Len Smith ou de Stachelbeck pour la 11e division bavaroise. Car il faut nous rapprocher, plus que nous n'avons coutume de le faire, des relations intramilitaires si nous voulons mieux comprendre pourquoi les soldats ont tenu dans la fournaise. Cette question classique reste en effet largement ouverte, surtout quant au comportement et à l'énergie des soldats allemands, qui ne luttaient pas devant Verdun pour la défense du sol menacé de la Patrie. Pourquoi donc ont-ils tenu et qu'a-t-on su à l'arrière de la fournaise de Verdun ?

Une mutation symbolique

Au temps de la décolonisation

En France, les quinze années qui suivent la Libération sont difficiles pour la mémoire de Verdun. Elle ne souffre pas seulement de la concurrence de nouvelles mémoires, mais aussi de l'inadaptation de son message. De Dien Bien Phu à Alger et aux Aurès, la France mène alors des guerres de décolonisation périphériques, mais qui finissent par engager le contingent. D'autres guerres se déroulent dans le monde, et la guerre froide n'en finit pas de finir, avec des épisodes critiques comme la crise des fusées de Cuba en 1962. Dans ce contexte, quels messages le chef de l'État ou plus généralement les pouvoirs publics peuvent-ils lancer à la nation depuis Douaumont ? Un appel à l'unité de la grande Nation, par l'intermédiaire de l'union de la métropole et de la France d'outre-mer, comme le fit en 1956 le président Coty ? L'ancien appel de Verdun, l'appel au « plus jamais ça », était en porte-à-faux avec la réalité et devenait inaudible. Aussi les responsables politiques et militaires s'efforcèrent-ils de faire évoluer la signification de Verdun. Les harangues officielles se mirent à comparer l'ardeur et le courage des soldats des guerres coloniales avec ceux des soldats de 1916.

Reste l'appel à l'union de toute la nation, mais l'on butait sur la fracture de la guerre. Deux conceptions du patriotisme s'étaient alors affrontées durement, et cet antagonisme avait pour centre la personne même de Pétain. Beaucoup d'anciens combattants avaient fait confiance au vainqueur de Verdun et l'avaient suivi à la Légion. Mais il avait serré la main de Hitler à Montoire et s'était engagé dans la collaboration ; il avait laissé les coudées franches à la Milice sous son autorité. La France était coupée en deux : pour les uns, il avait trahi et joué au dictateur ; pour les autres, c'était un vieillard qui avait cru bien faire. Nombre d'anciens combattants lui restaient fidèles et s'obstinaient à voir en lui le « bouclier » qui avait protégé la France, tandis que de Gaulle brandissait l'épée contre l'ennemi de toujours. Ils militaient pour que la dépouille de Pétain soit transférée de l'île d'Yeu à l'Ossuaire de Douaumont.

Or, d'une certaine façon, Pétain manquait aux commémorations. Il y avait beaucoup participé, présidant même à quatre reprises les manifestations de juin. Si la guerre c'est Verdun, et le champ de bataille Douaumont, la bataille c'est Pétain : les deux mythes, on l'a vu, sont solidaires. Mais après Vichy, et Sigmaringen dans les fourgons des Allemands, comment rappeler qu'il les avait précisément arrêtés à Verdun ? Le dernier rôle brouillait complètement le premier.

De Gaulle à Verdun

De Gaulle, revenu au pouvoir en 1958, avait pour grand dessein de remettre la France en marche en la réunifiant, en la « rassemblant ». Il lui fallait pour cela pacifier, voire cicatriser la mémoire nationale divisée et conflictuelle des années noires pendant lesquelles la France avait en quelque sorte volé en éclats : Français libres, résistants communistes ou non, maréchalistes, collaborateurs, etc. Pour atteindre ce but, il ne ménageait pas les commémorations de toutes sortes, dont la plus connue est la panthéonisation de Jean Moulin. Il tenta de donner un nouveau souffle à la mémoire de Verdun. Mais si sa réputation était grande parmi les anciens Français libres et les résistants, elle était très contestée chez les anciens combattants, souvent fidèles à Pétain, et dont il avait tenté de supprimer la retraite, insignifiante mais symbolique, en 1960. S'adresser à la nation à travers eux n'était donc pas tâche facile.

De Gaulle s'empara dans ce but du cinquantenaire de la bataille et vint en personne présider les commémorations à une date inhabituelle. Ancien de Verdun lui-même – c'est au village de Douaumont qu'il avait été fait prisonnier au début de mars 1916 –, le chef de l'État choisit ce lieu emblématique pour aborder de front la question de Pétain. Il le fit avec un grand souci de réconciliation[18] :

> Si, par malheur, en d'autres temps, en l'extrême hiver de sa vie, au milieu d'événements excessifs, l'usure de l'âge mena le maréchal Pétain à des défaillances condamnables, la gloire qu'il acquit à Verdun, qu'il avait acquise à Verdun vingt-cinq ans auparavant et qu'il garda en conduisant ensuite l'armée française à la victoire ne saurait être contestée ni méconnue par la patrie.

Peter Scholl-Latour, journaliste allemand qui fera par la suite une carrière franco-allemande, était présent à la cérémonie :

« Ici, à Douaumont, de Gaulle a réconcilié, à grand renfort de bras tendus vers le haut en V, la France libre en révolte de 1940 et les anciens combattants fidèles à Pétain. » Et son commentaire affirmait que ce geste pourrait en effet ressouder les Français[19].

Mais le discours de De Gaulle comportait un second volet, concernant les relations franco-allemandes. À juste titre, Scholl-Latour estima que les paroles du Général « étaient plutôt sans force comme s'il voulait s'adresser aux seuls Allemands morts devant Verdun ». Une tonalité qui n'était pas « exempte de résignation ». Voici ce que disait de Gaulle :

> La seconde leçon que nous enseigne Verdun s'adresse aux deux peuples dont les armées furent aux prises si chèrement et si courageusement dans une Europe qui doit se réunir tout entière après d'affreux déchirements, se réorganiser comme le foyer capital de la civilisation, reparaître comme le guide principal d'un monde tourné vers le progrès. Ces deux peuples voisins et qui se complètent l'un l'autre voient s'ouvrir devant eux, maintenant, la carrière de l'action commune, fermée depuis qu'à Verdun même, il y a mille cent vingt-trois ans, se divisa l'empire de Charlemagne. Cette coopération directe et privilégiée, la France l'a voulue, non sans mérite mais délibérément, quand elle concluait, en 1963 avec l'Allemagne, un traité plein de promesses. Elle y est prête encore aujourd'hui[20].

C'était en effet une parole désabusée. « Verdun » n'était pas prêt encore à symboliser une véritable entente entre les deux peuples, même si elle avait été amorcée au niveau politique et économique depuis longtemps et affermie par le traité de l'Élysée trois ans plus tôt. De fait, de Gaulle avait refusé d'inviter les Allemands à Verdun, bien que le gouvernement Erhard l'eût instamment demandé, à l'instar de Konrad Adenauer lui-même ; en juillet 1962, en effet, lors de la fameuse cérémonie de réconciliation dans la cathédrale de Reims (suivie deux mois plus tard par le voyage triomphal de Charles de Gaulle en Allemagne),

Adenauer avait déjà demandé que l'Allemagne participe aux « 50 ans » de Verdun. Ni hommes politiques, ni représentants culturels, ni soldats de la Bundeswehr ni même du corps franco-allemand ne furent présents sur la scène de Douaumont en 1966. C'est un fait incompréhensible, mais d'autant plus significatif que justement, deux ans plus tôt, des soldats allemands avaient participé, en tant qu'Eurocorps, à une cérémonie à Fleury même[21]. Or, comme l'a constaté à juste titre German Werth, les cérémonies de 1966 n'ont trouvé aucun écho en Allemagne[22]. Ernst Jünger note dans son journal, d'une façon laconique et assez désabusée : « Autour de Verdun le silence s'établit[23]. »

La paix ?

En juin 1979, c'est ce même Ernst Jünger qui viendra en Lorraine comme invité d'honneur pour présider les fêtes commémoratives de Verdun[24]. Le député-maire, ayant l'intention de transformer Verdun, site de guerre, en capitale de la paix, l'a invité aux cérémonies traditionnelles pour lancer ce projet. Depuis la guerre, Jünger n'était pas revenu à Verdun. Le discours qu'il prononce le 24 juin est une réflexion sur l'évolution des guerres et des mentalités guerrières au XXe siècle et sur la place de Verdun dans cette évolution. Il y rappelle l'Ossuaire qu'il vient de visiter, et où il a vu des « montagnes d'ossements » : « Ici, la question ne se pose plus à qui cela [les os] a appartenu. Ce qui déconcerte dans tout cela, c'est son caractère accidentel[25]. » Le discours assez succinct qu'il a prononcé en français met l'accent sur le fait « qu'il faut que l'anniversaire de la bataille de Verdun cesse d'être une manifestation à caractère seulement national pour devenir un appel à la paix entre les nations ». Douaumont, ajoute-t-il, est devenu « un symbole de la souffrance, plutôt un calvaire qu'un endroit où eut lieu une décision, comme ce fut le cas pour Austerlitz ou pour Sedan ». C'est qu'en regardant vers le passé « les fronts disparaissent, les adversaires semblent entourés par des dangers communs à eux tous, des dangers plus forts que la volonté du chef ou le courage des simples soldats ». Et Jünger de finir par un mot qui a fait fortune depuis : « Rétrospectivement, les événements revêtent un aspect nouveau et souvent accablant. [...] Lorsque à l'époque nous nous retranchions dans les trous d'obus, nous croyions encore que l'homme était plus fort que la matière. Ceci est apparu comme une erreur[26]. »

Ces phrases restent célèbres ; elles résument de façon emblématique les transformations de la guerre au XXe siècle. Elles marquent aussi le tout début d'une initiative locale qui n'est toujours pas menée à bien presque quarante ans plus tard : le « Centre mondial de la Paix, des Libertés et des Droits de l'Homme ». L'idée d'un tel centre fut lancée par le conseil municipal de Verdun dès 1965. Les premières initiatives furent la réalisation d'une médaille, la création d'une association des villes messagères de la paix et l'organisation d'assises mondiales (entre 1982 et 1988)[27]. La première pierre du centre fut posée en septembre 1988 par Javier Perez de Cuellar, secrétaire général de l'ONU, dont le discours d'inauguration se terminait par : « Plus jamais la guerre. Plus jamais le martyre de l'homme par l'homme. Plus jamais VERDUN ! » Le projet initial prévoyait un établissement tripartite : un musée historique de la Paix, un centre de rencontres internationales et un centre de documentation. Pour le site, on choisit le prestigieux Palais épiscopal restauré[28], qui abrite depuis l'inauguration en 1994 l'exposition permanente du Centre.

En vérité, le projet du Centre mondial de la paix était sans doute mal placé dans Verdun. À l'époque, la ville était fort mal desservie, et les difficultés logistiques du temps de guerre n'avaient pas toutes disparu. L'idée première d'installer dans la vieille ville de Verdun le Centre mondial de la paix vient du député-maire, soucieux de clore une ère où le nom de Verdun était inexorablement attaché au désastre de la Première Guerre mondiale et surtout au massacre devant les portes de la ville. Sans succès : malgré un grand nombre d'initiatives louables et en partie réussies, on constatait, en 2004, que pas plus de 7 000 visiteurs payants avaient trouvé le chemin du Palais épiscopal dans la ville haute, bien que le flux des touristes du champ de bataille, malgré une diminution régulière, dépassât toujours plus de 200 000 personnes. L'avenir du centre fait toujours l'objet de débats entre les collectivités locales[29], et les historiens n'insulteront pas l'avenir en annonçant des évolutions qu'ils sont incapables d'anticiper.

Mitterrand et Kohl à Verdun

Mais la date majeure dans la mémoire de Verdun pour les deux nations fut le 22 septembre 1984 quand, pour la première fois, les chefs d'État français et allemand se rencontrèrent à Verdun pour une commémoration commune. Cette manifestation ne s'inscrit pas dans le cycle traditionnel des anniversaires : il fallait accorder une sorte de compensation au partenaire allemand, que l'on avait refusé d'inviter aux commémorations du débarquement, le 6 juin, malgré ses demandes réitérées. Au sommet franco-allemand de Rambouillet, le 29 mai 1984, on avait donc imaginé de saisir l'occasion de manœuvres de la brigade franco-allemande en Lorraine pour se retrouver à Verdun.

On commença par une visite du cimetière militaire allemand de Consenvoye – Mitterrand était le premier président français à y pénétrer. Puis on se dirigea vers l'Ossuaire où aucune harangue n'était prévue. Spontanément, Helmut Kohl alluma un cierge dans le cimetière français face à l'Ossuaire. Puis ce fut le silence. Et soudainement Mitterrand prit la main du chancelier allemand et ils restèrent, sans se regarder, figés devant ce monument indépassable de l'holocauste franco-allemand. Dans ses Mémoires, Helmut Kohl a décrit la scène de la façon suivante :

> Mes sentiments sont difficiles à décrire. Jamais auparavant je n'avais ressenti une proximité aussi grande avec nos voisins français.

Le geste spontané du président français m'a confondu. Sa poignée de main fut le signe de la réconciliation[30].

Il est vrai que ce grand geste – un geste muet – a pris plus d'importance au fur et à mesure que les années ont passé. Sur le moment, sa signification n'était pas sans équivoque. Une foule de caricatures aux sens divers ont suivi la scène, avant qu'elle n'entre dans l'Histoire et les manuels scolaires[31]. On retiendra une caricature de Cabu, parue dans *Le Canard enchaîné*, où le (petit) président demande au (très grand) chancelier de ne pas lui faire mal par une trop forte pression de la main… Et une autre caricature où le (petit) président français demande au (grand et gros) chancelier allemand, la main dans la main, si c'est toujours vrai que les Boches mangent les enfants[32].

Ernst Jünger, que l'on aperçoit au premier rang des invités, commente cette scène quelques jours plus tard dans son journal, non sans détachement :

J'ai oublié de mentionner une invitation à Verdun, une ville que j'ai le droit de considérer comme une de mes villes-destin. Il s'agissait d'une autre confirmation de l'amitié franco-allemande par le chancelier Kohl et le président Mitterrand, qui ont échangé une poignée de main à Douaumont […]. Ce qui est mémorable, c'est qu'après le petit-déjeuner à Wilflingen, on est venu nous chercher par une sorte de croisière en voiture, avion et hélicoptère, et on nous a reconduits chez nous deux heures avant minuit. […] J'ai trouvé cette rencontre réjouissantc[33].

Ulrich Wickert, chef du studio ARD à Paris, a demandé à François Mitterrand comment il en était arrivé à saisir la main du chancelier allemand. « Mitterrand me répondit que soudainement il avait ressenti le besoin de sortir de son isolement [*sic*] et de se rapprocher d'Helmut Kohl par un geste. Là il a tendu sa main et Helmut l'a saisie[34]. » Que les choses se soient passées ainsi ou qu'elles aient été préméditées et mises en scène, peu importe : un geste symbolique avait été posé, qui n'a pas encore tenu toutes ses promesses. La commémoration de 2016 verra-t-elle enfin apposée sur l'un des murs de l'Ossuaire une plaque indiquant que la moitié au moins des soldats dont les os ont été rassemblés dans ces cryptes étaient des Allemands ?

La commémoration de 1984 comportait une dimension peu remarquée, mais pleine d'avenir : la participation de plus de 2 000 enfants des deux nations, rassemblés à Douaumont pour accompagner la rencontre des chefs des deux Républiques. Ce fut le fait le plus saillant de la cérémonie du 90e anniversaire de la bataille, en juin 2006. Le président Chirac était venu à l'Ossuaire et avait fait un discours qui, malgré un rappel assez marginal de l'amitié franco-allemande et des souffrances des soldats allemands, s'étendit longuement et gravement sur la signification qu'eut Verdun pour la seule France :

> Cette cérémonie nous rappelle aussi qu'à ce moment de son histoire, à Verdun et pour Verdun, la nation française a su se rassembler, faire face, tenir jusqu'au bout. Le citadin et le paysan. L'aristocrate et l'ouvrier. L'instituteur et le curé. Le républicain et le monarchiste. Celui qui croit au Ciel et celui qui n'y croit pas. Toutes les conditions, toutes les opinions, toutes les religions sont à Verdun. Toutes les provinces de France sont à Verdun.

Et de terminer sur un « Vive la République, vive la France » où l'on chercherait en vain la moindre allusion au rapprochement ou à l'amitié franco-allemande. Celle-ci fut le fait des 3 000 enfants des deux nations, tous vêtus de chemises blanches et qui accompagnaient le président dans son cheminement devant l'Ossuaire. Des milliers de taches blanches comme des petites fleurs dans ce vaste cimetière, un antidote à la victoire de la Mort que n'oubliera pas qui fut présent.

Vers le centenaire : et après ?

Le geste hautement symbolique de 1984 intervient dans un contexte social et culturel en pleine évolution. Le niveau d'instruction de la population s'élève. Le temps consacré aux vacances et aux loisirs augmente. Le sens du patrimoine s'affine, et les journées du patrimoine (1980) sont un grand succès. Un tourisme de mémoire se développe, encouragé par les médias et exploité par les tour-opérateurs. Or, si la « poignée de main » de 1984 a suscité en Allemagne un regain d'intérêt pour Verdun et une augmentation significative du nombre de visiteurs, en France, l'évolution est plutôt inverse, car Verdun subit la concurrence de nouveaux sites de la Seconde Guerre mondiale (le Struthof, le Mémorial de Caen), et même de la première, comme l'Historial de Péronne (1992). La fréquentation de tous les sites du champ de bataille faiblit, et cette tendance s'accentue au tournant du siècle, qu'il s'agisse de la Citadelle, des forts, du Mémorial ou même de l'Ossuaire, dont les entrées baissent de plus du quart entre 1995 et 2005, passant de 320 000 à 230 000 visiteurs[35].

Les collectivités territoriales ne pouvaient qu'être très sensibles à ces reculs qui pénalisent l'économie locale. L'idée de mieux aménager le territoire, d'améliorer l'attractivité des sites historiques pour en développer la fréquentation s'imposait d'elle-même. Elle était compatible avec la perspective de tirer un meilleur profit de l'immense forêt domaniale, gérée par l'Office national des forêts. Ces perspectives étaient naturellement refusées par ceux qui voulaient préserver intégralement le site de la bataille.

Pour tenter de surmonter ces contradictions, le Conseil général chargea dès 1991 la société Eurologiques d'une étude sur l'aménagement du champ de bataille. La réflexion déboucha sur un important programme d'investissements destinés à mettre en valeur les principaux sites et à en améliorer l'accès[36]. Mais les plus ambitieux, notamment la création d'un « centre d'interprétation », ne furent pas réalisés. Dans le sillage de cette étude, des historiens furent appelés à réfléchir sur l'évolution du Mémorial qui vieillissait, et dont le discours très « ancien combattant » était en décalage croissant avec des visiteurs plus sensibles à l'horreur de la mort de masse qu'à la ferveur patriotique. Il proposa de créer un nouveau bâtiment-coquille, qui recouvrirait l'ancien bâtiment devenu lui-même une sorte de monument historique. Ce projet resta dans les cartons[37].

Au milieu des années 2000, le climat change. Le Mémorial sort d'une relative léthargie et organise des colloques internationaux. Il se dote d'un conseil scientifique qui réfléchit à son avenir et qui, en mai 2008, dégage les quatre caractères devant le définir : c'est un musée de la bataille de Verdun, et non de toute la guerre ; c'est donc un musée franco-allemand ; il est situé sur le champ de bataille et doit donc organiser sa complémentarité avec le site ; c'est un *mémorial*, voulu par les anciens de Verdun et qui doit rester fidèle à cette inspiration. Trois mois plus tôt, en février, sans que les deux démarches aient été liées, le Conseil général avait demandé à Serge Barcellini de lui proposer « une structuration géographique de l'espace mémoriel meusien » et « une stratégie de coordination des divers opérateurs ». Barcellini, contrôleur général des armées, était particulièrement qualifié pour cette mission ; il avait été l'artisan, au ministère des Anciens Combattants, de la définition et de la mise en place progressive d'une politique mémorielle depuis le début des années 1980, et il avait dirigé l'Office national des anciens combattants. Faire appel à lui était affirmer une forte volonté politique. Les débuts furent prometteurs : le rapport, remis en juin, fut approuvé par l'assemblée départementale et une « Mission-histoire » fut créée au conseil général pour coordonner la politique mémorielle. Puis les difficultés commencèrent et le projet s'enlisa.

Les raisons de ces difficultés sont nombreuses. Passons sur les questions de personnes ; leur rôle était ici particulièrement important, mais les personnes peuvent changer, et de fait les élections municipales et départementales de 2013-2014 ont partiellement renouvelé le personnel politique. Les questions de structure demeurent et elles sont de deux ordres. D'une part, un problème de gouvernance lié à la multiplicité des acteurs, plus sensibles à leurs intérêts contradictoires à court terme qu'à leur intérêt commun à long et moyen terme. Barcellini dénombre douze associations différentes et en partie concurrentes qui interviennent dans la gestion des sites mémoriels aux côtés des pouvoirs publics, à Verdun et sur le champ de bataille[38] ! Le risque de ce qu'il appelait un scénario-catastrophe, celui du « triste exemple du “village gaulois”[39] », semble avoir été contenu par les urgences du centenaire, mais on ne peut exclure son retour.

D'autre part, les acteurs locaux sont motivés par un impératif économique : développer le tourisme de mémoire. Ils y consacrent des investissements considérables : remise en état des forts de Vaux et Douaumont ainsi que de l'Ossuaire, création d'un nouveau parcours-diaporama dans la Citadelle basse de Verdun, extension du Mémorial et refonte complète de sa muséographie, intégration de la fonction de centre d'interprétation que le département a judicieusement renoncé à construire à 800 mètres de là… sans compter des projets moins importants, car le rapport Barcellini n'a pas empêché un certain saupoudrage. Le fonctionnement de ces équipements posera de graves problèmes financiers si les touristes ne sont pas au rendez-vous ; or la capacité hôtelière de la région verdunoise est très insuffisante pour accueillir autant de visiteurs que l'on souhaite en attirer, et les collectivités locales n'ont pas le pouvoir de l'accroître. Le succès de leur politique d'offre dépend d'une demande sur laquelle elles ont peu de prise.

Le centenaire de 2016 marquera certainement un temps fort de la mémoire de Verdun. Suffira-t-il à susciter de nouvelles évolutions ? À faire émerger de nouveaux messages ? L'intérêt pour la Grande Guerre, que le centenaire a sans doute ravivé mais dont il a aussi révélé l'ampleur insoupçonnée, se maintiendra-t-il ? Les historiens ne sont guère mieux armés que quiconque pour répondre à ces questions. Il nous semble cependant raisonnable de penser que si des changements interviennent, comme on peut le souhaiter, ils progresseront très lentement, et de façon presque imperceptible. À Verdun et Douaumont, nous ne sommes plus dans le temps immédiat des hashtags et des SMS : le vent qui souffle sur ces hauteurs boisées est celui du temps long de l'histoire, celui des morts qui dorment ici depuis un siècle pour l'éternité.

Conclusion générale

Pourquoi Verdun ? Pourquoi ce livre ? La première raison est qu'il n'existait aucune histoire de la bataille écrite à quatre mains par un historien allemand et un historien français. L'entreprise n'avait tenté personne jusqu'ici. Ce fut pour chacun de nous une expérience neuve qui nous obligea à revoir nos certitudes. Nous ne parlons pas ici des faits, mais des « façons de sentir et de penser » chères à Marc Bloch et qui caractérisent toute science humaine, y compris l'histoire. Le « Faire » de l'histoire est toujours et sans cesse imprégné fortement, préfiguré en quelque sorte, par les communautés de penser, de mémoriser et de commémorer auxquelles appartient l'historien. Notre première découverte fut donc de réaliser combien sont différentes, cent ans plus tard, les façons d'envisager les mêmes faits selon l'appartenance nationale. La mode, en matière historiographique, est aujourd'hui au « transnational ». Ce travail nous a fait mesurer combien il est difficile d'adopter un point de vue qui sorte franchement du cadre national. Et notre découverte, épistémologique et amicale, fut de constater combien la comparaison des idées acquises rend le propos plus cohérent et plus riche.

La comparaison se heurtait cependant, dans le cas de Verdun, à une difficulté particulière : la dissymétrie des sources. Le Reichsarchiv, qui avait été créé pour réunir toutes les archives de la guerre, a été en effet détruit par les bombardements alliés en 1945. Mais cette cause n'est pas la seule. Les témoignages de combattants allemands sur la bataille de Verdun sont également beaucoup moins nombreux que ceux des Français. Nous avons d'un côté une bataille mémorable, dont les témoins tiennent à décrire l'horreur en faisant savoir qu'ils « y étaient », de l'autre une bataille qui, à la différence de celle de la Somme pour laquelle les témoignages allemands sont plus nombreux, ne mérite guère d'être racontée. La dissymétrie des sources ne tient pas seulement aux circonstances : elle renvoie à l'importance et au sens que les deux pays donnent à la bataille.

Est-il besoin de le dire ? Ce livre a été conçu et réalisé pour « servir » le centenaire de la bataille. Un centenaire où, face à la mondialisation en marche de l'historiographie de la Grande Guerre dans son ensemble, la bataille de Verdun risque fort d'être submergée par les autres (plus) grandes batailles de cette année charnière d'une guerre en voie de totalisation, et matérielle et intellectuelle. Nous ne nous opposons pas à cette évolution, car la bataille de Verdun n'a plus pour nous cette éminence que lui a très longtemps reconnue la mémoire européenne – et plus encore la mémoire française. Et l'expérience de Notre-Dame-de-Lorette, re-sacralisée pour le centenaire en mur du souvenir des combattants du monde entier, et non des seuls soldats français, aura sans doute des répercussions fortes pour la mémoire dénationalisée – transnationale ? – de la Grande Guerre dans son ensemble et de « Verdun » en particulier.

Les anciens combattants, « Ceux de Verdun », ne sont plus ; ils n'ont plus la capacité de se révolter contre cette évolution vers une mémoire transnationale. L'auraient-ils voulu ? Ce n'est pas sûr. En effet, dès le départ, l'expérience de Verdun dépassait, et de loin, la fierté et l'enthousiasme nationaux. Ceux qui avaient survécu à la bataille avaient été confrontés à une situation insoutenable, vraiment extrême, que certains se sont sentis tenus de raconter et re-raconter à l'infini. Ce récit fut évidemment coloré par les cultures nationales, et en France par la fierté d'avoir été de ceux « dont on dira qu'ils étaient à Verdun… ». Mais ce ne fut pas le tout du tout. Les soldats français avaient bien arrêté les « Boches », mais ils savaient que les soldats allemands souffraient autant qu'eux et qu'ils étaient les uns comme les autres plongés dans un même carnage. C'est pourquoi, des deux côtés, ceux de Verdun se sont fait leurrer par la promesse d'un « plus jamais la guerre » dont les non-dits leur échappaient.

Le même carnage ? Oui, mais – c'est un des apports de la comparaison – jamais « Verdun » n'a acquis pour les anciens combattants allemands la même unicité, la même force de souvenir que pour les Français. La raison en semble double. D'abord, pour les soldats allemands, il ne s'agissait pas de préserver le « sol sacré de la patrie ». Certes, ils luttaient eux aussi avec la certitude qu'il était nécessaire de combattre et de mourir pour la patrie menacée, d'éviter qu'elle ne devienne elle aussi théâtre de guerre. Le détour par ce raisonnement idéologique était évidemment moins porteur d'énergie indépassable que pour leurs adversaires (qu'ils ressentaient très peu comme des « ennemis »). Ensuite, l'expérience et la mémoire de la bataille ont été ternies, côté allemand, par le soupçon d'avoir été trahis ou bernés par leur général en chef, Falkenhayn, dont on apprit qu'il n'avait pas voulu prendre Verdun, mais seulement faire combattre les soldats allemands pour « saigner » l'armée française à volonté devant la ville.

Cette idée de la « saignée » s'est perpétuée dans le souvenir et dans l'historiographie des deux nations ; la stratégie prêtée à Falkenhayn était à la fois si simple, si sauvage et si brutale qu'on ne pouvait imaginer qu'il la revendique si telle n'avait pas été sa ligne : la formuler suffisait à emporter la conviction. Or, à la suite de plusieurs travaux historiques des dernières décennies encore peu connus du public, nous avons établi que cette idée de la saignée est une idée tard venue, une sublimation du fait que l'attaque avait échoué. Et que la source dont elle découle, le trop fameux mémorandum de Noël du général von Falkenhayn, est un faux, produit sans doute après la guerre pour justifier après coup l'échec d'une stratégie erronée. Mais pour les soldats de Verdun, apprendre que leurs efforts et leurs indicibles souffrances n'avaient été dus, en vérité, qu'à un calcul diaboliquement sophistiqué et radicalement absurde constitua une immense blessure supplémentaire.

La Mémoire de Verdun en a été imprégnée, voire ternie, pour les Allemands. Mais pour eux, la bataille de Verdun n'avait rien de particulièrement grave ou d'émouvant au moment même ni après 1916. Notre travail comparatif oblige à distinguer les deux mémoires de la bataille. Le mythe allemand du soldat de Verdun, qui sous le coup des éclats de toutes sortes, même meurtri dans sa chair, grandit toujours, le regard d'airain, impassible à la souffrance, n'est en vérité qu'un mythe tardif, fruit du renouveau nationaliste de l'expérience de la guerre à la fin des années 1920, et récupéré, intensifié et systématisé par les nazis. Le mythe de Verdun, côté allemand, est en bonne partie le fruit amer d'une authentique « nazification » du souvenir de la bataille, dont pâtit du reste tout le souvenir de la Grande Guerre, ce qu'on sait peu.

La mémoire française est toute différente. Telle qu'elle se structure dans l'entre-deux-guerres, avec ses deux composantes officielle et combattante, c'est celle d'une victoire défensive qui offre à la France une image d'elle-même où elle se reconnaît et s'estime : forte et courageuse, mais pas agressive. Une France qui ne sépare pas l'amour de la patrie et celui de l'humanité, à la fois patriote et pacifique. Une métaphore de la guerre elle-même qui lui fut imposée et qu'elle gagna. Cette mémoire flatteuse a été renforcée par le caractère purement national de la bataille, à laquelle les Alliés n'ont pas pris part, et par la noria qui a rendu les combattants de Verdun plus nombreux que ceux de toute autre bataille. Les deux mémoires nationales divergeaient.

Pour ce qui est de la réalité de la bataille elle-même, nous avons voulu vraiment la connaître et la faire comprendre *en détail*.

La bataille allemande et la bataille française n'ont pas les mêmes cadres chronologiques, et tous deux sont également arbitraires. Côté français, Verdun se termine à la mi-décembre

1916, quand la grande majorité du terrain pris par l'offensive allemande de février, rive droite, a été reprise et libérée. La date d'août 1917 aurait pu être tout aussi bien retenue, avec la reprise de 304 et du Mort-Homme, si les Français avaient attaché autant d'importance à la rive gauche qu'à la rive droite. Pour les Allemands, au contraire, Verdun se marginalise complètement à partir de la fin juin 1916, quand une partie notable des soldats de Verdun est transférée vers un autre théâtre d'opérations, plus vaste encore, celui de la Somme. Ce qui n'empêcha pas les combats de se poursuivre à Verdun avec une grande âpreté.

En second lieu, la bataille de Verdun a la particularité, sans doute unique, d'avoir été constituée d'attaques ponctuelles, sur un front étroit, avec un pilonnage par l'artillerie du secteur attaqué à la fois en profondeur et sur ses côtés, pour que les défenseurs ne puissent être soutenus ni depuis la seconde position, ni depuis leurs flancs.

Les innombrables ravins et les côtes ont joué un rôle fondamental dans la mise en place de ce combat très rapproché, dans des trous d'obus, avec l'impossibilité de bouger de jour. Et les nuits de Verdun : corvées de soupe, travaux de tranchée et de réseaux, relèves ; la solitude des combattants, leur détresse et leurs souffrances… nous avons tenté de dire tout cela très concrètement : la faim, la soif, la boue, les cadavres, mais aussi la puanteur, la peur, et l'épuisement sous le choc répété des obus. Mais en nous attachant à ce côté « terre à terre », nous nous sommes efforcés de ne pas négliger l'autre aspect de la bataille, qui lui confère sa spécificité, son caractère unique : un combat rapproché dans des conditions insoutenables, sous un feu d'artillerie comme on n'en avait jamais vu jusqu'alors. Sans doute ne fut-ce qu'un début, car sur la Somme on dépensa trois fois plus de grenades que devant Verdun. Mais Verdun fut la seule bataille où l'artillerie nouvelle (sous toutes ses formes) et le combat rapproché se confondirent. La définir comme une bataille d'artillerie, ce qu'on fait souvent, n'en donne qu'une représentation incomplète, amputée en quelque sorte des soldats qu'elle réduit à un rôle passif, comme s'ils ne s'étaient pas battus mais avaient seulement attendu d'être tués ou blessés. En fait, le bombardement est inséparable du combat rapproché, ce qui fait de Verdun une « bataille totale » dans une guerre en voie de totalisation.

Est-ce la raison pour laquelle Verdun est devenu ce que nous avons appelé, faute de mieux, « un mythe » ? Rien n'est moins sûr. Si originale soit-elle, cette bataille n'est pas fondamentalement différente des autres, et l'on a tendance à en majorer la violence. On parle ainsi volontiers des 700 000 ou 750 000 « morts » de Verdun, alors que ce chiffre concerne les « pertes » au sens militaire du terme – tués, blessés et prisonniers. Pour des pertes de l'ordre de 370 000 hommes de chaque côté, les Français ont eu 163 000 morts et les Allemands 142 000. La bataille de la Somme a été plus meurtrière, même si le front était moins étroit. Certes, ces comptes macabres sont loin d'épuiser la comparaison. Il reste cependant qu'il n'est pas évident que Verdun ait été la pire des batailles.

D'où lui vient alors sa force symbolique ? Nous l'avons vu à plusieurs reprises, avant la bataille, cette place, que les Français ont failli évacuer en septembre 1914 et qu'ils ont désarmée en 1915, n'avait pas pour eux la valeur symbolique que lui prête Falkenhayn dans son mémorandum. Et si les Allemands l'attaquent, même s'ils lui prêtent davantage d'importance symbolique, c'est pour des considérations militaires. Avant la bataille, Verdun était une ville du front parmi d'autres.

Ce sont assurément l'acharnement et la dureté de la bataille qui en ont fait un symbole. Mais l'inverse est aussi vrai : dès les premiers jours, la bataille a été perçue comme exceptionnelle. Elle n'est pas devenue symbolique ensuite ; elle l'a été pendant et aussitôt ; elle a été vécue comme telle par les combattants français dès le départ. C'est pour eux « la » bataille, et non une bataille comme les autres. Une bataille à laquelle il est normal que tous participent, et injuste que certains échappent.

La raison en est simple : les Français ont eu vraiment peur d'être battus ; ils ont eu le sentiment que leur sort se jouait. La décision militaire et politique de défendre coûte que coûte Verdun *sur la rive droite* a fait de la ville le symbole même de la résistance nationale. D'où la différence de traitement mémoriel que nous avons relevée entre les deux rives. Si l'on avait défendu Verdun uniquement sur la rive gauche – une option sérieusement envisagée –, la bataille et sa mémoire auraient été totalement différentes, et Douaumont, Vaux, Souville et d'autres lieux ne seraient pas entrés dans l'histoire.

Mais si l'on comprend la mise en place du mythe de Verdun, peut-on, pour conclure, s'interroger sur son avenir ?

Le geste de Kohl et Mitterrand marque une étape. Il n'aurait pas été possible si le mythe de Verdun n'avait perdu de son tranchant patriotique. Il n'y avait pas de place pour les Allemands dans l'espace sacré du champ de bataille, et les Français, qui avaient la charge de leurs sépultures, ont veillé à les en écarter : le cimetière militaire allemand le plus proche de l'Ossuaire, celui de Consenvoye, est à 12 km. Pour que se produise en 1984 ce qui était impossible en 1966 sous de Gaulle, il a fallu une double évolution : une évolution politique évidente, et une évolution mémorielle, où le sacrifice similaire des victimes a brouillé le visage héroïque des soldats, si différent fût-il de part et d'autre.

À son tour, la « poignée de main » de 1984 s'intègre au mythe de Verdun et l'infléchit ; elle le dénationalise en quelque sorte. On ne peut reprendre en 2016 les analyses de 1986. La réconciliation franco-allemande renforce une lecture victimaire de la guerre, sacrifice commun de millions d'hommes à des intérêts nationaux égoïstes. Et la mort de masse de 1914-1918 se trouve mise en perspective avec les génocides. Parce qu'il était investi déjà d'une forte valeur symbolique, Verdun devient alors le haut lieu de la commémoration des victimes, et Douaumont l'autel où l'on peut, où l'on doit, commémorer leur sacrifice. Le centenaire de la bataille de Verdun sera certainement un temps fort de la commémoration de la Grande Guerre. Les touristes viendront nombreux découvrir les trous d'obus, les forts, visiter le nouveau Mémorial pour comprendre la bataille et se recueillir à l'Ossuaire ; mais cette réussite même, dont la pérennité restera à assurer, pourrait masquer une transformation plus profonde.

Verdun peut devenir un produit touristique sans perdre son âme. La force des lieux l'en préserve. Même les touristes animés d'une curiosité superficielle sont saisis par cet ample paysage, ces forts d'un autre âge où se sont noués des drames, ces milliers de tombes, cet immense ossuaire qui abrite les restes de 130 000 hommes jeunes au seuil de leur vie. Spontanément, les curieux baissent le ton, comme dans un cimetière, et en effet, autour du cimetière proprement dit que constituent la nécropole nationale et l'Ossuaire, l'ensemble du champ de bataille forme un immense « champ des morts ». Assurément, Verdun n'est pas menacé de devenir un lieu touristique comme les autres.

Ce qui change lentement, mais irrésistiblement, en revanche, c'est le sens que les visiteurs attachent à ces lieux. Changement lent et progressif, assez clair mais pas toujours explicitement formulé. Le fondement ne varie pas : c'est l'immensité du massacre, l'horreur de la mort de masse. Celle-ci renvoyait à l'absolu de la nation qu'il fallait défendre : la mort avait un sens, elle disait la France. Aux Allemands, elle ne disait rien : ils se sentaient exclus de ce culte. Ce sens n'a pas disparu, mais il a perdu de son évidence et demanderait au moins un point d'interrogation. Les jeunes qui visitent Verdun sentent bien qu'il s'est passé là quelque chose d'exceptionnel ; ils éprouvent le sentiment d'être en présence d'un Sacré, sans pouvoir le formuler ni l'expliquer. L'horreur qu'inspire la mort de masse renvoie ici à la responsabilité des décideurs, à celle des nations : elle fonde l'appartenance à une autre entité politique dont elle rend évidente la nécessité par-delà les humeurs du jour et qui n'a encore qu'un contour vague, mais déjà un nom : l'Europe.

On dépasse ici la notion de « rapprochement ». Verdun ne dit pas que Français et Allemands ne s'en veulent plus et ne se querellent plus, ce qui d'ailleurs ne serait pas totalement exact. Verdun dit autre chose : il abolit les différences, il fait de nos ancêtres les victimes d'une même folie meurtrière et par là de nous, en quelque façon, un même peuple. Verdun ne rapproche pas : il unit.

En novembre 2009, des soldats de l'Eurocorps ont hissé sur la superstructure du fort de Douaumont les trois drapeaux français, allemand et européen. Ce nouveau message n'est pas incompatible avec le précédent, mais il reste encore à les articuler ensemble. C'est tout l'enjeu du discours mémoriel que tiennent les sites de Verdun et du champ de bataille. Ils sont la matrice des interprétations et des investissements symboliques qui donneront son sens à Verdun dans les années futures.

Notes

Introduction générale

1. Il faut distinguer cote et côte. Les côtes se voient dans le paysage, les cotes sur les cartes. Une côte est un relief linéaire : la côte de Talou par exemple, les côtes qui bordent la mer. Une cote est un point coté, qui a fait l'objet de mesures géodésiques permettant d'en préciser l'altitude : la cote 304. La côte du Poivre culmine ainsi à la cote 342.

PREMIÈRE PARTIE
LES DÉCISIONS

Chapitre premier
Pourquoi Verdun ?

1. Jean-Baptiste Duroselle, *La France et les Français (1914-1920)*, Paris, Éditions Richelieu, 1972, p. 117.
2. Dans ce développement, nous suivons la biographie, définitive, de Holger Afflerbach, *Falkenhayn. Politisches Denken und Handeln im Kaiserreich*, Munich, Oldenbourg, 1994. Afflerbach a trouvé cette interview. Elle est publiée intégralement dans Olaf Jessen, *Verdun 1916*, Munich, Beck, 2014, p. 389 *sq.* (pour la citation, p. 401).
3. Archives militaires de Fribourg, PH3/140 : « Die französischen Armeemanöver 1911-1913 ».
4. Erich von Falkenhayn, *Die Oberste Heeresleitung 1914-1916 in ihren wichtigsten Entscheidungen*, Berlin, Mittler, 1920, Annexe.
5. Antoine Prost, « Verdun », *in* Pierre Nora (dir.), *Les Lieux de mémoire, 2. La Nation*, t. III, Paris, Gallimard, 1986, p. 111-141.
6. « Verdun », par ***, *Militär-Wochenblatt*, 104e année, n° 6, juillet 1919. Ce langage sanguinaire et le cynisme évident de l'argument ont fait couler beaucoup d'encre dans l'après-guerre – nous y reviendrons.
7. Hermann Wendt, Hermann Ziese-Behringer, et, plus tard, Holger Afflerbach, Robert Foley, Olaf Jessen et Paul Jankowski.
8. Fritz von Loßberg, *Meine Tätigkeit im Weltkriege (1914-1918)*, Berlin, Mittler, 1939, p. 187 *sq.*

9. Journal de Plessen, 3 décembre 1915, cité dans H. Afflerbach, *Kaiser Wilhelm II. als Oberster Kriegsherr*, Munich, Oldenbourg, 2005, p. 844 *sq*. Cette dernière phrase est généralement attribuée par erreur à Falkenhayn lui-même, notamment dans Robert T. Foley, *German Strategy and the Path to Verdun*, Cambridge, Cambridge University Press, 2005, p. 189, qui y voit la première mention par Falkenhayn de sa soi-disant stratégie de saignée.
10. Gerd Krumeich, « Le déclin de la France dans la pensée politique et militaire allemande avant la Première Guerre mondiale », *in* Jean-Claude Allain (dir.), *La Moyenne Puissance au* XXe *siècle*, Paris, IHCC, 1989, p. 101-115.
11. Nombre d'exemples sont cités dans H. Afflerbach, *Falkenhayn*, *op. cit.*, p. 67 *sq.* et 69 *sq.*
12. Reichsarchiv, *Der Weltkrieg (1914-1918)*, t. IX, p. 128 *sq.*
13. Kronprinz Wilhelm, *Meine Erinnerungen aus Deutschlands Heldenkampf*, Berlin, Mittler, 1923, p. 160.
14. *Ibid.*, p. 157.
15. Hermann Wendt, *Verdun 1916*, Berlin, Mittler, 1931, p. 19-23 suivant les actes du Reichsarchiv.
16. Rapport et lettre de Knobelsdorf à Falkenhayn avec notes marginales de ce dernier, reproduites dans *ibid.*, p. 226.
17. *Ibid.*, p. 29 et 227.
18. Reichsarchiv, *Der Weltkrieg*, t. X, p. 27.
19. Lettre du géneral Schmidt von Knobelsdorf du 6 mars 1933, adressée à Ziese-Behringer et reproduite en annexe dans Hermann Ziese-Behringer, *Der einsame Feldherr. Die Wahrheit über Verdun*, Berlin, Frundsberg, 1934, t. II, p. 201.
20. Cité dans H. Afflerbach, *Falkenhayn*, *op. cit.*, p. 365.
21. Mémoire de Knobelsdorf, 4 janvier 1916, cité *in extenso* dans H. Wendt, *Verdun 1916*, *op. cit.*, p. 228-230.
22. Journal de Plessen, 7 janvier 1916, cité dans H. Afflerbach (éd.), *Kaiser Wilhelm II. als Oberster Kriegsherr*, *op. cit.*, p. 846.
23. Kronprinz Wilhelm, *Meine Erinnerungen aus Deutschlands Heldenkampf*, *op. cit.*, p. 187 *sq.*
24. Max von Gallwitz, *Erleben im Westen (1916-1918)*, Berlin, Mittler, 1932, p. 10 ; *ibid.*, p. 22 : Falkenhayn « nous presse d'accélérer enfin l'attaque ».
25. Voir H. Wendt, *Verdun 1916*, *op. cit.*, p. 32.
26. *Ibid.*
27. Kronprinz Rupprecht von Bayern, *Mein Kriegstagebuch*, Eugen von Frauenholz (éd.), Munich, Deutscher Nationalverlag, 1929, vol. I, p. 426 *sq.*
28. F. von Loßberg, *Meine Tätigkeit im Weltkriege (1914-1918)*, *op. cit.*, p. 205 *sq.*
29. Rupprecht von Bayern, *Mein Kriegstagebuch*, *op. cit.*, t. I, p. 435 ; voir aussi H. Wendt, *Verdun 1916*, *op. cit.*, p. 112 *sq.*
30. Rupprecht von Bayern, *Mein Kriegstagebuch*, *op. cit.*, p. 439 (20 mars 1916). Groener, le puissant chef des chemins de fer militaires (*Feldeisenbahn*), note le 12 mars que Falkenhayn est venu dire devant lui et ses collègues que, vraisemblablement, on ne pourrait prendre Verdun. Mais il semble résolu à poursuivre l'attaque : Wilhelm Groener, *Lebenserinnerungen*, Göttingen, Vandenhoeck & Ruprecht, 1957, p. 301 (journal du 12 mars 1916).
31. Rupprecht von Bayern, *Mein Kriegstagebuch*, *op. cit.*, t. I, p. 444.
32. Rapport Nicolai, cité dans H. Afflerbach, *Falkenhayn*, *op. cit.*, p. 372, note 991.

33. Mentionné dans H. Wendt, *Verdun 1916*, *op. cit.*, p. 228, qui a pu exploiter les archives de la 5e armée, brûlées en 1945, et qui cite une requête du *Feldeisenbahnchef* (chef des chemins de fer de campagne).
34. Le lance-mines (*Minenwerfer*) envoie de gros obus qui tombent presque verticalement et que les soldats français appellent des « marmites ».
35. Reichsarchiv, t. X, p. 62.
36. Voir l'historique de ce régiment : *Das königlich preußische Füsilier Regt von Gersdorff (kurhessisches 80) im Weltkriege 1914-18*, Oldenbourg, Stalling, 1925.
37. *Supra*, n. 25.
38. Une photo de cette colonne de prisonniers figure dans l'historique du régiment.
39. Voir *supra*, p. 33.
40. Reichsarchiv, *Die Tragödie von Verdun 1916*, *1. Teil*, Oldenbourg-Berlin, Stalling, p. 55 (*Schlachten des Weltkriegs*, t. XIII).
41. Pour les détails de la répartition des lance-flammes, voir Bruce Gudmundsson, *Stormtroop Tactics. Innovation in the German Army (1914-1918)*, New York-Londres, Praeger, 1998, p. 56 *sq*.
42. Les « pertes » comprennent les morts, les blessés et les disparus, dont les prisonniers.
43. Reichsarchiv, *Schlachten des Weltkriegs*, t. XIII, p. 75.
44. Jean-Claude Laparra et Pascal Hesse, *Le Sturmbataillon Rohr (1916-1918)*, Paris, Histoire & Collections, 2010, chap. 1.
45. Reichsarchiv, *Schlachten des Weltkriegs*, t. XIII, p. 129.
46. *Ibid.*, p. 185.
47. *Ibid.*

Chapitre II
Pourquoi l'attaque allemande a-t-elle d'abord réussi ?

1. *AFGG* IV/1, a1, ann. 92 et 93, p. 192-193, comptes-rendus de renseignements n° 93 et 94, 14 janvier ; ann. 104, p. 201, message téléphoné de la RFV, 16 janvier ; ann. 105, p. 202, lettre de Herr à Dubail, 16 janvier. « *AFGG* » désigne *Les Armées françaises dans la Grande Guerre,* une collection de 106 volumes publiée par le ministère de la Guerre. L'année 1916 est couverte par 3 volumes de texte, 10 d'annexes et 5 de cartes. « IV/1 » désigne le premier volume du tome IV, et le chiffre suivant le volume d'annexes. Celles-ci sont numérotées par volume et datées.
2. À Soumazannes, au nord de l'Herbebois. Eugène Carrias, *Souvenirs de Verdun. Sur les deux rives de la Meuse avec le 164e régiment*, Saint-Michel-de-l'Observatoire, C'est-à-dire Éditions, 2009, p. 164 et 169.
3. *AFGG* IV/1, a1, ann. 107, p. 347, interrogatoire d'un prisonnier, 9 février ; ann. 185 et 186, p. 383-386, du 10 et du 11 février.
4. Général Henri Mordacq, *Les Grandes Heures de la guerre*, t. III, *Verdun*, Paris, Plon-Nourrit, 1939, p. 8.
5. Lettre à Haig le 22 février, *AFGG* IV/1, a1, ann. 428, p. 624.
6. Ainsi, Louis Madelin, qui fit partie de l'état-major de Pétain, dans son *Verdun*, Paris, Flammarion, 1934 [1re éd. 1920].
7. Commandant Pelade, *La Bataille de Verdun, conférence du 11 juin 1922*, Paris, Association des officiers de complément de l'École d'Instruction d'Infanterie de l'École militaire, 1922, p. 9.

8. *Mémoires du maréchal Joffre (1910-1917)*, Paris, Plon, 1932, t. II, p. 201-202. Briand a donné lecture de ces documents à la commission de l'Armée, le 15 juin 1916 (AN, C/7496).
9. Émile Herbillon, *Souvenirs d'un officier de liaison pendant la guerre mondiale. Du général en chef au gouvernement*, Paris, Tallandier, 1930, t. I, p. 227.
10. Général Palat, *La Grande Guerre sur le front occidental*, t. X, *La ruée sur Verdun (août 1915-30 juin 1916)*, Paris, Berger-Levrault, 1923, p. 104.
11. Yves Gras, *Castelnau ou l'art de commander (1851-1944)*, Paris, Denoël, 1990, p. 281.
12. *AFGG* IV 1, a1, ann. 125, p. 250, lettre au général Herr du 26 janvier.
13. Au nord de l'Herbebois. E. Carrias, *Souvenirs de Verdun*, *op. cit.*, fin janvier et 9 février, p. 154, 158 et 164.
14. Marc Stéphane, *Ma dernière relève au bois des Caures (18-22 février 1916). Verdun : souvenirs d'un chasseur de Driant*, Triel-sur-Seine, Italiques, 2007 [1re éd. 1929], p. 9.
15. *AFGG* IV 1, a1, ann. 248, p. 468, lettre au général Herr du 15 février.
16. Général Georges de Bazelaire, *Souvenirs de guerre, du 135e régiment d'infanterie au 7e corps d'armée : 1914-1918*, Paris, [G. Salkin, 1988], p. 49.
17. Paul Voivenel, *À Verdun avec la 67e DR, notes d'un médecin-major*, Nancy, Presses universitaires de Nancy, 1991 [1re éd. 1936], p. 40.
18. *AFGG* IV-1, a2, ann. 1079, p. 188, note de Pétain du 7 mars. Le colonel Pascal Lucas cite une note du 20 juin 1915 (*L'Évolution des idées tactiques en France et en Allemagne pendant la guerre de 1914-1918*, Paris, Berger-Levrault, 1924, p. 75).
19. Cité dans Alistair Horne, *Verdun, le prix de la gloire*, Paris, Presses de la Cité, 1963, p. 61.
20. Général Palat, *La Grande Guerre sur le front occidental*, t. X, *op. cit.*, p. 107.
21. 800 coups de 155 L, 2 900 de 155 C, 1 900 de 120 L, 1 200 de 120 C, 2 700 de 90, 500 de 80 et 6 400 de 75, selon le lieutenant-colonel Raoul de Thomasson, *Les Préliminaires de Verdun (août 1915-février 1916) d'après des documents inédits*, Nancy, Berger-Levrault, 1921, p. 289.
22. *Ibid.*
23. Tardieu, qui revient de Verdun, à la commission de l'Armée de la Chambre, 19 avril (AN C/7495). Voir aussi la réponse faite à un témoin qui s'étonne de l'absence de boyau dans le bois d'Haumont : « On passe très bien, les Allemands ne tirent pas » (*in* général Palat, *La Grande Guerre sur le front occidental*, t. X, *op. cit.*, p. 112).
24. Alfred Mignon (médecin général inspecteur), *Le Service de santé pendant la guerre 1914-1918*, t. II, *La bataille de Verdun*, Paris, Masson, 1926, p. 25.
25. Journal inédit du colonel de Barescut, 6 mars. Nous remercions très vivement son petit-fils, Olivier Gobert de Barescut, de nous avoir autorisés à le consulter.
26. En plus de leurs 4 régiments d'infanterie, les divisions comprennent des services multiples (intendance, train, sapeurs, téléphonistes, santé), 1 régiment d'artillerie de campagne en France (9 batteries à 4 canons, soit 36 canons) et 2 en Allemagne (12 batteries à 6 canons, soit 72 canons), 1 puis 2 compagnies de mitrailleuses. Les divisions comprenaient également des unités de cavalerie : en France, une DI compte près de 3 000 chevaux, pour cette cavalerie ainsi que pour l'artillerie, les roulantes, etc.
27. *AFGG* IV-1 (texte), p. 211 *sq.*
28. Si l'on prend en compte le front d'Ornes à Fromezey, tenu par la 14e DI, face à 4 divisions allemandes, le déséquilibre est encore plus fort.
29. Voir *supra*, p. 31.

30. Y. Gras, *Castelnau ou l'art de commander*, *op. cit.*, p. 285. Briand donne les mêmes chiffres, à deux unités près, le 15 juin, veille du comité secret, à la commission de l'Armée de la Chambre (AN, C/7496, PV, p. 49). Les *AFGG* IV-1, p. 211-216, donnent un inventaire détaillé dont le total est plus faible pour le seul 30e CA : 243 canons de campagne (dont 129 de 75) et 133 canons lourds, inclus les mortiers et pièces de marine.
31. Alain Denizot, *Verdun, 1914-1918*, Paris, Nouvelle Éditions latines, 1996, p. 266, sans indication de source.
32. L'estimation souvent rencontrée de 270 à 280 canons correspond à la seule artillerie lourde de la RFV. La comparer à une estimation de l'artillerie allemande qui inclut l'artillerie légère est une supercherie.
33. Joffre, « Note relative aux enseignements à tirer des affaires de Verdun », *AFGG* IV-1, a2, ann. 1603, p. 834 *sq.*, du 30 mars ; SHD Vincennes, Fonds de Castelnau, 1 K 95/21, Dossier 3e bureau, note du 5 avril 1916. Voir aussi commandant H. Bouvard, *La Gloire de Verdun. Les faits, le commandement, le soldat*, Paris, La Renaissance du livre, 1922.
34. *AFGG* IV-1, a1, ann. 122, p. 242.
35. P. Voivenel, *À Verdun avec la 67e DR*, *op. cit.*, qui rapporte ce propos tenu le 24 février, p. 42.
36. Général Passaga, *Verdun dans la tourmente. Le calvaire de Verdun,* Paris-Limoges-Nancy, Lavauzelle et Cie, 1929, p. 74.
37. Kronprinz Wilhelm, *Meine Erinnerungen aus Deutschlands Heldenkampf*, *op. cit.*, p. 177.
38. Les ponts de Charny et Bras sont détruits le 25.
39. Paul Doumer, à la commission sénatoriale de l'Armée, Archives du Sénat (AS), 69 S 72, 13 mars, p. 53.
40. P. Voivenel, *À Verdun avec la 67e DR*, *op. cit.*, p. 50. Il s'agit du pont de Thierville, à 2 km en aval de Verdun.
41. Paul Dubrulle, *Mon régiment dans la fournaise de Verdun et dans la bataille de la Somme. Impressions de guerre d'un prêtre soldat*, Paris, Plon-Nourrit et Cie, 1917, p. 10, dans la nuit du 26 au 27.
42. Pierre-Alexis Muenier, *L'Angoisse de Verdun, notes d'un conducteur d'auto-sanitaire*, Nancy, Presses universitaires de Nancy, 1991 [1re éd. 1918], p. 48. Georges Duhamel décrit le pitoyable cortège de civils qu'il croise quelques jours plus tard (*Vie des martyrs : 1914-1916*, Paris, Le Livre de poche, 1966, p. 87).
43. Témoignage de Castelnau, le 25 au matin, dans Y. Gras, *Castelnau ou l'art de commander*, *op. cit.*, p. 291.
44. *AFGG* IV/1, a1, ann. 358, p. 581, « Ordre général n° 16 » signé de Herr, daté du 20 et envoyé le 21.
45. On peut s'étonner qu'une telle responsabilité ait été donnée à un simple capitaine, mais Doumenc était l'adjoint du commandant du service automobile des armées.
46. Lieutenant-colonel R. de Thomasson, *Les Préliminaires de Verdun (août 1915-février 1916) d'après des documents inédits*, *op. cit.*, p. 263.
47. Jacques Péricard, *Ceux de Verdun*, Paris, Émile Paul, 1916, p. 89.
48. *Journal des marches et opérations* (JMO) du 95e RI. Toutes les citations non référencées de ce développement viennent de cette source.
49. J. Péricard, *Ceux de Verdun*, *op. cit.*, p. 102.
50. G. Duhamel, *Vie des martyrs : 1914-1916*, *op. cit.*, p. 96.

51. Adolphe Guillaumat, *Correspondance de guerre du général Guillaumat (1914-1919)*, transcrite et éditée par Paul Guillaumat, Paris, L'Harmattan, 2006, lettre du 4-5 mars, p. 104.
52. Cf. *infra*, p. 185 sq.
53. Cf *supra*, note 43.
54. Y. Gras, *Castelnau ou l'art de commander*, *op. cit.*, p. 291.
55. *AFGG* IV/1, a1, ann. 753, p. 834-835, Castelnau à Joffre, de Souilly, le 26 février.
56. *Journal* de Barescut, au 26 février.
57. L. Madelin, *Verdun*, *op. cit.*, p. 57.
58. Procès-verbaux de la commission de l'Armée du Sénat, AS, 69 S 73, 13 mai, p. 88.
59. *Journal* inédit.
60. A. Guillaumat, *Correspondance de guerre du général Guillaumat (1914-1919)*, *op. cit.* Voir dans le même sens G. de Bazelaire, *Souvenirs de guerre, du 135e régiment d'infanterie au 7e corps d'armée : 1914-1918*, *op. cit.*, p. 51.
61. Voir *infra*, p. 81.
62. *AFGG* IV/1, a1, ann. 767, p. 846-850, « Ordre général d'opérations n° 1 » du 26 février.
63. A. Mignon, *Le Service de santé pendant la guerre 1914-1918*, t. II, *op. cit.*, p. 152.
64. Clémentine Vidal-Naquet, *Correspondances conjugales (1914-1918)*, *op. cit.*, p. 464.
65. Raymond Jubert, *Verdun (mars-avril-mai 1916)*, Nancy, Presses universitaires de Nancy, 1989 [1re éd. Paris, Payot, 1918], p. 29. Le général Deville commande la 42e DI qui arrive à Verdun les 9-10 mars.

Chapitre III
Pourquoi et comment la bataille a-t-elle duré ?

1. Wilhelm Ziegler, *Verdun*, Hambourg, Hanseatische Verlagsanstalt, 1936, p. 76.
2. H. Wendt, *Verdun 1916*, *op. cit.*, p. 108.
3. Pour une étude détaillée, voir en français : général Palat, *La Grande Guerre sur le front occidental*, t. X, *op. cit.* ; Henry Bidou, *Histoire de la Grande Guerre*, Paris, Gallimard, 1936 ; et en allemand : Horst Rohde et Robert Ostrovsky, *Militärgeschichtlicher Reiseführer Verdun*, Hambourg, Mittler-Verlag, 2008 (4e éd.), p. 37-44 ; W. Ziegler, *Verdun*, *op. cit.* ; H. Wendt, *Verdun 1916*, *op. cit.*, p. 99-112.
4. *AFGG* IV-1, a3, ann. 1703, p. 60, note de Pétain en date du 3 avril ; *AFGG* IV-2, a1, ann. 129, p. 205, du 7 mai, Pétain à Joffre.
5. Pour ce qui suit nous disposons d'une étude détaillée : Christian Stachelbeck, *Militärische Effektivität im Ersten Weltkrieg. Die 11. Bayerische Infanteriedivision 1915 bis 1918*, Paderborn, Schöningh-Verlag, 2010.
6. *Ibid.*, p. 112 *sq.*
7. *Ibid.*, p. 122.
8. À compter de mars 1916, le QG fut établi au niveau de la division et non plus du CA ; voir tableau dans *ibid.*, p. 373.
9. *Ibid.*, p. 126.
10. Barescut, au 2 avril (« journée bien émotionnante »), note un « trou » de 1 200 mètres et annexe à son journal le brouillon de l'ordre de repli. Le 13 mars déjà, dans un ordre personnel et secret aux commandants de groupements, Pétain leur disait

que l'évacuation de la rive droite était une éventualité « à envisager et à préparer » (*AFGG* IV-1, a2, ann. 1231, p. 192).

11. *AFGG* IV-1, a3, ann. 1872, p. 170, du 9 avril, 9 heures 30, télégramme chiffré.
12. *Journal* de Barescut, 1er mars.
13. *Ibid.*, 18 mai.
14. *AFGG* IV-1, a3, ann. 1653, p. 4.
15. Selon Noël Vacher (qui se trompe de mois) : « Depuis la fin mars que "la Pétoche", Pétain, avait été limogé pour son "incompétence, attentisme et manque d'agressivité", Nivelle avait pris le commandement de l'armée de Verdun » (*La Closque. Dans la Première Guerre mondiale à quinze ans*, Gignac, Arts et Traditions rurales, 2013, p. 102).
16. Il lui laisse proposer la date de son remplacement. *AFGG* IV-1, a3, ann. 2106, p. 565, message de « confirmation écrite pour le général Pétain seul » du 19 avril.
17. Lettre à Eugénie Hardon, 29 avril, *in* Clémentine Vidal-Naquet, *Correspondances conjugales (1914-1918). Dans l'intimité de la Grande Guerre*, Paris, Robert Laffont, 2014, p. 476.
18. Conférence de Chantilly, 6-8 décembre 1915.
19. Y. Gras, *Castelnau ou l'art de commander*, *op. cit.*, p. 306-307. Barescut, qui admire les deux protagonistes, donne un récit vivant de leur discussion.
20. Voir pour les détails de cette affaire : Reichsarchiv, *Der Weltkrieg*, t. X, p. 164 *sq.*
21. *AFGG*, IV-2, a2, ann. 1464, p. 305.
22. *AFGG* IV-2, a2, ann. 1773, p. 733, Nivelle aux commandants de groupements.
23. *AFGG*, IV-2, a2, ann. 1771, p. 731.
24. G. Werth, p. 291.
25. 530 417 Français en mars (voir *supra*, chap. II, note 63) ; 581 243 Allemands à la mi-juillet d'après le *Sanitätsbericht*, t. III, p. 46.
26. Général Ragueneau, *Stratégie de transports et des ravitaillements*, Paris, Berger-Levrault, 1924, p. 43.
27. Voir *supra*, p. 56-57.
28. Commandant Doumenc, *Les Transports automobiles sur le front français (1914-1918)*, Paris, Plon-Nourrit, 1920 ; ordre général n° 15 et n° 16 du général Herr, en date du 21 et du 20 février, *AFGG* IV-1, a1, ann. 357 et 358, p. 580-581. Voir aussi *AFGG* IV-2, a2, ann. 1261, p. 428, rapport du directeur des services automobiles du 15 mars.
29. Commandant Doumenc, *Les Transports automobiles sur le front français*, *op. cit.*, p. 58.
30. Lieutenant-colonel R. de Thomasson, *Les Préliminaires de Verdun (août 1915-février 1916) d'après des documents inédits*, *op. cit.*, p. 163.
31. AN, C/7495, commission de l'Armée de la Chambre des députés, séance du 29 mai, p. 76 ; général Ragueneau, *Stratégie de transports et des ravitaillements*, *op. cit.*, p. 44.
32. Henry Bérenger à la commission sénatoriale de l'Armée, le 4 avril, p. 6 (AS, 69 S 73).
33. Voir *supra*, p. 51.
34. *AFGG* IV-1, a3, ann. 1854, p. 244, Pétain à Joffre.
35. *AFGG* IV-2, a1, ann. 647, p. 907, du 28 mai, Pétain à Joffre. Pétain retire de son estimation les pièces hors d'usage, mais il se trompe parce qu'il compte 4 canons par batterie, alors qu'il y en a 6 dans l'armée allemande. Le 14 juin, l'artillerie

lourde de la IIe armée ne compterait plus que 329 pièces (*AFGG* IV-2, a2, ann. 1248, p. 140).

36. Charles Mangin, *Lettres de guerre (1914-1918)*, Paris, Fayard, 1950, p. 103.
37. *AFGG* IV-2, a1, ann. 543, p. 770, Nivelle au GQG, du 24 mai.
38. *AFGG* IV-2, a1, ann. 827, p. 1164, note au sujet des contrebatteries du 2 juin.
39. Marc Delfaud, *Carnets de guerre d'un hussard noir de la République*, Triel-sur-Seine, Italiques, 2009, p. 306, à la date du 3 mars.
40. JMO du 22e RA, du 2 au 9 juin. Voir le témoignage du lieutenant Jehan d'Etigny, *in* Laurent Loiseau et Géraud Benech (éd.), *Carnets de Verdun*, Paris, Librio, 2014 [1re éd. 2006], p. 64-65.
41. Lieutenant Fonsagrive, *En batterie : Verdun (1916), La Somme – L'Aisne – Verdun (1917)*, Paris, Delagrave, 1919, p. 46.
42. Commission de l'Armée du Sénat, 69 S 76, p. 8.
43. Paul Doumer, à la commission sénatoriale, 18 juillet, 69 S 74, p. 118.
44. *Ibid.*, 17 août et 14 septembre, 69 S 75, p. 6 et 58.
45. *AFGG* IV-2, a3, ann. 2986, p. 765, télégramme de Nivelle du 19 août.
46. Reichsarchiv, t. X, p. 63 *sq.*
47. Rapport cité dans Patrick Facon, « La bataille aérienne sur Verdun : perceptions et représentations », *in* François Cochet (dir.), *1916-2006, Verdun sous le regard du monde*, actes du colloque tenu à Verdun les 23 et 24 février 2006, Saint-Cloud, 14-18 Éditions, 2006, p. 131-144 (pour la citation, p. 133).
48. Claude Carlier, « L'aéronautique militaire, de la naissance à la participation à la victoire », *in* Guy Pedroncini, *Histoire militaire de la France*, t. III, *De 1871 à 1940*, Paris, PUF, 1992, p. 203-235 ; Gaëtan Sciacco, « La bataille aérienne de Verdun », *in* C. Carlier et G. Pedroncini (dir.), *L'Émergence des armes nouvelles*, actes du colloque organisé pour le 80e anniversaire de la bataille de Verdun, Paris, CHAE-IHCC-ISC/Economica, 1997, p. 35-69 ; Peter Kilduff, *Germany's First Air Force (1914-1918)*, Londres, Arms & Armour, 1991.
49. Bernard Lafont décrit très concrètement une mission de réglage (*Au ciel de Verdun, notes d'un aviateur,* Paris, Berger-Levrault, 1918, p. 32 *sq.*).
50. M. Delfaud, *Carnets de guerre d'un hussard noir de la République*, *op. cit.*, p. 360.
51. Louis Gillet, *La Bataille de Verdun (1916-1917)*, Moncrabeau, Laville, 2013 [1re éd. 1921].
52. Capitaine Henri Morin, *À l'écoute devant Verdun*, Paris, Denoël, 1938.
53. Robert Perreau, *La Lutte pour le Mort-Homme en 1916 au 203e régiment d'infanterie*, Meaux, Éditions de l'Archer, 1979, p. 25.
54. *AFGG* IV-2, a3, ann. 2481, p. 97.
55. Hermann Cron, *Imperial German Army (1914-1918). Organisation, Structure, Orders of Battle*, Solihull, Helion & Co, 2006, annexe I, p. 314-316 ; Edgar von Matuschka, *Organisationsgeschichte des Heeres von 1890-1918*, in *Deutsche Militärgeschichte*, Munich, Bernard & Graefe, 1983, p. 157 *sq.* et 230-232.
56. Raymond Poincaré, *Au service de la France, neuf années de souvenirs. VIII, Verdun, 1916*, Paris, Plon, 1931, 26 mai, p. 238.
57. *AFGG* IV-3, a1-1, ann. 575, p. 804, note de Nivelle du 22 septembre.
58. *AFGG* IV-3, a1-2, ann. 644, p. 914-915, note de Mangin du 25 septembre.
59. *AFGG* IV-3, a1-2, ann. 843, p. 1193-1199.
60. *Journal de marche de Joffre (1916-1919)*, documents présentés par le professeur Pedroncini à partir des archives de l'armée de terre, Paris, SHAT, 1990, 24 octobre ; *Journal* de Barescut, 24 octobre.

61. P. Jankowski, « L'autre Verdun : doutes et désobéissances dans la bataille », *in* André Loez et Nicolas Mariot (dir.), *Obéir/désobéir. Les mutineries de 1917 en perspective*, Paris, La Découverte, 2008, p. 71.
62. *AFGG* IV-3, a2-2, ann. 1930, p. 1484, ordre général n° 189 du 18 décembre.

DEUXIÈME PARTIE
LE VÉCU

Introduction

1. Voir Louis Marin, « Proposition de résolution... », *Journal officiel, Documents parlementaires de la Chambre des députés*, 1920, annexe n° 633, p. 32-78 ; Michel Huber, *La Population de la France pendant la guerre*, Paris, PUF, 1931 ; H. Wendt, *Verdun 1916*, *op. cit.*, Annexe 2, p. 242 *sq.* (Wendt a pour base de calcul la statistique « pertes ouest » établie par le GQG mais disparue en 1945).
2. Sources : pour l'Allemagne, H. Wendt, *Verdun 1916*, *op. cit.*, p. 243-246 ; pour la France, *AFGG* IV-3, p. 520-521. Les pertes allemandes sont comptées du 1er du mois au 1er du mois suivant, les pertes françaises du 15 au 15, d'où le décalage du graphique. Les chiffres de Wendt sont sous-estimés d'environ 9 %.

Chapitre IV
Monter en ligne

1. *Journal* de Barescut, 9 mars.
2. Commandant Pelade, *La Bataille de Verdun, conférence du 11 juin 1922*, *op. cit.*, p. 7. Des exemples de relève sur place : *AFGG* IV-2, a1, ann. 113, du 6 mai, Nivelle à Pétain.
3. *AFGG* IV-1, a3, ann. 1995, p. 395-397, Pétain à Joffre, le 12 avril : « Ces recrues n'ont jamais vu le feu et l'on constate qu'elles se laissent impressionner par le bombardement sévère auquel elles sont soumises plus que les autres contingents plus anciens. »
4. *AFGG* IV-2, a3, ann. 2473, p. 88-89, du 18 juillet.
5. *Écrit du front*, Paris, Tallandier, 2010, p. 166.
6. Gaston Pastre, *Trois ans de front. Belgique, Aisne et Champagne, Verdun, Argonne, Lorraine : notes et impressions d'un artilleur*, Nancy, Presses universitaires de Nancy, 1991 [1re éd. Paris, Berger-Levrault, 1918], p. 97.
7. Louis Barthas, *Les Cahiers de guerre de Louis Barthas, tonnelier (1914-1918)*, Paris, Maspero, 1978, p. 282.
8. Rapport de la commission mobile de contrôle postal du 11 août sur le moral de la 32e DI, qui vient du Soissonnais, SHD, 16 N 1391.
9. Lette datée du 28 février d'une sœur à ses frères, dans une famille très patriote, *in* Jacques Resal et Pierre Allorant (éds), *Femmes sur le pied de guerre. Chronique d'une famille bourgeoise (1914-1918)*, Villeneuve-d'Ascq, Presses universitaires du Septentrion, 2014, p. 217.
10. Andreas Sauer (éd.), *Die Erinnerungen Karl Rosner an seine Kriegserlebnisse im Jahr 1916*, Erfurt, Sutton Verlag, 2008, p. 85, en date du 31 mars.

11. Ernst Glaeser, *Jahrgang 1902*, Berlin, Gustav Kiepenheuer, 1931, p. 272.
12. Louis Hourticq, *Récits et réflexions d'un combattant. Aisne, Champagne, Verdun (1915-1917)*, Paris, Hachette, 1918, p. 60.
13. René Naegelen, *Les Suppliciés*, Paris, Colbert, 1966 [1re éd. 1927], p. 82.
14. Jean Tournassus, *Nous, soldats !*, Lyon-Paris, E. Vitte, 1918, p. 97 et 100.
15. Guy Hallé, *Là-bas avec ceux qui souffrent, carnets d'un poilu rouennais à Verdun*, Louviers, Ysec éd., 2002 [1re éd. Paris, Garnier frères, 1917], p. 24.
16. Lieutenant E. Herscher, *Quelques images de la guerre. Woëvre 1915, Verdun 1916*, Paris-Nancy, Berger-Levrault, 1917, p. 150.
17. *Ibid.*, p. 162.
18. Sergent Chemin, *in* J. Péricard, *Verdun. Histoire des combats qui se sont livrés de 1914 à 1918 sur les deux rives de la Meuse,* Paris, Librairie de France, 1933, p. 118.
19. Alfred Hein, *Eine Kompagnie Soldaten in der Hölle von Verdun*, Minden-Berlin-Leipzig, Köhler-Verlag, 1930, p. 142 *sq.*
20. Edgar Maass, *Verdun*, Berlin, Propyläen-Verlag, 1936, p. 68-69.
21. Capitaine Charles Delvert, *Carnets d'un fantassin*, Paris, Albin Michel, 1935, p. 220, le 13 mai, pendant 7 heures 30 de marche sous la pluie pour arriver à Landrecourt.
22. Daniel Mornet, *Tranchées de Verdun (juillet 1916-mai 1917)*, Paris, Berger-Levrault, 1918, p. 7.
23. Sous-lieutenant Pingeot, 248e RI (frère Adolphe-Marie des écoles chrétiennes), *in* J. Péricard, *Verdun. Histoire des combats qui se sont livrés de 1914 à 1918 sur les deux rives de la Meuse, op. cit.*, p. 369.
24. D. Mornet, *Tranchées de Verdun, juillet 1916-mai 1917, op. cit.*, p. 9.
25. Abbé Charles Thellier de Poncheville, *Dix mois à Verdun*, Paris, de Gigord, 1919, p. 181, le 29 juin.
26. Jacques d'Arnoux, *Paroles d'un revenant*, Paris, Plon-Nourrit, 1925, p. 35.
27. M. Delfaud, *Carnets de guerre d'un hussard noir de la République*, *op. cit.*, p. 381, en troisième ligne, le 28 mars.
28. Commandant Pierre Louis Georges Bréant, *De l'Alsace à la Somme, souvenirs du front (août 1914-janvier 1917)*, Paris, Hachette, 1917, p. 173, le 2 mai.
29. Ch. Mangin, *Lettres de guerre (1914-1918)*, *op. cit.*, p. 155.
30. César Méléra, *Verdun (juin-juillet 1916). La montagne de Reims (mai-juin 1918)*, Paris, La Lucarne, 1925, p. 17.
31. Le 24 mars. Paul Desnoëls, 2e Bon du génie, *in* L. Loiseau et G. Benech (éd.), *Carnets de Verdun*, *op. cit.*, p. 40-41. Il part vers 18 heures, parcourt 10 km à pied, travaille 4 heures et retrouve son gîte vers 5 heures 30.
32. Albert Fournier, *ibid.*, p. 35.
33. *AFGG* IV-1, a3, ann. 1868, p. 266, du 8 avril ; JMO du 160e RI.
34. *AFGG* IV-3, a1-1, ann. 380, p. 532-536, du 6 septembre.
35. R. Naegelen, *Les Suppliciés*, *op. cit.*, p. 89.
36. Henri Nicolle, *in* J. Péricard, *Verdun. Histoire des combats qui se sont livrés de 1914 à 1918 sur les deux rives de la Meuse, op. cit.*, p. 276.
37. Alfred Joubaire, *Pour la France, carnet de route d'un fantassin*, Paris, Perrin, 1917, p. 269, au soir du 17 mai.
38. Georges Gaudy, *Les Trous d'obus de Verdun (février-août 1916)*, Paris, Plon-Nourrit, 1922, p. 119.

39. Anselme Charpenel, le 24 avril, *in* L. Loiseau et G. Benech (éd.), *Carnets de Verdun*, *op. cit.*, p. 51.
40. J. d'Arnoux, *Paroles d'un revenant*, *op. cit.*, p. 39, dans un boyau montant au bois de Nawé.
41. Georges Gallois, Cne 221e RI, le 9 juillet, vers Damloup, *in* L. Loiseau et G. Benech (éd.), *carnets de Verdun*, *op. cit.*, p. 83.
42. Louis Monnier, médecin mobilisé, *in* L. Loiseau et G. Benech (éd.), *Carnets de Verdun*, *op. cit.*, p. 67.
43. Adelphe Pousse, *Une soutane sous la mitraille. Carnets de la Grande Guerre d'un curé de campagne*, Jaignes, La Chasse au snark, 2000, p. 82.
44. Général Passaga, *Verdun dans la tourmente, op. cit.*, p. 152.
45. Commandant Pelade, *La Bataille de Verdun, conférence du 11 juin 1922*, *op. cit.*, p. 34.
46. *AFGG* IV-1, a3, ann. 2135, p. 633, compte rendu de la journée du 19 avril.
47. M. Delfaud, *Carnets de guerre d'un hussard noir de la République*, *op. cit.*, p. 380, le 4 juillet.
48. Lettre citée par le contrôle postal, rapport du 11 novembre.
49. Rapport du contrôle postal du 18 novembre, signé de Louis Gillet.
50. Procès-verbaux de la commission de l'Armée du Sénat, 69 S 76, p. 7.
51. Rapport du contrôle postal, 4 novembre.
52. *Ibid.*
53. P. Bréant, *De l'Alsace à la Somme, souvenirs du front (août 1914-janvier 1917)*, *op. cit.*, p. 148.
54. *AFGG* IV-2, a1, ann. 44, p. 108, du 4 mai.
55. JMO du 140e RI. Nous avons choisi ce régiment parce qu'il connaît une mutinerie quelques jours plus tard.
56. Serrigny, p. 72.
57. Ch. Delvert, *Carnets d'un fantassin*, *op. cit.*, p. 230.
58. Lettre citée par le rapport du contrôle postal du 12 mai.
59. *AFGG* IV-1, a3, ann. 2300, p. 847, du 1er mai, Descoings à Souilly.
60. *AFGG* IV-2, a1, ann. 184, p. 275, du 8 mai.
61. D. Mornet, *Tranchées de Verdun (juillet 1916-mai 1917)*, *op. cit.*, p. 21.
62. G. Gaudy, *Les Trous d'obus de Verdun (février-août 1916)*, *op. cit.*, p. 215, le 17 mai.
63. A. Charpenel, *in* L. Loiseau et G. Benech (éd.), *Carnets de Verdun*, *op. cit.*, p. 50.

Chapitre V
Survivre et combattre à Verdun

1. Werner Beumelburg, Die Gruppe *Bosemüller. Der große Roman des Frontsoldaten*, Oldenbourg, Stalling, 1930, p. 43.
2. François Barge, *Avoir vingt ans dans les tranchées*. Texte d'un caporal au 142e RI recueilli et commenté par les élèves de la classe de première B, lycée Blaise de Vigenère, Saint-Pourçain-sur-Sioule, 1984, p. 21.
3. Sylvain-Eugène Raynal, *Journal du commandant Raynal. Le fort de Vaux*, Paris, Albin Michel, 1919, p. 143.

4. F. Barge, *Avoir vingt ans dans les tranchées*, *op. cit.*, p. 24-25.
5. Henry Bordeaux, *Les Derniers Jours du fort de Vaux (9 mars-7 juin 1916)*, Paris, Plon-Nourrit, 1916, p. 56-57, le 11 mars.
6. Josef Magnus Wehner, *Sieben vor Verdun*, Munich, Albert Langen, 1930, p. 219.
7. Paul C. Ettighoffer, *Verdun. Das große Gericht*, Gütersloh, C. Bertelsmann, 1936, p. 200 ; voir aussi Matti Münch, *Verdun. Mythos und Alltag einer Schlacht*, Munich, Meidenbauer, 2006, p. 102.
8. C. Méléra, *Verdun (juin-juillet 1916). La montagne de Reims (mai-juin 1918)*, *op. cit.*, p. 35, à Haudainville, le 16 juin.
9. Note André, *AFGG* IV-2, a1, ann. 706, p. 1006-1008, du 30 mai.
10. M. Münch, *Verdun. Mythos und Alltag einer Schlacht*, *op. cit.*, p. 102 ; voir encore E. Maass, *Verdun*, *op. cit.*, p. 182-192, qui consacre dix pages denses de récit à la soif devant Verdun et aux fantasmes qu'elle suscite.
11. Dernier couplet d'une longue chanson relevée par André Pézard, *Nous autres à Vauquois*, Aurillac, Imprimerie moderne, 1974 [1re éd. La Renaissance du livre, 1918], p. 369.
12. A. Hein, *Eine Kompagnie Soldaten in der Hölle von Verdun*, *op. cit.*, p. 53.
13. Ch. Delvert, *Carnets d'un fantassin*, *op. cit.*, p. 241, et rapports hebdomadaires du contrôle postal de la IIe armée, SHD, 16 N 1391, lettre citée le 5 mai.
14. Romain Darchy, *Récits de guerre (1914-1918)*, L'Aigle, Bernard Giovanangeli-Ville de L'Aigle, 2012, p. 116.
15. Ch. Delvert, *Carnets d'un fantassin*, *op. cit.*, p. 245-246. Voir aussi F. Barge, *Avoir vingt ans dans les tranchées*, *op. cit.*, p. 27.
16. Lettre citée par le rapport du 12 mai, SHD, 16 N 1391. Les rapports du contrôle postal abondent en notations sur ce sujet.
17. Rapport du 26 mai, *ibid.* Les soldats allemands bénéficiaient depuis 1915 d'une semaine de permission par an en principe. Comme en France, les permissions dépendaient de l'activité du front.
18. *AFGG* IV-3, a2, ann. 1946, p. 1509, compte rendu du 19 décembre.
19. Ch. Delvert, *Carnets d'un fantassin*, *op. cit.*, p. 242.
20. Pierre Boulais, *3 Cariffa. Une famille peintre, Savoie-Paris*, Chambéry, 3 Cariffa, 1997, p. 84, fin avril. Il a plu en effet du 10 au 17 avril.
21. C. Méléra, *Verdun (juin-juillet 1916). La montagne de Reims (mai-juin 1918)*, *op. cit.*, p. 26, 13 juin.
22. M. Delfaud, *Carnets de guerre d'un hussard noir de la République*, *op. cit.*, p. 385, 11 juillet.
23. *Ibid.*, p. 322, 28 mars.
24. A. Pousse, *Une soutane sous la mitraille*, *op. cit.*, p. 93.
25. D. Mornet, *Les Tranchées de Verdun (juillet 1916-mai 1917)*, *op. cit.*, p. 30.
26. Rapport du 1er juillet, signé de Margerie.
27. Lieutenant Marc, *Notes d'un pilote disparu (1916-1917)*, Paris, Hachette, 1918, p. 9.
28. Ch. Delvert, *Carnets d'un fantassin*, *op. cit.*, p. 261, 1er juin.
29. C. Méléra, *Verdun (juin-juillet 1916). La montagne de Reims (mai-juin 1918)*, *op. cit.*, p. 44 et 46, 16 et 17 juillet.
30. Rapport du contrôle postal du 1er juillet, SHD, 16 N 1391, et journal du soldat Eichhorn, cité dans Anne Duménil, « Le soldat allemand de la Grande Guerre : institution militaire et expérience du combat », thèse de doctorat, sous la direction de Stéphane Audoin-Rouzeau, université de Picardie, 2000, p. 292.

31. Henry Morel-Journel, *Journal d'un officier de la 74e division d'infanterie et de l'armée française d'Italie (1914-1918)*, Montbrison, Impr. Eleuthère-Brassart, 1922, p. 242.
32. Journal de marche du 3e bataillon du régiment d'infanterie de la garde, cité dans A. Duménil, *Le Soldat allemand de la Grande Guerre*, *op. cit.*, p. 296.
33. Sous-lieutenant Albert Texier, 42e RI, quelques jours avant la chute du fort de Vaux, *in* J. Péricard, *Verdun. Histoire des combats qui se sont livrés de 1914 à 1918 sur les deux rives de la Meuse*, *op. cit.*, p. 366.
34. D. Mornet, *Tranchées de Verdun (juillet 1916-mai 1917)*, *op. cit.*, p. 10.
35. Jean-Louis Thomas, soldat-mitrailleur, 48e RI, *in* J. Péricard, *Verdun. Histoire des combats…*, *op. cit.*, p. 368.
36. Gérard Canini, *Combattre à Verdun. Vie et souffrances quotidiennes du soldat (1916-1917)*, Nancy, Presses universitaires de Nancy, 1988, p. 15 ; 85 % des blessés de Verdun l'ont été par éclat d'obus : Dr Jean-Jacques Schneider, *Le Service de santé de l'armée française, Verdun 1916*, Metz, Éditions Serpenoise, 2007.
37. Arnold Zweig, *Éducation à Verdun,* traduit de l'allemand par Blaise Briod, Paris, Bartillat, 2014, p. 200 (la première édition allemande date de 1935).
38. P. Bréant, *De l'Alsace à la Somme, souvenirs du front (août 1914-janvier 1917)*, *op. cit.*, p. 156, 22 avril.
39. Ch. Mangin, *Lettres de guerre (1914-1918)*, *op. cit.*, p. 112, 8 mai.
40. J. d'Arnoux, *Paroles d'un revenant*, *op. cit.*, p. 43, en avril.
41. C. Méléra, *Verdun (juin-juillet 1916). La montagne de Reims (mai-juin 1918)*, *op. cit.*, p. 27, 13 juin.
42. G. Hallé, *Là-bas avec ceux qui souffrent*, *op. cit.*, p. 33-34, en mai, lors d'une attaque, secteur de Douaumont.
43. P.C. [Paul Cabanel], *Avec les diables bleus*, Paris, G. Beauchesne, 1916, p. 31.
44. P. Dubrulle, *Mon régiment dans la fournaise de Verdun et dans la bataille de la Somme*, *op. cit.*, p. 25, 27 février.
45. M. Delfaud, *Carnets de guerre d'un hussard noir de la République*, *op. cit.*, p. 333 et 335, 7 et 13 avril.
46. P. Dubrulle, *Mon régiment dans la fournaise de Verdun et dans la bataille de la Somme*, *op. cit.*, p. 57, 28 février.
47. Capitaine Gérard Dubot, *in* J. Péricard, *Verdun. Histoire des combats…*, *op. cit.*, p. 136.
48. P. Dubrulle, *Mon régiment dans la fournaise de Verdun et dans la bataille de la Somme*, *op. cit.*, p. 25-26, 27 février.
49. Soldat Marcel Rainé, 114e RI, *in* J. Péricard, *Verdun. Histoire des combats…*, *op. cit.*, p. 370, vers Froideterre.
50. *AFGG* IV-1, a3, ann. 1705, p. 65, du 3 avril.
51. N. Vacher, *La Closque. Dans la Première Guerre mondiale à quinze ans*, *op. cit.*, p. 75, le 22 février.
52. *AFGG* IV-2, a1, ann. 1045, p. 1397, colonel Bernard (qui fera fusiller les lieutenants Herduin et Millant) au général commandant la 52e DI, 8 juin.
53. P. 210, commandant Couraud, 10 mai.
54. *AFGG* IV-2, a1, ann. 1046, p. 1397, 8 juin.
55. *AFGG* IV-2, a1, ann. 1130, p. 1475, note de Nivelle pour les groupements, 10 juin.
56. J. Tournassus, *Nous, soldats !*, *op. cit.*, p. 131-133.
57. Julius Marx, *Kriegstagebuch eines Juden* (journal de guerre d'un juif), Francfort, Ner-Tamid-Verlag, 1964, p. 118.

58. Ch. Delvert, *Carnets d'un fantassin*, *op. cit.*, p. 265.
59. Hans Forster, lettre du 1er juillet 1916 « devant Verdun », publiée dans Philipp Witkop, *Kriegsbriefe gefallener Studenten*, Munich, Albert Langen/Georg Müller, 1928, p. 262 *sq*. Curieusement, cette lettre particulièrement développée sur le vécu de la bataille, et longue de 5 pages, n'a pas été reprise pour la traduction française du Witkop : *Lettres d'étudiants allemands tués à la guerre*, Paris, Gallimard, 1932. Aurait-ce été une profanation de ce lieu sacré ?
60. R. Jubert, *Verdun*, *op. cit.*, p. 86.
61. Il s'agit de Kurt Fischer qui a travaillé toute sa vie sur la bataille de Verdun sans cependant publier beaucoup, mais cependant *Berichte aus dem Fort Douaumont*, Bonn, Bernard & Graefe, 2004. Fischer a surtout retrouvé le rapport du médecin-major Hallauer, remis au GQG de la 5e armée deux jours après l'événement (p. 37 *sq*.). Récit qui structure déjà le chapitre correspondant du livre de German Werth (chap. 13). Jessen (*Verdun 1916*, *op. cit.*) a récemment repris ce sujet dans son chapitre 9, avec une mise en direct peu utile à une bonne historiographie.
62. W. Beumelburg, *Douaumont*, Oldenbourg-Berlin, Stalling, 1923, p. 9.
63. Georges Oudard, « Le tunnel de Tavannes », *Revue Belge*, 1er août 1933, p. 193-218.
64. L. Hourticq, *Récits et réflexions d'un combattant. Aisne, Champagne, Verdun (1915-1917)*, *op. cit.*, p. 80 *sq*.
65. Dr Léon Baros, *Quelques impressions de guerre*, Paris, Eugène Figuière, 1936, p. 42-43, 1er juillet.
66. Jankowski évalue, sans indiquer de source, cet effectif à « deux ou trois mille » (*Verdun, 21 février 1916*, Paris, Gallimard, 2013, p. 195).
67. *AFGG* IV-3, a1-1, ann. 600, p. 836, 23 septembre, rapport de Nivelle sur l'incendie du tunnel de Tavannes.
68. JMO, 4 septembre.

Chapitre VI
Sortir de l'enfer

1. M. Delfaud, *Carnets de guerre d'un hussard noir de la République*, *op. cit.*, p. 339, 17 avril.
2. *Die Kämpfe um die Feste Vaux. Von Mitstreitern geschildert*, *in* Der Feldgraue (dir.), Zeitschrift der 50. Infanterie-Division, Leipzig, Insel-Verlag, 1916, p. 86.
3. W. Beumelburg, *Douaumont*, *op. cit.*, p. 64 *sq*.
4. J. d'Arnoux, *Paroles d'un revenant*, *op. cit.*, « La semaine sainte à Verdun », du 17 au 23 avril, p. 57.
5. R. Naegelen, *Les Suppliciés*, *op. cit.*, p. 94.
6. G. Pastre, *Trois ans de front*, *op. cit.*, p. 99.
7. André Ducasse, Jacques Meyer et Gabriel Perreux, *Vie et mort des Français (1914-1918)*, Paris, Hachette, 1959, p. 164.
8. A. Sauer (éd.), *Die Erinnerungen Karl Rosner an seine Kriegserlebnisse im Jahr 1916*, *op. cit.*, p. 124 *sq*.
9. J. d'Arnoux, *Paroles d'un revenant*, *op. cit.*, p. 57.
10. La section comprenait en principe deux demi-sections et chacune deux escouades.

11. G. Gaudy, *Les Trous d'obus de Verdun (février-août 1916)*, *op. cit.*, p. 233.
12. P. Dubrulle, *Mon régiment dans la fournaise de Verdun et dans la bataille de la Somme*, *op. cit.*, p. 67.
13. Ch. Thellier de Poncheville, *Dix mois à Verdun*, *op. cit.*, p. 160, le 18 mai.
14. Alexandre Renaud, *Chair à canon. La simple vie des hommes en guerre*, Paris, « Le Courrier », 1935, p. 202.
15. A. Mignon, *Le Service de santé pendant la guerre 1914-1918*, t. II, *op. cit.*, p. 599.
16. G. Canini, *Combattre à Verdun. Vie et souffrances quotidiennes du soldat, 1916-1917*, Nancy, Presses universitaires de Nancy, 1988, p. 81-100.
17. Le terme « ambulance » a deux sens : une voiture qui évacue les blessés ; une formation médicale de l'armée qui comporte plusieurs voitures. Il y a en principe deux ambulances par DI, plus des ambulances en réserve aux échelons supérieurs.
18. J. Tournassus, *Nous, soldats !*, *op. cit.*, p. 135.
19. Ch. Delvert, *Carnets d'un fantassin*, *op. cit.*, p. 242.
20. A. Mignon, *Le Service de santé pendant la guerre 1914-1918*, t. II, *op. cit.*, p. 16.
21. *Ibid.*, p. 23.
22. G. Duhamel, *Vie des martyrs : 1914-1916*, *op. cit.*, p. 87.
23. HOE signifiait « hôpital d'origine d'étapes », mais en raison de leur rôle on donne souvent à cet acronyme le sens d'« hôpital d'opération et d'évacuation ».
24. D'autres HOE fonctionnaient au Petit-Mothairons, à Brocourt, Froidos, Fleury-sur-Aire, etc. Voir carte dans J.-J. Schneider, *Le Service de santé de l'armée française, Verdun 1916*, *op. cit.* Voir aussi Jean-Jacques Ferrandis, « Le service de santé dans la bataille de Verdun », *Histoire des sciences médicales*, t. XXXVI, n° 2, 2002, p. 147-156 et A. Mignon, *Le Service de santé pendant la guerre 1914-1918*, t. II, *op. cit.*
25. *Ibid.*, p. 599.
26. Ch. Delvert, *Carnets d'un fantassin*, *op. cit.*, p. 265.
27. W. Beumelburg, *Douaumont*, *op. cit.*, p. 166.
28. Ch. Delvert, *Carnets d'un fantassin*, *op. cit.*, p. 251.
29. Aide-major Lavy, *in* J. Péricard, *Verdun. Histoire des combats…*, *op. cit.*, p. 304-305.
30. Friedrich Lehmann, *Wir von der Infanterie. Tagebuchblätter eines bayerischen Infanteristen*, Munich, Lehmanns-Verlag, 1929, p. 122.
31. Dr Léon Baros, *in* G. Canini, *Combattre à Verdun…*, *op. cit.*, p. 86.
32. *Ibid.*, p. 91.
33. Karl Rosner, p. 145.
34. Benno Schneider et Ulrich Haacke (éds), *Das Buch vom Kriege 1914-1918*, Munich, Langewiesche, 1933, p. 236.
35. *Journal* de Barescut, 21 septembre.
36. G. Hallé, *Là-bas avec ceux qui souffrent*, *op. cit.*, p. 27.
37. La nécropole nationale actuelle de Vadelaincourt était en 1916 le cimetière du HOE.
38. Lieutenant E. Herscher, *Quelques images de la guerre. Woëvre 1915, Verdun 1916*, *op. cit.*, p. 173.
39. Heather Jones, *Violence against Prisoners of War. Britain, France and Germany (1914-1920)*, Cambridge, Cambridge University Press, 2011, p. 144-150.
40. *Ibid.*, p. 327.
41. M. Stéphane, *Ma dernière relève au bois des Caures (18-22 février 1916)*, *op. cit.*, p. 123-124.
42. Georg Queri, *Die hämmernde Front. Heldenkämpfe vor Verdun*, Berlin, Eysler, 1916, p. 64 *sq.*

43. F. Lehmann, *Wir von der Infanterie*, *op. cit.*, p. 104 *sq.*
44. H. Morel-Journel, *Journal d'un officier de la 74e division d'infanterie et de l'armée française d'Italie (1914-1918)*, *op. cit.*, p. 270.
45. M. Delfaud, *Carnets de guerre d'un hussard noir de la République*, *op. cit.*, p. 403, 25 août.
46. P. Dubrulle, *Mon régiment dans la fournaise de Verdun et dans la bataille de la Somme*, *op. cit.*, p. 15.
47. Discours d'inauguration de l'ossuaire de Douaumont, *Le Temps*, 19 septembre 1927. Voir ci-dessous, p. 201-202.
48. Marius Chenteloze, 121e BCP, *in* J. Péricard, *Verdun. Histoire des combats…*, *op. cit.*, p. 277.
49. P. Jankowski, « L'autre Verdun : doutes et désobéissances dans la bataille », art. cit., p. 63-67.
50. *Lettres du front*, s.l., Fourbis, 1996, p. 174, le 2 mars.
51. *AFGG* IV-1, a2, ann. 1297, p. 507-508, Debeney à Bazelaire le 16 mars, vers le Mort-Homme.
52. Général G. de Bazelaire, *Souvenirs de guerre, du 135e régiment d'infanterie au 7e corps d'armée : 1914-1918*, *op. cit.*, p. 55.
53. *AFGG* IV-1, a2, ann. 1392, p. 604, du 21 mars, Souilly à GQG.
54. Contrôle postal de la IIe armée, SHD, 16 N 1391. Les rapports hebdomadaires du contrôle postal sont d'une grande qualité. À la fois synthétiques et nuancés, ils notent facteurs d'optimisme ou de pessimisme, et visent à donner au commandement une image objective de ce qu'écrivent les soldats, sans souci de plaire. Ils sont très conscients de leurs propres limites et de leurs biais éventuels. Parmi les rédacteurs, on note deux futurs académiciens, l'historien Louis Madelin et Louis Gillet, un historien de l'art.
55. AN, C 7495.
56. Voir sur ces événements l'ouvrage du général André Bach, *Justice militaire (1915-1916)*, Paris, Tallandier, 2013, p. 338-363.
57. *AFGG* IV-2, a1, ann. 326, p. 467, du 15 mai, Nivelle aux commandants des groupements.
58. L. Madelin, *Verdun*, *op. cit.*, p. 93.
59. Journal de Barescut, 28 mai. C'est ce que lui a dit le général Leconte. Un coup de feu aurait été tiré sur un gendarme.
60. *AFGG* IV-2, a1, ann. 706, p. 1006-1008, note signée André sans destinataire.
61. *AFGG* IV-2, a1, ann. 909, p. 1238, du 3 juin.
62. Archives du Sénat, 69 S 74, p. 34 et 40.
63. L. Madelin, *Verdun*, *op. cit.*, p. 101.
64. M. Delfaud, *Carnets de guerre d'un hussard noir de la République*, *op. cit.*, p. 385.
65. *AFGG* IV-3, a1-1, ann. 318, note pour les armées.
66. M. Delfaud, *Carnets de guerre d'un hussard noir de la République*, *op. cit.*, p. 417. P. Jankowski (« L'autre Verdun… », art. cit., p. 68-69) note également des échanges de bouts de papier à une date non précisée, et, d'après Koch, des échanges de cigarettes et de chocolat, voire un verre de vin bu ensemble, en avril (p. 69).
67. Rapport du 21 juillet, signé Madelin.
68. Rapport de la commission mobile, signé Madelin, qui signale 3 ou 4 cris de révolte sur 300 lettres.
69. Rapport du 26 août.

70. *AFGG* IV-3, a2-2, ann. 1875, p. 1393, Regret à Souilly, 18 heures 30. Voir aussi *AFGG* IV-3, a2-1, ann. 1266, p. 251, bulletin de renseignements de la IIe armée du 25 octobre.
71. Rapport du contrôle postal.
72. Lettre citée par le rapport du 13 octobre, signé Gillet.
73. Cité dans M. Münch, *Verdun. Mythos und Alltag einer Schlacht*, *op. cit.*, p. 316 ; P. Jankowski, *Verdun, 21 février 1916*, *op. cit.*, p. 248.
74. Christian Stachelbeck, *Militärische Effektivität im Ersten Weltkrieg*, *op. cit.*, ne dit mot de ces incidents.
75. F. Lehmann, *Wir von der Infanterie*, *op. cit.*, p. 100.
76. *AFGG* IV-2, a1, ann. 111, p. 183, 6 mai.
77. *AFGG* IV-1, a3, ann. 1653, p. 4, du 1er avril, Joffre à Pétain, et ann. 1703, p. 60, note de Pétain du 3 avril.
78. *AFGG* IV-2, a1, ann. 715, p. 1021-1023, du 30 mai pour Nivelle, et *AFGG* IV-2, a3, ann. 2583, p. 230, du 25 juillet pour Mangin.
79. *AFGG* IV-2, a1, ann. 909, p. 1238, du 4 juin.
80. M. Delfaud, *Carnets de guerre d'un hussard noir de la République*, *op. cit.*, p. 371.
81. *AFGG* IV-2, a1, ann. 1137, p. 1481.
82. Herduin demanda et obtint de commander lui-même le peloton d'exécution. Herduin et Millant furent réhabilités en 1926.
83. *Journal de marche de Joffre (1916-1919)*, *op. cit.*, 23 juin.
84. Général Émile Legrand-Girarde, *Un quart de siècle au service de la France. Carnets (1894-1918)*, Paris, Presses littéraires de France, 1954, p. 583.
85. *Ibid.*, p. 586.
86. *AFGG* IV-2, a1, ann. 1005, p. 1349-1350, du 7 juin, Nollet à Nivelle.
87. *AFGG* IV-2, a1, ann. 706 déjà cité.
88. François Lagrange, « Images de soi, images des autres : la dissymétrie Verdun/la Somme. Le combattant français, ses alliés, ses adversaires d'après les archives des commissions de contrôle de la correspondance de la 4e armée en 1916 », *Guerres mondiales et conflits contemporains*, n° 189, janvier-mars 1998, p. 31-50.

TROISIÈME PARTIE
LE MYTHE

Chapitre VII
Comment Verdun est-il devenu un lieu sacré pour les Français ?

1. Général Berthaut, *Le Petit Parisien,* 2 mars 1916.
2. *L'Écho de Paris*, 1er mars.
3. Sarrail dit à deux reprises à Gallieni, en septembre 1915, qu'il avait reçu cet ordre (Joseph Gallieni, *Les Carnets secrets de Gallieni*, publiés par son fils, Paris, Albin Michel, 1932, p. 197 et 201).
4. A. Mignon, *Le Service de santé pendant la guerre 1914-1918*, t. II, *op. cit.*, p. 29.
5. *Journal* de Barescut, 2 mars.
6. *Le Petit Parisien*, 8 mai, *L'Écho de Paris*, 11 mai, « Comment fut engagée la bataille de Verdun », signé « Un combattant ». Briand doit expliquer à la commission de l'Armée de la Chambre que la censure les ait laissés passer (AN, C/4795, 23 mai).

7. Abel Ferry, *Carnets secrets (1914-1918)*, préface de Nicolas Offenstadt, Paris, Grasset, 2005, p. 186.
8. Paul Doumer, à la commission sénatoriale de l'Armée, le 13 mars, AS, 69 S 72.
9. *AFGG* IV-1, a1, ann. 585 et 586, p. 723-724, messages de Joffre à Langle et à Pétain ; ann. 673, p. 775, « Instructions pour le général commandant la 2e armée », 25 février. Tous les documents ont été communiqués le 15 juin, veille du comité secret, à la commission de l'Armée de la Chambre (AN, C/7496).
10. *AFGG* IV-1, a1, ann. 688, p. 788.
11. Messages téléphonés de Langle et de Castelnau, *AFGG* IV-1, a1, ann. 688, p. 788, et ann. 681, p. 781.
12. Voir *supra*, p. 63.
13. *Ibid.*, ann. 685, p. 780, télégramme chiffré, 25 février, 23 heures 55.
14. Georges Suarez, *Briand*, t. III, *1914-1916*, Paris, Plon, 1939, p. 249-251.
15. Michel Corday, *L'Envers de la guerre,* t. I, Paris, Flammarion, 1932, et Raymond Escholier, *Souvenirs parlés de Briand*, Paris, Hachette, 1932. Le dernier biographe de Briand les met en doute à juste titre. Cf. Bernard Oudin, *Aristide Briand*, Paris, Perrin, 2004, p. 293.
16. Devant la commission de l'Armée de la Chambre le 8 avril et, plus en détail, le 13 mai (AN, C/7495).
17. Jean de Pierrefeu, *Grand Quartier général, le quotidien d'un état-major de guerre*, Paris, L'Harmattan, 2006 [1re éd. Paris, Grès et Cie, 1922], p. 127.
18. R. Escholier, *Souvenirs parlés de Briand*, *op. cit.*, p. 122-123.
19. *Le Matin*, 25 février ; *L'Écho de Paris*, 26 février.
20. *L'Écho de Paris*, 25 février.
21. *Le Figaro*, 26 février.
22. *Le Temps*, 25 février.
23. *Le Matin*, 28 février.
24. Général Cherfils, *L'Écho de Paris*, 5 mars.
25. Maurice Barrès, *L'Écho de Paris*, 1er mars.
26. *L'Homme enchaîné*, 3 mars.
27. *Le Figaro*, 27 février.
28. *L'Humanité*, 27 février.
29. *Le Matin*, 2 mars.
30. Stephen Pichon, *Le Petit Journal*, 2 mars.
31. Georges Clemenceau, *L'Homme enchaîné*, 13 mars.
32. *Le Matin*, 5 mars.
33. *L'Humanité*, 27 février.
34. J. Resal et P. Allorant (éds), *Femmes sur le pied de guerre, op. cit.*, p. 217-221.
35. M. Barrès, *L'Écho de Paris*, 28 février.
36. Auguste Avril, *Le Figaro*, 27 février.
37. Jean Longuet, *L'Humanité*, 2 mars.
38. *Le Temps*, 11 mars, compte-rendu d'un article d'Abel Bonnard dans le *Journal de Genève.*
39. *L'Homme enchaîné*, 13 mars.
40. Poincaré, *op. cit.*, p. 90.
41. Archives du Sénat, 69 S 71. De fait, elle se réunit les 27, 28, 29 février, 1er, 2, 4, 6 et 8 mars.
42. H. Bérenger, le 27 février, AS 69 S 71, p. 152.
43. *Ibid.*, p. 162.

44. Quotidiennes même du 14 au 21 mars. Elles ont été publiées par Clémentine Vidal-Naquet, *Correspondances conjugales (1914-1918). Dans l'intimité de la Grande Guerre*, *op. cit.*, p. 455-536.
45. 21 mars. *Ibid.*, p. 469.
46. *Ibid.*, p. 467.
47. Un peintre de guerre très connu.
48. *Ibid.*, 24 mars.
49. *Ibid.*, 24 avril.
50. Cité dans Louis Pourcher, *Les Jours de guerre. La vie des Français au jour le jour (1914-1918)*, Paris, Plon, 1994, p. 311.
51. G. Canini, « *L'Illustration* et la bataille de Verdun », *Verdun 1916, actes du colloque international sur la bataille de Verdun, 6-8 juin 1975*, Paris, Association nationale du souvenir de la bataille de Verdun, 1976, p. 181.
52. Texte dans *AFGG* IV-2, a2, ann. 2248, p. 1262.
53. *Ceux de Verdun*, Paris, Émile-Paul éd., 1916.
54. G. Canini, « Verdun : les commémorations de la bataille (1920-1986) », *in* G. Canini (dir.), *Mémoire de la Grande Guerre. Témoins et témoignages*, Nancy, Presses universitaires de Nancy, 1989, p. 355-374 ; Serge Barcellini, « Mémoire et mémoires de Verdun, 1916-1996 », *Guerres mondiales et conflits contemporains*, n° 182, 1996, p. 77-98.
55. Voir Stéphanie Quantin *et al.*, *L'Ossuaire de Douaumont, cathédrale de la Grande Guerre*, Ars-sur-Moselle, Serge Domini Éditeur, 2015 (ouvrage richement illustré, publié par le ministère de la Culture, Direction régionale des affaires culturelles de Lorraine), pour une étude détaillée de l'architecture et de la construction de l'Ossuaire.
56. Discours pour la première inauguration de l'Ossuaire, le 18 septembre 1927, *Le Temps*, 19 septembre 1927. Il ne serait pas impossible que ce texte ait été proposé à Pétain par de Gaulle…
57. Pierre Mac Orlan, *Verdun*, Paris, Grasset, 1925, p. 25 et 51.
58. Cette association réunissait les salariés anciens combattants des différentes sociétés du secteur ; la RATP n'existait pas.
59. *Journal des mutilés et réformés.* La question, posée le 7 septembre 1930, suscite une page entière grand format de réponses le 28 ; elles se poursuivent les 5 et 19 octobre. Le journal ne prend pas position.
60. J. Péricard, *Verdun. Histoire des combats…*, *op. cit.* Voir Philippe Glorennec, « Le fonds Péricard », *in* G. Canini (dir.), *Mémoire de la Grande Guerre*, *op. cit.*, p. 313-324.
61. Brigitte Dancel, *Enseigner l'histoire à l'école primaire de la IIIe République*, Paris, PUF, 1996, p. 204.
62. Roland Andréani et Jules Maurin, « La bataille de Verdun enseignée aux jeunes Français à travers les manuels d'histoire des classes terminales (1920-1962) », *Verdun 1916, actes du colloque international sur la bataille de Verdun, 6-8 juin 1975*, *op. cit.*, p. 199-237.
63. Ch. Delvert, *Carnets d'un fantassin*, Fleury-devant-Douaumont, Mémorial de Verdun, 1981 [1re éd. *Histoire d'une compagnie,* Nancy, Berger-Levrault, 1918, plusieurs rééditions] ; *Verdun,* avec une lettre-préface de Pétain, illustré par Joseph-Félix Bouchor, Paris, L. Fournier, 1921 et A. Quillet, 1924. Nous avons utilisé l'édition d'A. Michel, 1935.

64. G. Gaudy, *Les Trous d'obus de Verdun (février-août 1916)*, *op. cit.* ; G. Hallé, *Là-bas avec ceux qui souffrent*, *op. cit.* ; R. Jubert, *Verdun*, *op. cit.* Voir aussi, moins connus : C. Méléra, *Verdun (juin-juillet 1916). La montagne de Reims (mai-juin 1918)*, *op. cit.* ; D. Mornet, *Tranchées de Verdun (juillet 1916-mai 1917)*, *op. cit.* ; Ch. Thellier de Poncheville, *Dix mois à Verdun*, *op. cit.* ; P. Voivenel, *À Verdun avec la 67e DR*, *op. cit.* *Sous Verdun*, de Maurice Genevoix, paru chez Hachette en mai 1916, se rapporte à la bataille des Éparges où l'auteur a été blessé en avril 1915.
65. Maréchal Philippe Pétain, *La Bataille de Verdun,* Paris, Payot, 1929 ; L. Madelin, *Verdun*, *op. cit.* ; H. Bordeaux, *Les Derniers Jours du fort de Vaux (9 mars-7 juin 1916)*, *op. cit.* ; H. Bordeaux, *Les Captifs délivrés, Douaumont-Vaux (21 octobre-3 novembre 1916)*, Paris, Plon-Nourrit, 1917 ; H. Bordeaux, *La Bataille devant Souville*, Paris, La Renaissance du livre, 1920.
66. Tomes 15 et 16 des *Hommes de bonne volonté,* Paris, Flammarion. Voir Maurice Rieuneau, « Les sources de Verdun, de Jules Romains », *in* G. Canini (dir.), *Mémoire de la Grande Guerre*, *op. cit.*, p. 285-297.
67. *Ibid.*, p. 295.
68. Roger Viry-Babel et Béatrice Cormier, « Verdun au cinéma », *in* G. Canini (dir.), *Mémoire de la Grande Guerre*, *op. cit.*, p. 397-408.

Chapitre VIII
Verdun dans la mémoire allemande, de la Grande Guerre à Hitler

1. Le communiqué français dit en réalité : « La position, enlevée ce matin par l'ennemi après plusieurs assauts infructueux qui lui ont coûté des pertes très élevées, a été de nouveau atteinte et dépassée par nos troupes, que toutes les tentatives de l'ennemi n'ont pu faire reculer. »
2. *AFGG* IV-1, a2, ann. 1156, p. 284, ordre général n° 57 en date du 10 mars.
3. Selon le *Deutscher Geschichtskalendar*, ed. Purlitz, année 1916, p. 432, il s'agit de l'ordre n° 102 du groupement Bazelaire (trad. de l'auteur).
4. On a suivi ici la *Frankfurter Zeitung* et les *Münchner Neueste Nachrichten.*
5. Voir par exemple la *Frankfurter Zeitung*, 18 avril, 16 et 23 mai 1916.
6. *Frankfurter Zeitung*, 23 mai 1916.
7. En France, *L'Illustration* publie de même des photographies de prisonniers allemands en colonnes.
8. Constat certifié aussi par le travail de M. Münch, *Verdun. Mythos und Alltag einer Schlacht*, *op. cit.*, p. 360 *sq.* Münch a analysé les journaux *Deutsche Nachrichten* et *Berliner Morgenpost.*
9. Les plus connues en sont : *An der Somme* (1917) ; *Zwischen Arras und Péronne* (1917) ; voir G. Krumeich, « Le soldat allemand sur la Somme », *in* Jean-Jacques Becker et Stéphane Audoin-Rouzeau (dir.), *Les Sociétés européennes et la guerre de 1914-1918*, Paris, Centre d'Histoire de la France contemporaine, 1990, p. 367-373.
10. M. Münch, *Verdun. Mythos und Alltag einer Schlacht*, *op. cit.*, p. 364. Nous remercions vivement Nicolas Beaupré d'avoir traduit ce texte pour nous.
11. Une copie de ce film subsiste aux Archives fédérales de Berlin. Voir pour ce qui suit Ulrike Oppelt, *Film und Propaganda im Ersten Weltkrieg*, Stuttgart, Steiner-Verlag, 2002, p. 217-220.

12. Joachim von Delbrück, *Um Longwy und Verdun*, Munich, 1915 (*Der deutsche Krieg in Feldpostbriefen*, vol. IV). Voir la version numérisée : http://digi.landesbibliothek.at/viewer/image/AC10904872/1/
13. Ph. Witkop, *Kriegsbriefe deutscher Studenten*, Gotha, Perthes, 1916.
14. Lettre de Hans Forster, étudiant en mathématiques à l'université de Munich, né le 6 octobre 1890, mort le 29 novembre 1916 à Saint-Mihiel. Un choix de ces lettres a été traduit en français (*Lettres d'étudiants allemands tués à la guerre 1914-1918*, Paris, Gallimard, 1932), mais, curieusement, la lettre de Forster n'y figure pas.
15. Voir G. Krumeich, « Le soldat allemand sur la Somme », *op. cit.*, note 9 ; Gerhard Hirschfeld, Gerd Krumeich et Irina Renz, *Scorched Earth. The Germans on the Somme (1914-1918)*, Barnsley, Pen & Sword, 2009.
16. Martin Baumeister, *Kriegstheater: Großstadt, Front und Massenkultur (1914-1918)*, Essen, Klartext, 2005, p. 145.
17. Voir Christine Beil, *Der ausgestellte Krieg, Präsentationen des Ersten WeltKriegs 1914-1939*, Tübingen, Tübingen Verein für Volkskunde, 2004, p. 71 *sq.*, et Susanne Brandt, *Vom Kriegsschauplatz zum Gedächtnisraum: die Westfront 1914-1940*, Baden-Baden, Nomos, p. 75 *sq.*
18. Pour cette exposition, voir *ibid.*, p. 85-87.
19. Cité dans Hans-Harald Müller, *Der Krieg und die Schriftsteller*, Stuttgart, Metzler, 1986, p. 19.
20. Nicolas Beaupré, *Écrire en guerre, écrire la guerre. France, Allemagne (1914-1920)*, Paris, CNRS Éditions, 2006, p. 80.
21. Fritz von Unruh, *Verdun*, Paris, Le Sagittaire, 1923, p. 187 ; pour la citation, N. Beaupré, *Écrire en guerre, écrire la guerre*, *op. cit.*, p. 150.
22. F. von Unruh, *Verdun*, *op. cit.*
23. Voir pour les détails : H. Afflerbach, *Falkenhayn*, *op. cit.*, p. 504 *sq.*
24. Thèse en cours, à l'université de Düsseldorf, sur le discours des historiques régimentaires des années 1920 et 1930.
25. Markus Pöhlmann, « "Das große Erleben da draußen". Die Reihe *Schlachten des Weltkrieges* », *in* Thomas F. Schneider et Hans Wagener (éds), *Von Richthofen bis Remarque*, Amsterdam-New York, Rodopi, 2003, p. 113-131.
26. On sait que les traumatismes individuels commencent à céder après environ 10 ans. Pourquoi cela ne serait-il pas vrai aussi pour les traumatismes collectifs ?
27. Cf. H.-H. Müller, *Der Krieg und die Schriftsteller*, *op. cit.* ; Jörg Lehmann, *Imaginäre Schlachtfelder. Kriegsliteratur in der Weimarer Republik*, Norderstedt, BoD, 2014.
28. W. Beumelburg, *Die Gruppe Bosemüller*, *op. cit.*
29. Nous résumons dans ce qui suit le travail novateur de Christine Beil, *op. cit.*, p. 237 *sq.*
30. Voir Arndt Weinrich, *Der Weltkrieg als Erzieher. Jugend zwischen Weimarer Republik und Nationalsozialismus*, Essen, Klartext, 2013.
31. Franz Peter Weixler, *Damals und heute an der Westfront*, Berlin, Scherl, 1938.
32. S. Brandt, *Vom Kriegsschauplatz zum Gedächtnisraum: die Westfront 1914-1940*, *op. cit.*, p. 169 ; voir *ibid.* pour d'autres exemples.
33. Voir G. Krumeich (dir.), *Nationalsozialismus und Erster Weltkrieg*, Essen, Klartext, 2009 ; voir aussi Nicolas Patin, *La Catastrophe allemande (1914-1945)*, Paris, Fayard, 2014, p. 232 *sq.* ; N. Beaupré, *Le Traumatisme de la Grande Guerre (1918-1933)*, Villeneuve-d'Ascq, Presses universitaires du Septentrion, 2012.
34. Voir Ch. Beil, *Der ausgestellte Krieg*, *op. cit.*, p. 71 *sq*

35. J.M. Wehner, *Sieben vor Verdun*, *op. cit.* ; Hanns Zöberlein, *Der Glaube an Deutschland*, Munich, Eher, 1931. Cette première édition porte déjà une préface d'Adolf Hitler : « Ce livre nous regarde tous. [...] Il constitue l'héritage du front pour la jeunesse qui vient. » Le livre en était à son 650 000e exemplaire en 1942 !
36. Voir G. Werth, p. 350.
37. Cordt von Brandis, *Der Douaumont 1916 und heute*, p. 45, cité dans S. Brandt, *Vom Kriegsschauplatz zum Gedächtnisraum: die Westfront 1914-1940*, *op. cit.*, p. 212.
38. A. Zweig, *Erziehung vor Verdun*, Amsterdam, Querido, 1935. Trad. française : *L'Éducation héroïque devant Verdun*, Paris, Plon, 1938 ; nouvelle édition, *Éducation à Verdun*, Paris, Bartillat, 2014.
39. La première initiative pour des rencontres d'anciens combattants semble avoir été donnée par Paul Distelbarth, auteur pacifiste et expert de la France dont le livre *Lebendiges Frankreich*, traduit sous le titre *La Personne France* (Paris, Alsatia, 1937), fit beaucoup pour la normalisation franco-allemande à la fin des années 1920. Pour ce qui suit, voir les travaux d'Antoine Prost, ainsi que le livre récent de Holger Skor, *Brücken über den Rhein. Frankreich in der Wahrnehmung und Propaganda des Dritten Reiches*, Essen, Klartext, 2011.
40. Voir le livre de Thomas Weber, *Hitlers Erster Krieg*, Berlin, Propyläen, 2010, pour les réalités de son engagement et pour le mythe autour du personnage.
41. A. Prost, *Les Anciens Combattants et la société française*, vol. I, Paris, Presses de la Fondation nationale des sciences politiques, 1977 ; voir aussi, du même auteur : « Les anciens combattants français et l'Allemagne (1933-1938) », *La France et l'Allemagne (1932-1936)*, Paris, CNRS Éditions, 1980, p. 131-148.
42. Cité dans S. Brandt, *Vom Kriegsschauplatz zum Gedächtnisraum: die Westfront 1914-1940*, *op. cit.*, p. 223.
43. Défense même de fumer !
44. Voir aussi le documentaire ARTE de Patrick Barberis, *Le Siècle de Verdun*, avec la collaboration d'A. Prost et de G. Krumeich, qui exploite la documentation iconographique connue de l'événement.
45. Voir Ian Kershaw, *Der Hitler-Mythos. Führerkult und Volksmeinung*, Stuttgart, Deutsche Verlags-Anstalt, 1999.
46. Pour ce qui suit, nous nous rapportons aux travaux de S. Brandt, *Vom Kriegsschauplatz zum Gedächtnisraum: die Westfront 1914-1940*, *op. cit.*, p. 243 *sq.* et M. Münch, *Verdun. Mythos und Alltag einer Schlacht*, *op. cit.*, p. 476 *sq.*
47. Cf. S. Brandt, *Vom Kriegsschauplatz zum Gedächtnisraum: die Westfront 1914-1940*, *op. cit.*, p. 245.
48. Gravure reproduite dans *ibid.*, p. 246.
49. Cité dans G. Werth, *1916, Schlachtfeld Verdun. Europas Trauma*, Berlin, Brandenburgisches Verlagshaus, 1994, p. 159 *sq.*

Chapitre IX
1945-2016 : les péripéties d'une mémoire en commun

1. Voir chapitre VIII, p. 231.
2. G. Werth, *Verdun*, p. 10 *sq.*

3. G. Pedroncini, *Pétain. Le Soldat (1914-1940)*, Paris, Perrin, 1998, p. 488. Selon Didier Fischer, l'analyse de la presse française montrerait que le mythe du sauveur de Verdun s'était pratiquement estompé en 1939 (*Le Mythe Pétain*, Paris, Flammarion, 2002, p. 256) ; mais Pierre Sergent affirme que, face à la catastrophe, « le mythe Pétain-Verdun prend toute sa dimension de référence pour des mentalités saisies par [...] le sentiment de l'abandon » (*Le Mythe Pétain. Verdun ou les tranchées de la Mémoire*, Paris, Payot, 1992, p. 230).
4. Pas une seule mention dans Philippe Pétain, *Discours aux Français*, Jean-Claude Barbas (éd.), préface d'A. Prost, Paris, Albin Michel, 1989.
5. Voir la statistique en annexe de l'article d'Hubert Tison, « Verdun dans les manuels de l'enseignement primaire (1920-1995) », *Guerres mondiales et conflits contemporains*, n° 182, 1996, p. 57-75.
6. *Ibid.*, p. 65.
7. *Ibid.*, p. 69.
8. R. Andréani et J. Maurin, « La bataille de Verdun dans les manuels d'histoire des classes terminales (1920-1962) », art. cit. *supra* (n. 62, p. 290), p. 199-218.
9. Bärbel Kuhn, « La bataille de Verdun dans les manuels scolaires allemands, de 1920 à 2006 : de l'héroïsme du soldat à l'horreur de la guerre », *in* F. Cochet (dir.), *1916-2006, Verdun sous le regard du monde*, *op. cit.*, p. 285-308 ; voir aussi Rainer Riemenschneider, « De la guerre à la paix : un changement de paradigme. La bataille de Verdun dans les manuels scolaires allemands, 1917-1998 », *in* Dominique Triaire et Christian Amalvi (dir.), *Guerre et paix en Europe*, actes du colloque de Montpellier, 17-20 juin 1998, Montpellier, université Paul Valéry, 2001, p. 229-257.
10. Rainer Bendick et Rainer Riemenschneider, « La Première Guerre dans l'enseignement de l'histoire en Allemagne », *Historiens et Géographes,* n° 369, 2000, p. 321-335.
11. *Histoire/Geschichte. Europa und die Welt vom Wiener Kongress bis 1945/Histoire/Geschichte. L'Europe et le monde du congrès de Vienne à 1945,* Stuttgart, Klett Verlag et Paris, Nathan, 2008, p. 196 *sq.*
12. A. Prost, « Verdun », art. cit., p. 131 ; pour l'historique du mémorial, voir S. Barcellini, « Mémoire et mémoires de Verdun », art. cit. et Sandra Petermann, *Rituale machen Räume. Zum kollektiven Gedenken der Schlacht von Verdun und der Landung in der Normandie*, Bielefeld, Transkript Verlag, 2007, p. 112.
13. Jacques-Henri Lefebvre, *Verdun, la plus grande bataille de l'histoire racontée par les survivants*, Paris, Durassié, 1960.
14. Une émission du Deutschlandfunk en date du 28 juin 1977, « *So war es in Verdun* ». Une partie de ces interviews furent publiées tardivement dans le corpus du livre de G. Werth, *1916, Schlachtfeld Verdun. Europas Trauma*, préface d'Alfred Grosser, *op. cit.* Le Christoph Links Verlag projette une réédition DVD de cette série d'interviews. En 1976, le *Westdeutsche Rundfunk* diffusa une adaptation d'Arnold Zweig, *Erziehung vor Verdun*, produite par la télévision de la RDA.
15. Information de German Werth.
16. Voir sur cet épisode et d'autres réapparitions du récit nazi : M. Münch, *Verdun. Mythos und Alltag einer Schlacht*, *op. cit.*, p. 447 *sq.*
17. *Verdun 1916, actes du colloque international sur la bataille de Verdun, 6-8 juin 1975*, *op. cit.* Il fut suivi, à dix ans d'intervalle, par trois autres grands colloques : G. Canini (dir.), *Mémoire de la Grande Guerre*, *op. cit.*, actes du colloque de Verdun (12-14 juin 1986) ; *Verdun 80e anniversaire*, numéro 182 de la revue *Guerres mon-*

diales et conflits contemporains, Paris, PUF, 1996 ; F. Cochet (dir.), *1916-2006, Verdun sous le regard du monde*, *op. cit.*

18. Un film de ce discours avec une retranscription complète est disponible en ligne : http://fresques.ina.fr/de-gaulle/fiche-media/Gaulle00255/ceremonie-a-l-ossuaire-de-douaumont.html
19. Peter Scholl-Latour, *Im Sog des Generals*, Stuttgart, DVA, 1972, p. 311-318.
20. M. Münch, *Verdun. Mythos und Alltag einer Schlacht*, *op. cit.*, p. 412.
21. Voir *ibid.*, *loc. cit.* Et ce fut même en 1956 déjà qu'une délégation allemande avait été saluée devant Verdun ; voir A. Prost, « Verdun », art. cit., p. 130.
22. G. Werth, *Verdun*, p. 399.
23. Cité dans G. Werth, *1916, Schlachtfeld Verdun. Europas Trauma*, *op. cit.*, p. 169.
24. Voir l'article internet de Denis Metzger, « De Verdun à… Verdun. Ou sur les pas (littéraires) d'Ernst Jünger en Lorraine », http://documents.irevues.inist.fr/bitstream/handle/2042/33757/ANM_1997_77.pdf?sequence=1.
25. Ernst Jünger, *Siebzig verweht*, t. II, Stuttgart, Klett-Cotta, 1981, p. 486.
26. Le discours, dont on ne connaît pas encore la version originale française, a été imprimé pour la première fois en 1981 : E. Jünger, *Sämtliche Werke*, 2. Abteilung, Bd. 7, Essays I, Stuttgart, Klett-Cotta, 1981, p. 529-533.
27. *Rapport* du contrôleur général des armées, Serge Barcellini, au conseil général de la Meuse, 10 juin 2008.
28. Les partenaires en furent, avec le soutien de Fonds européens et de l'État français, le conseil régional de Lorraine, le conseil général de la Meuse, ainsi que la ville de Verdun ; son budget était en 2004 de 300 000 euros par an.
29. Voir le grand rapport de Jörg Altwegg dans la *Frankfurter Allgemeine Zeitung*, 7 octobre 2005, n° 233, p. 35.
30. Helmut Kohl, *Erinnerungen 1982-1900*, Munich, Droemer, t. II, p. 310 ; pour une présentation en images de la rencontre, voir http://www.helmut-kohl-kas.de/verdun_1984.html.
31. Voir Hubert Tison, « La mémoire de Verdun dans les manuels scolaires », *in* G. Canini (dir.), *Mémoire de la Grande Guerre*, *op. cit.*, p. 325-340 : « L'écho de Verdun s'est affaibli dans les manuels » (p. 329).
32. Source : collection particulière des caricatures produites à cette occasion.
33. E. Jünger, *Siebzig verweht*, t. III, Stuttgart, Klett-Cotta, 1993, p. 435 *sq.*, 27 septembre 1984.
34. Source : http://www.faz.net/aktuell/feuilleton/medien/kohl-und-mitterrand-in-verdun-warum-reichten-sie-sich-die-hand-1857470.html.
35. *Rapport* Barcellini, p. 9.
36. Eurologiques, « Verdun. Étude quantitative et qualitative des clientèles européennes des champs de bataille de 1914-1918 », novembre 1992.
37. *Rapport* Mingasson, « Devenir des champs de bataille », cité dans S. Petermann, *Rituale machen Räume*, *op. cit.*, p. 99.
38. *Ibid.*, p. 21.
39. *Rapport* Barcellini, p. 6.

Orientation bibliographique

Pour ne pas alourdir ce livre et permettre cependant au lecteur de vérifier nos affirmations ou d'aller plus loin, nous avons adopté le parti suivant. Tous les ouvrages cités dans cette orientation font l'objet dans le livre d'une référence bibliographique complète en note. Tous les noms de personnes mentionnés dans le texte ou dans les notes, et donc tous les auteurs, figurent dans l'index. Pour les références précises aux ouvrages indiqués dans l'orientation bibliographique, on se rapportera donc aux notes via l'index.

Sources

La documentation disponible sur la bataille de Verdun est très dissymétrique. D'une part, le Reichsarchiv, fondé en 1919 pour réunir toutes les archives publiques et privées de la Grande Guerre, a brûlé en 1945, alors que le service historique de la Défense conserve des fonds considérables. Cette différence est renforcée par les publications de documents. Le service historique du ministère de la Guerre français a publié entre les deux guerres une série monumentale de 106 volumes in-quarto dépassant souvent les 1 000 pages, intitulée *Les Armées françaises dans la Grande Guerre*. Le tome IV, *Verdun et la Somme*, comporte trois volumes de texte, dix d'annexes de documents des divers états-majors et cinq de cartes. À l'exception d'un volume et des cartes, ils sont en ligne sur Gallica, de même que, sur le site

Mémoire des Hommes, les *Journaux des marches et opérations* des diverses unités de l'armée. Nous y avons ajouté les archives du contrôle postal de la IIe armée des commissions de l'Armée de la Chambre et du Sénat, ainsi que les comptes rendus des comités secrets. Enfin, le *Journal* inédit du colonel de Barescut, chef d'état-major de la IIe armée pendant toute la bataille, nous a beaucoup apporté.

Le Reichsarchiv a publié, de 1925 à 1939, douze forts volumes et trois volumes d'annexes, mais presque rien de ses archives n'a subsisté. Le Bundesarchiv a publié à partir de 1956 ce qu'on avait pu sauver des ouvrages qu'il avait préparés. Au total, on dispose donc de quatorze volumes avec cinq d'annexes, mais seul le volume X, publié en 1935, concerne la bataille de Verdun en 1916. On y trouve des cartes et des statistiques particulièrement utiles pour connaître la distribution des troupes devant Verdun. Le récit établi par le Reichsarchiv bénéficie d'un grand nombre de témoignages écrits et oraux. Pour un public plus large, le Reichsarchiv a publié trois petits volumes d'une série intitulée *Schlachten des Weltkriegs* (les *Batailles de la Grande Guerre*). D'autre part, les archives de Munich, de Karlsruhe et de Stuttgart disposent toujours des archives originales des armées des États de l'Allemagne du Sud, fonds dont a pu profiter la recherche récente (Afflerbach, Jankowski, Jessen).

Témoignages

En second lieu, signe clair du statut privilégié de la bataille de Verdun, les témoignages sont très nombreux du côté français. Les principaux responsables ont publié des mémoires ou des livres présentant leur action sous un jour favorable : Poincaré, Joffre, Pétain, les généraux Doumenc, Legrand-Girarde, Passaga, le commandant Raynal. D'autres ont été publiés plus récemment, comme ceux des généraux de Bazelaire et Guillaumat, ou encore des lettres de Pétain et de Mangin. Des officiers proches de l'état-major, comme Madelin et Bordeaux, ont également donné leur vision. Mais le plus important, le plus saisissant, est la marée de témoignages d'officiers de terrain et de soldats : ils étaient valorisants pour les auteurs qui avaient « fait » Verdun, et rémunérateurs pour leurs éditeurs. Ces témoins appartiennent aux classes instruites et la voix des hommes du peuple se fait rarement entendre. Mais ils sont d'une rare richesse. Le plus connu était celui de Delvert qui reste impressionnant. Celui de Gaudy ne l'est pas moins, ainsi que celui, récemment publié, du téléphoniste Delfaud qui est resté à Verdun de février à septembre. Mais, pour des raisons diverses, bien d'autres témoins font voir de façon émouvante le destin des hommes à divers moments et sur les divers hauts lieux de la bataille. Signalons, entre autres, Méléra, Hallé, Jubert, Mornet, Naegelen, Barge, Hourticq, Pastre, Tournassus, Duhamel et Voivenel, ou encore Thellier de Poncheville, un aumônier qui parcourt le champ de bataille. Ajoutons enfin le *Verdun* de Péricard, un livre-mémorial d'une rare richesse qui repose sur de multiples témoignages qu'on ne retrouve malheureusement pas tous dans la récente réédition.

Côté allemand, il existe aussi un grand nombre de Mémoires, de récits de justification des hommes du premier et second rang. Nommons les plus pertinents, à savoir les Mémoires du Kronprinz, de Falkenhayn, des généraux von Gallwitz, von Einem, Gröner, von Gündell, Rupprecht de Bavière, établis normalement à l'aide de notes tenues pendant la bataille. On y ajoutera les journaux de Lyncker et Plessen, proches du Kaiser, publiés récemment par Holger Afflerbach. Côté combattants, il n'y a pas, pour l'Allemagne, un équivalent du « Péricard », mais on retiendra le *Douaumont* de Beumelburg. Par ailleurs, presque pas de notes journalières publiées par des soldats, à l'exception du journal de Rosner paru récemment. En revanche, il existe une grande quantité de récits postérieurs de la bataille, nourris sans doute d'expériences personnelles de combattants, notamment Zweig, Maass, Beumelburg, Unruh, Hein et Wehner.

Histoires

Beaucoup d'historiens ont travaillé sur la bataille de Verdun. La synthèse récente de Jankowski est sans doute la première à reposer sur une documentation aussi importante, tant allemande que française. Pour une histoire militaire de la bataille, aux livres relativement récents de Bernède[1] ou Denizot, on peut préférer ceux, plus anciens, du général Palat, voire de Gillet, un officier de l'état-major de Pétain, réédité il y a peu. Pour les débuts de la bataille, Thomasson demeure instructif. Le *Combattre à Verdun* de Canini, de même que le volume qu'il a dirigé sur les témoignages, fait regretter la disparition précoce de cet historien verdunois qui promettait beaucoup.

Pour l'historiographie allemande, on retiendra d'abord le livre de Wendt sur Falkenhayn et Verdun, qui a pu profiter des matériaux collectés par le Reichsarchiv dans les années 1930. Wendt est une sorte de source complémentaire. Les deux volumes de Ziese-Behringer traitent pour l'essentiel le même sujet que Wendt, mais penchent en faveur de Falkenhayn. La biographie de celui-ci par Afflerbach est définitive et contient aussi beaucoup de neuf sur la bataille de Verdun. Longtemps, le récit historiographique a été formé, dominé même, par le livre du journaliste German Werth, qui a su profiter d'un grand nombre de sources ainsi que d'interviews avec des survivants dans les années 1960. Le livre de Jessen, plus récent, repose sur une abondante documentation.

L'historiographie anglo-saxonne est assez riche : on mentionnera ici le récit classique d'Alistair Horne, traduit en français, et les études destinées à un public d'historiens, comme celles de Foley sur la décision de Falkenhayn, de Mosier, plus générale, ou encore de Doughty[2].

1. Allain Bernède, *Verdun 1916, le point de vue français*, Le Mans, Cénomane, 2002.

2. Robert A. Doughty, *Pyrrhic Victory. French Strategy and Operations in the Great War*, Cambridge, Harvard University Press, 2005.

Les colloques méritent une mention spéciale, car ils ont beaucoup fait avancer nos connaissances. Le premier, tenu en 1975, est sans doute le plus important[1]. Le deuxième, tenu en 1986, a été publié par Canini ; il portait sur les témoins de la bataille[2]. Pour le 80e anniversaire, deux colloques ont été organisés par Carlier et Pedroncini, l'un sur les armes, l'autre sur la bataille[3]. Enfin, en 2006, deux colloques ont traité l'un du service de santé et l'autre de la façon dont la bataille a été vue à l'étranger[4].

Le sort fait à la bataille dans la littérature et le cinéma a été traité dans les derniers chapitres de ce livre. On y trouvera les principales références.

Note sur les citations

Nous devons au lecteur quelques remarques sur l'usage que nous avons fait des citations. On peut, en effet, toujours trouver une citation à l'appui d'une affirmation. Or tous les témoignages ne se valent pas, pour de multiples raisons : personnalité et expérience réelle du témoin, *a priori* sociaux ou idéologiques, date et conditions de recueil ou de publication du témoignage, etc. Ce serait une grande naïveté de croire qu'un fait est exact parce que quelqu'un l'a dit.

---

1. *Verdun 1916, actes du colloque international sur la bataille de Verdun, 6-8 juin 1975*, Paris, Association nationale du souvenir de la bataille de Verdun, 1976.

2. G. Canini (dir.), *Mémoire de la Grande Guerre. Témoins et témoignages*, actes du colloque de Verdun (12-14 juin 1986), Nancy, Presses universitaires de Nancy, 1989.

3. C. Carlier et G. Pedroncini (dir.), *La Bataille de Verdun*, actes du colloque international du 80e anniversaire, organisé les 21 et 22 mai 1996 au château de Vincennes, Paris, IHCC-CNSV/Economica, 1997 ; C. Carlier et G. Pedroncini (dir.), *L'Émergence des armes nouvelles*, actes du colloque organisé pour le 80e anniversaire de la bataille de Verdun, Paris, CHAE-IHCC-ISC/Economica, 1997.

4. *Soigner et sauver à Verdun. Le service de santé dans la Grande Guerre*, Mémorial de Verdun, 4-5 novembre 2006, Triel-sur-Seine, Italiques, 2009 ; F. Cochet (dir.), *1916-2006, Verdun sous le regard du monde*, actes du colloque tenu à Verdun les 23 et 24 février 2006, Saint Cloud, 14-18 Éditions, 2006.

Pourtant, nous n'avons pas d'autre moyen de savoir ce que les soldats ont vécu et comment ils l'ont vécu que ce qu'ils en ont dit ou ce qu'ils s'en sont dit à eux-mêmes, dans ces carnets qu'exhument leurs petits-enfants. Nous avons donc dépouillé, aussi exhaustivement que possible, les témoignages publiés se rapportant précisément à Verdun en 1916, excluant ceux qui portaient sur d'autres périodes ou d'autres lieux. Nous les avons croisés avec d'autres sources, provenant notamment des états-majors. Quand les situations extrêmes décrites par un témoin font aussi l'objet d'allusions ou de commentaires dans des textes venus d'en haut au moment même, de mentions du contrôle postal par exemple, on peut les valider. Les citations qui abondent dans ce livre n'ont donc pas valeur de preuves, mais d'illustrations, d'exemples, pour rendre vivant un tableau composé à partir de sources multiples.

Mais peut-être ce que nous avons présenté comme le vécu des soldats n'est-il que celui de quelques-uns d'entre eux. Les témoignages émanent en effet d'une minorité de soldats instruits, voués à des professions intellectuelles, ou en tout cas disposant d'un vocabulaire assez riche pour raconter ce qu'ils vivent. C'est ainsi, et ce ne peut être autrement. Les soldats qui n'ont pas cette compétence se bornent à dire que c'était horrible, qu'il y a eu beaucoup de morts, qu'ils ont eu peur, ce qui est évidemment l'essentiel mais ne permet pas de comprendre le pourquoi et le comment. Nous devons donc admettre, sans pouvoir le démontrer, que la situation de violence extrême vécue par les témoins qui ont pu l'exprimer, peut-être pour s'en libérer eux-mêmes, a été également vécue par la plupart de leurs camarades de combat. Ce n'est pas une vérité démontrée, ni même démontrable, mais ce n'est pas non plus notre simple opinion subjective. C'est, à mi-chemin, ce que Spinoza appelait une « opinion vraie ».

Liste des cartes

Chronologie de la bataille

21 février	Rive droite de la Meuse, préparation massive d'artillerie de 7 à 16 heures (heure française), puis reconnaissances allemandes et attaque de Flabas à Ornes.
24 février	Les Allemands tiennent le terrain de Samogneux à Ornes. Le front français a cédé. Des renforts commencent à arriver.
25 février	Castelnau ordonne de défendre Verdun sur la rive droite. Pétain est envoyé à Verdun avec l'état-major de la IIe Armée. Les Allemands s'emparent à l'improviste du fort de Douaumont, mais non du village qui tombe le 4 mars.
6 mars	Rive gauche, les Allemands attaquent entre Forges et Béthincourt ; prise de la côte de l'Oie.
8 mars	Rive droite, offensive allemande contre le village et le fort de Vaux.
20-30 mars	Les Allemands prennent le village de Malancourt et les bois d'Avocourt et Malancourt.
9 avril	Les Français perdent rive gauche le nord du Mort-Homme et évacuent Béthincourt, et rive droite le village de Vaux. La côte du Poivre est âprement disputée.
1er mai	Nivelle remplace à la tête de la IIe armée Pétain nommé commandant du Groupe d'armées du Centre.
20-24 mai	Rive gauche, les Allemands prennent 304, le sud du Mort-Homme et Cumières.

22-24 mai	Rive droite, les Français tentent de reprendre le fort de Douaumont et échouent.
4 juin	Offensive Broussilov sur le front oriental.
7 juin	Prise du fort de Vaux par les Allemands.
23 juin	Très violente offensive allemande rive droite. Les ouvrages de Thiaumont et Froideterre sont pris mais repris par les Français le jour même. Fleury reste aux Allemands.
1er juillet	Offensive franco-britannique sur la Somme ; les Allemands retirent des troupes et des canons du front de Verdun.
11 juillet	Dernière offensive allemande, arrêtée de peu près du Fort de Souville.
29 août	Falkenhayn est remplacé par Hindenburg et Ludendorff.
21-24 octobre	Les Français reprennent Fleury, le fort et le village de Douaumont.
2 novembre	Les Français reprennent le fort de Vaux abandonné par les Allemands.
12 décembre	Nivelle est nommé commandant en chef des armées françaises.
15 décembre	Rive droite, les Français reprennent le terrain de Louvemont à Bezonvaux.
20-24 août 1917	Rive gauche, les Français reprennent la cote 304 et le Mort-Homme.

Index des noms de personnes

F

G

H

J

Index des noms de lieux

Index thématique

En gras, les noms des institutions ou associations, en italiques, ceux des périodiques ou imprimés.

Table

DEUXIÈME PARTIE

Le vécu

TROISIÈME PARTIE

Le mythe

Achevé d'imprimer en janvier 2016 sur rotative numérique Prosper
par Soregraph à Nanterre (Hauts-de-Seine).
L'imprimerie Soregraph est titulaire de la marque
Imprim'vert® depuis 2004.

Réalisation : Nord Compo à Villeneuve-d'Ascq
Dépôt légal : novembre 2015
ISBN : 979-10-210-1638-5
Numéro d'édition : 3826-3
N° d'impression : 15051

Imprimé en France